図解 よくわかる ナシ栽培

品種・管理作業・整枝剪定

Kawase Shinzo
川瀬 信三

創森社

収穫間近の果実

おいしいナシの安定生産のために～序に代えて～

ナシは、日本人に愛され古くから食べられてきました。明治以降、品質が優れた品種の発見、育種や栽培技術の進歩によって、おいしいナシを食べられるようになりました。さらに近年では、受粉する必要のない自家和合性品種や、ナシにとって最も重要な病害である黒斑病と黒星病の両方に耐病性のある複合抵抗性品種など、これまでの栽培品種にはなかった特性を持つ品種が発表されています。また、整枝法や仕立て方、栽培方法についても、新たな技術が開発されています。

新たな特性の品種や整枝法を導入すれば、栽培体系も変わってきます。しかし、ナシをつくるうえで最も大切なことは、枝の伸長特性や花芽《かが》の着生特性などの樹の生理を理解して、管理することです。どのような品種をどのような整枝法でつくろうと、樹の生理を理解していれば数年のうちにつくりこなすことができるようになります。そのため、本書では品種別の栽培法よりも、基礎的な部分を重点的に解説しました。

また、ナシはこれまで家庭で最もつくりにくい果樹の一つでした。これは、病気に弱いことが最大の理由です。しかし、複合抵抗性品種を植えつければ、家庭でも容易にナシをつくることが可能になりました。本書がナシの生産者ばかりでなく、家庭でもナシづくりを楽しみたい方の参考になれば幸いです。

末筆ながら、執筆にあたり写真などをご提供いただいた千葉県農林総合研究センター、および関係機関の皆様、また写真撮影にご協力いただいたナシ生産農家の皆様、さらに編集関係の方々に深謝いたします。

川瀬　信三

図解 よくわかるナシ栽培〜品種・管理作業・整枝剪定〜——もくじ

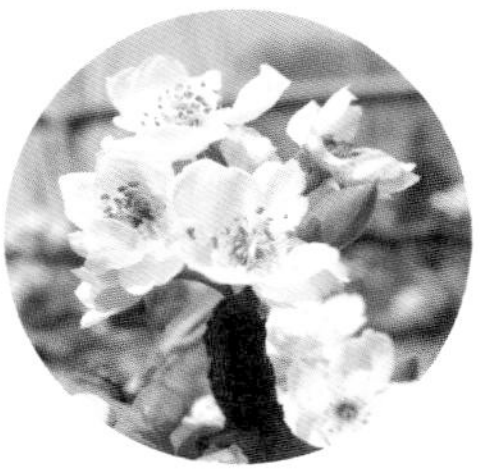

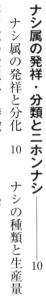

第3章

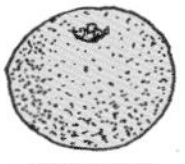

第4章

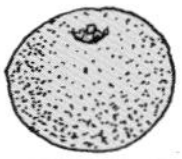

ナシの生育と栽培管理 67

第7章 病虫害と生理障害、気象災害 145

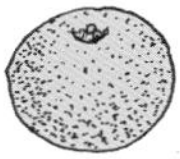

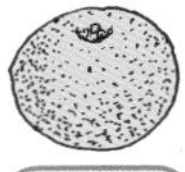

本書の見方・読み方

◆本書では、ナシの生態、品種、および生育と主な栽培管理・作業を紹介しています。また、施設栽培や根域制限栽培についても解説しています。

◆栽培管理・作業は関東、関西を基準にしています。生育は品種、地域、気候、栽培管理法などによって違ってきます。

◆本文中の専門用語、英字略語は、用語初出下の（ ）内などで解説。また、ナシ栽培に使われる主な用語を巻末177～176頁でも解説しています。

◆図表については、一部を「果樹栽培標準技術体系（ニホンナシの部）」（千葉県、千葉県農林水産技術会議）などを出所としています。また、第２章の一部の試験・研究機関名は品種交配、育成時のものです。

◆年号は西暦を基本としていますが、必要に応じて和暦を併用しています。

みんなで背伸びして成熟果を収穫（観光ナシ園）

第1章

果樹としてのナシの特徴

幸水の棚栽培（千葉県市川市）

ナシ属の発祥・分類とニホンナシ

ナシ属の発祥と分化

ナシは、バラ科（*Rosaceae*）、ナシ亜科（*Pomoideae*）、ナシ属（*Pyrus*）に属しています。ナシ属は、700万年以前に中国の西部と南西部で発祥し、白亜紀か少なくとも暁新世に分布を広げたと推定されています。

収穫期のニホンナシ（幸水）

ナシ属植物は、発祥地から東と西へ向かいました。東へ向かったものは、中国で中国センターを形成し、そこでチュウゴクナシとニホンナシなどを分化させました。

西へ向かったものの一つは、タジク、ウズベク共和国、インド、アフガニスタンおよび天山西部で中央アジアセンターを形成しました。西へ向かったもう一つは、コーカサス山脈と小アジアで近東センターを形成し、セイヨウナシの栽培種を分化させました（**図1－1**）。

ナシ属は落葉性の喬木《きょうぼく》または灌木《かんぼく》で、大きいものは20m以上の高さになります。

ナシの種類と生産量

現在、世界で経済栽培されているナシは、ニホンナシ（*Pyrus pyrifolia*）、セイヨウナシ（*P.communis*）およびチュウゴクナシ（*P.ussuriensis*）の3種類です。

図1－1　ナシ属植物の発祥と伝播

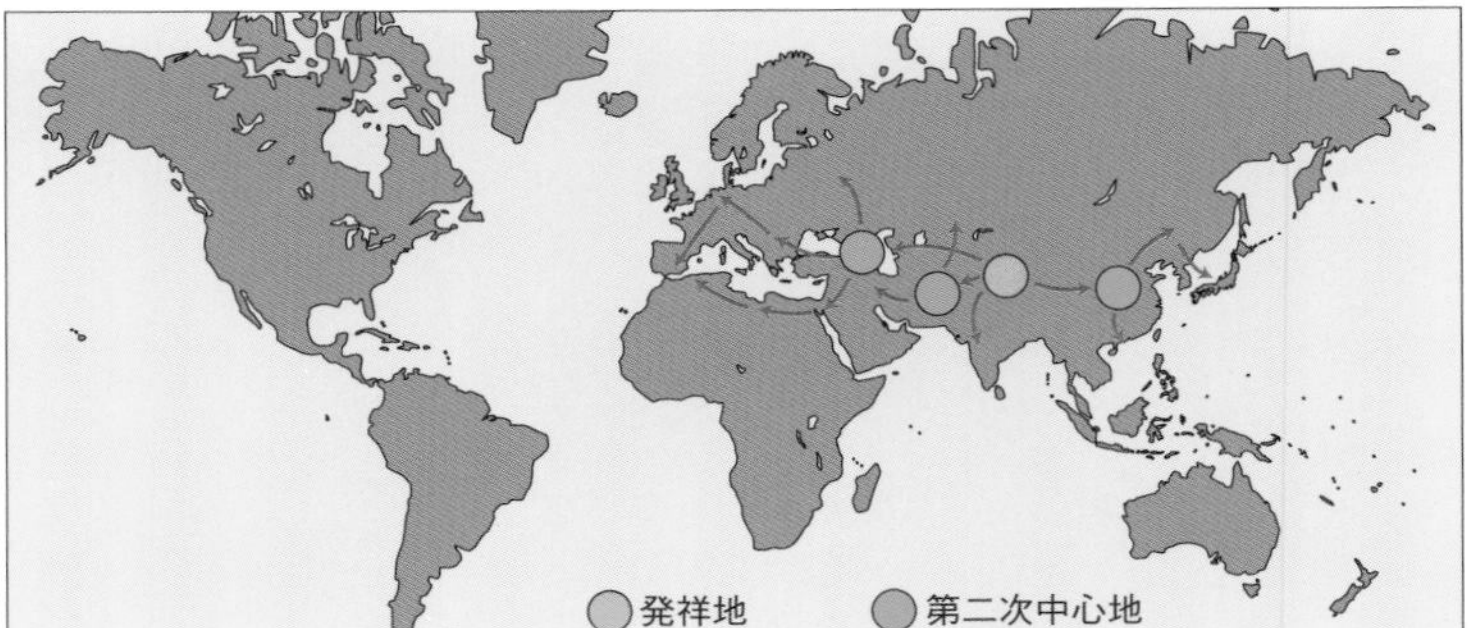

（ルブストフ 1944、およびバビロフ 1951より作成）

出典：「農業技術大系果樹編３」梶浦

箱入りのニホンナシ（幸水）

図１－２　世界のナシ類の生産量割合

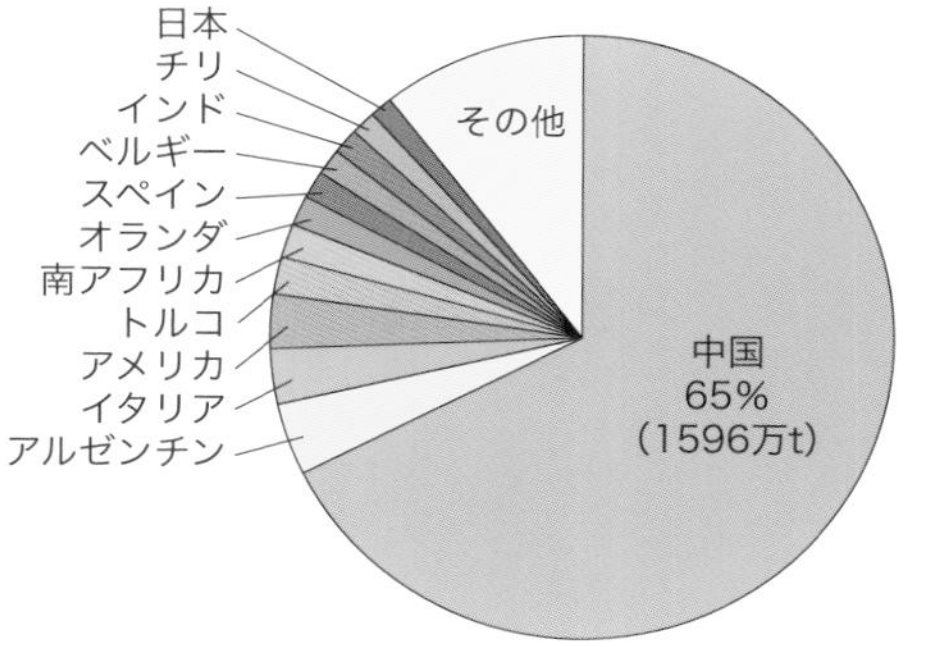

注：①セイヨウナシ、チュウゴクナシを含む（FAO,2016）
②果物ナビホームページのデータより作成

世界のナシ類の生産量は、国際連合食糧農業機関（ＦＡＯ）による２０１６年のデータでは、中国が約１５９６万ｔで全体の約65％以上を占めています。次いで、アルゼンチン、イタリア、アメリカの順で、日本は12位で約28万ｔです（**図１－２**）。

ナシの種類別の生産量は調査されていませんが、チュウゴクナシが最も多く、次いでセイヨウナシで、ニホンナシは世界的には非常にマイナーなナシであることが推測できます。

セイヨウナシ（ラ・フランス）

セイヨウナシは、一般的に有てい果（成熟しても萼《がく》が脱落しない果実）の青ナシです。果皮色には、赤や茶など多くの変異があります。果形は、縦長で紡錘形から長ヒョウタン形をしています。

ニホンナシと最も違うところは、追《つい》熟《じゅく》して食べる点です。世界では、ヨーロッパを中心に４大陸で広く栽培されています。日本には、明治時代初めに導入されました。現在の結果樹面積は１４９０haで、山形県、青森県、新潟県、北海道、長野県などで栽培されています。

チュウゴクナシは、外観がニホンナシに似たものからセイヨウナシに似たものまで多様です。追熟して食べることもありますが、ニホンナシと同様にシャリシャリとした食感です。世界では、中国を中心に栽培されています。日本には明治時代に導入されましたが、栽培は広がりませんでした。現在の結果樹面積は32haで、北海道、岡山県、大分県で栽培されています。

芽、花の仕組みと特徴

ナシの芽の特徴

花芽は混合花芽

ナシの花芽《かが》（「はなめ」ともいう）は、新梢（その年に伸びた枝）の先端の芽（頂芽《ちょうが》）につくのが一般的です。長い新梢では、頂芽より下の腋芽《えきが》（1年生枝の先端以外の芽）にも花芽がつく場合があり、その花芽を腋花芽《えきかが》と呼びます。

ナシの花芽は混合花芽《こんごうかが》で、通常は一つの花芽のなかに花芽と葉芽《ようが》（「はめ」ともいい、生長して枝や葉となる芽）が入っています。この葉芽を副芽《ふくが》といいます。花芽分化は、短果枝《たんかし》（長さ10cm以下の実のつく短い枝）では6月中旬～7月中旬頃から、長果枝《ちょうかし》（長さ30cm以上の実のつく枝）では8月上・中旬頃からはじまり、年内には花器が完成します。葯《やく》と胚珠《はいしゅ》は2～3月頃に形成されます。

花芽が分化している時期に栄養分が不足すると、短果枝の頂芽が花を持たない中間芽《ちゅうかんが》になる場合があります。中間芽の外観は、花芽より細く芽のまんなか付近がふくらんでいないため、花芽と容易に区別することができます。

また、分化期間中に水不足や窒素不

花芽（休眠期の短果枝）

正常な花芽（右の葉が副芽）

無着葉花（翌年は盲芽になる）

中間芽

子持ち花（右の飛び出した花房が子花）

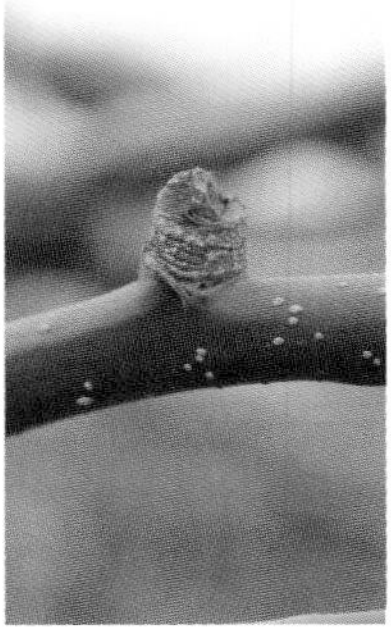
盲芽

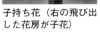

図１－３　花芽、葉芽と結果習性

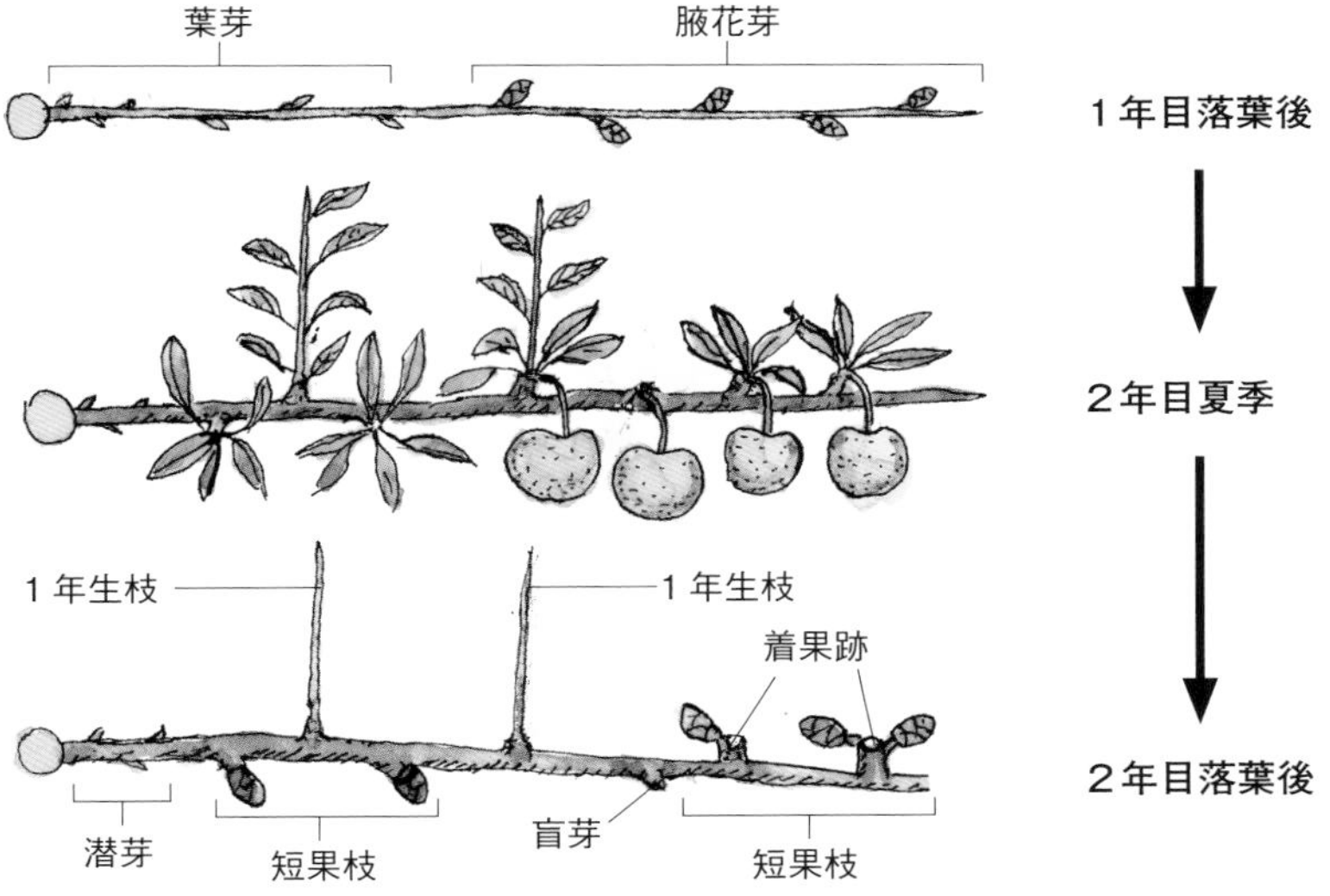

足のときは無着葉花《むちゃくようか》（副芽が分化せずに花房《かぼう》だけの芽）、子持ち花（副芽が花房に分化して２～３花房を形成し葉芽も分化した芽）、双子花《ふたごばな》（副芽が花房に分化して２花房を形成し、葉芽が分化しない芽）が生じます。

子持ち花と双子花の花房のなかで、はじめに分化した花房を親花、２番目や３番目に分化した花房を子花と呼びます。

葉芽がある花芽は翌年、短果枝や新梢が形成されますが、無着葉花と双子花は葉芽がないため、翌年は果台《かだい》だけで芽を持たない盲芽《めくらめ》になったり、芽が枯死します（図１－３）。

自発休眠から他発休眠へ

ナシの芽は、９月下旬頃から休眠に入り、春先に活動を開始します。休眠には自発休眠《じはつきゅうみん》（温度や水分が適当になっても芽が活動しない状態）と他《た》発休眠《はつきゅうみん》（芽は活動できる状態にあるが、気温などが不適当なために活動しない状態）の２種類があります。

はじめに自発休眠に入り、その後自発休眠が覚醒して他発休眠に移行します。

自発休眠は、７・２℃以下の気温に１３００～１５００時間あうと覚醒します。この覚醒するのに必要な低温の累積時間を低温要求時間と呼びます。

低温要求時間を満たさずに春を迎えた場合は、開花が不ぞろいになる、花房当たりの花が少なくなる、開花しない、枝が枯死するなどの障害が発生し、最悪の場合は樹が枯死することもあります。

花の仕組みと開花の特徴

花の形態

ナシの花は、通常は花弁《かべん》と萼片《がくへん》が5枚、雌《し》しべ（「雌ずい」ともいう）が5本、雄しべ（「雄《ゆう》ずい」ともいう）が20～30本あります。品種や栄養状態によっては、花弁が八重咲きになることがあります。子房《しぼう》の位置は、花弁と萼片より下にある子房下位です（図1－4）。

花は、1花房で8個前後あります。下（基部）から1番花、2番花と呼び、下から上（先端）に向かって咲いていきます。子花は、逆に先端の花が最も早く咲きます。

短果枝と長果枝では開花時期が異なり、短果枝の花芽が長果枝の腋花芽より数日早く開花します。

図1－4　花の構造（縦断面）

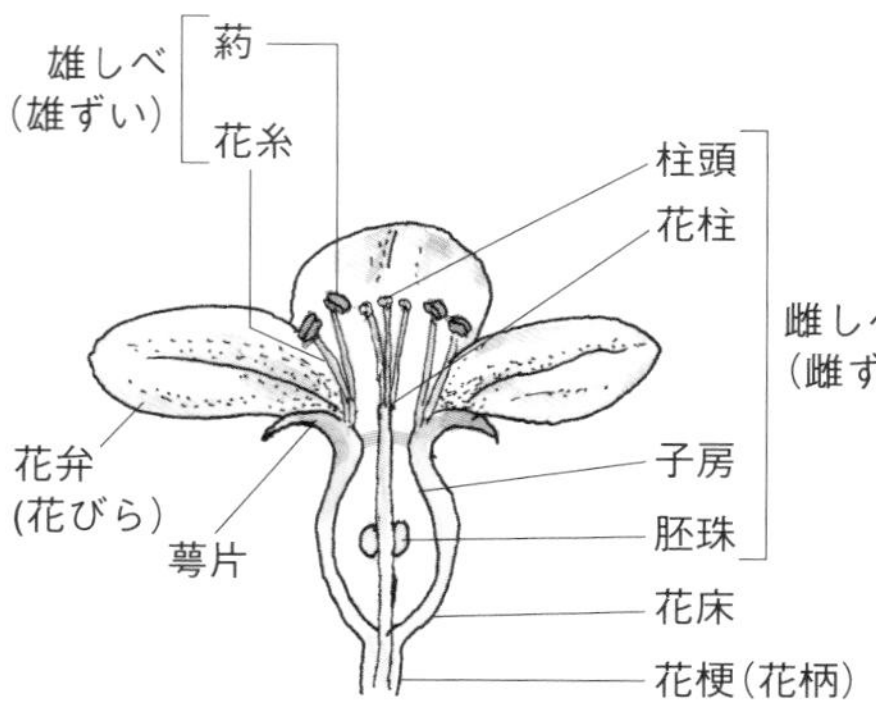

右の花は葯が赤く（開花直後）、左の花の黄色い葯からは花粉が出ている

ほとんどが自家不和合性

ナシは、原則として自家不和合性《じかふわごうせい》（同じ品種の花粉では受精、結実しない性質）および他家不和合性《たかふわごうせい》（異なる品種間でも受精、結実しない性質）で、同一品種や特定の他品種の花粉では受粉しても受精しません。

不和合となる機構は、S因子と呼ばれる、受精に関連する遺伝子で説明されています。体細胞には2個のS因子があり、2個のS因子が同じ品種では、受粉しても雌しべ側が毒素を出して花粉管の伸長を阻害します（77頁の表4－1参照）。

しかし、鳥取県で「二十世紀」の枝変わりで自家和合性のある「おさ二十世紀」が発見されました。「おさ二十世紀」は、雌しべ側が毒素を一部産生しないように変異していますが、花粉側には変異がありません。

「おさ二十世紀」を親として育種がすすめられ、現在は多くの自家和合性品種が育成されはじめています。いずれの品種も、自家和合性を示す機構は「おさ二十世紀」と同じ雌しべ側にあります。そのため、自家和合性品種の花粉を他品種の受粉に使う場合は、S因子に注意が必要です。

受精は、柱頭《ちゅうとう》に付着した花粉が発芽して雌しべ内で花粉管を伸ばし、花粉管内の雄核が胚珠内の卵核と結合して完了します。花粉の発芽と花粉管の伸長速度は、25℃前後が最も良好になり、15℃以下や35℃以上では不良になります（**図1－5**）。

花粉が発芽して花粉管が柱頭内に進入するまでは、18℃以上で3時間程度必要です。

雌しべの受精能力は、開花後4日程度ありますが、乾いた風が吹いたときは短くなります。

満開時のナシ園

図1－5　温度と花粉発芽率および花粉管伸長との関係

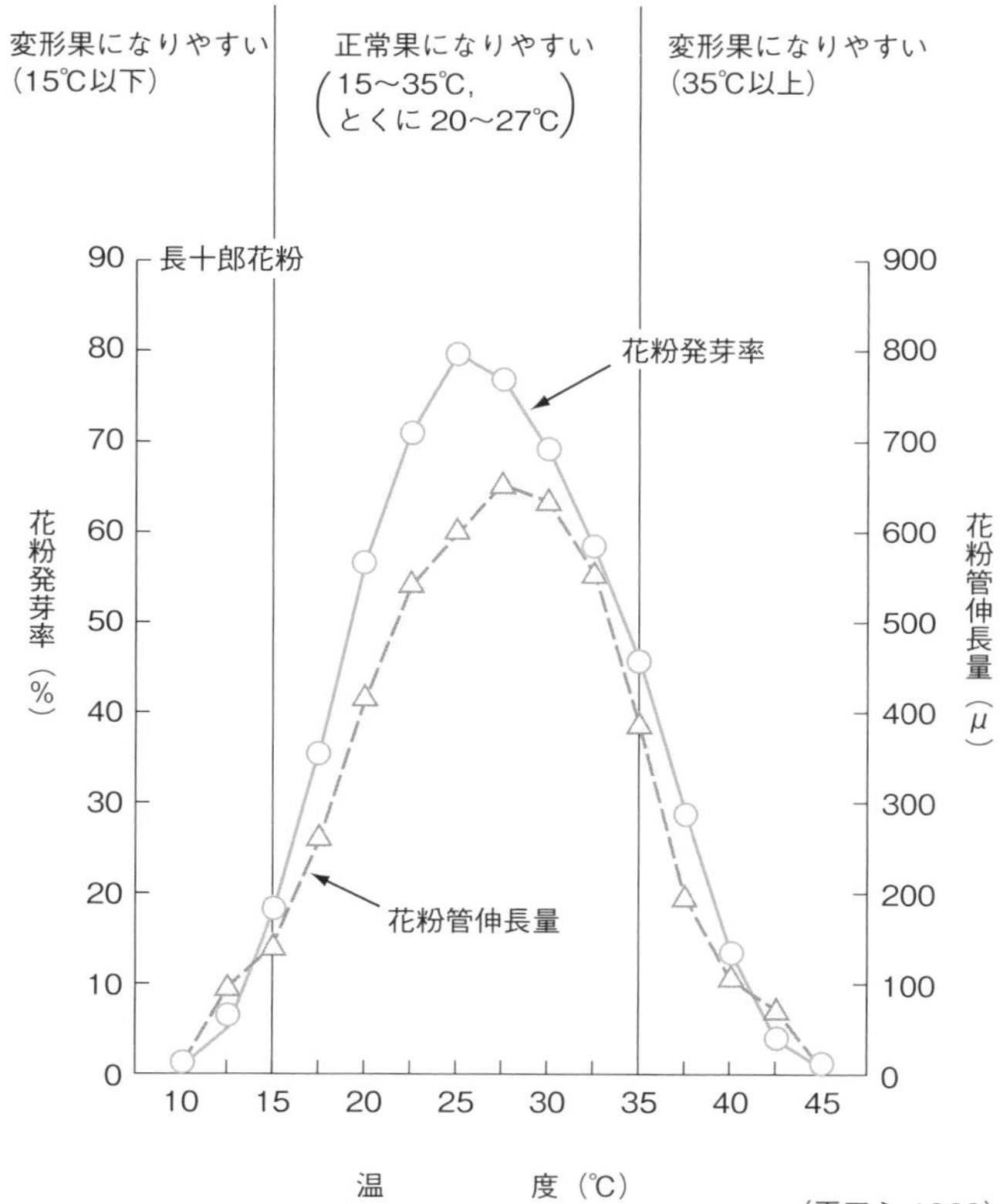

（平田ら 1969）

出典：「農業技術大系果樹編３」平田

果実の構造、形状と特徴

果実の構造と特徴

果実のなかで、子房が発達した果実を真果《しんか》と呼び、子房以外の組織が発達した果実を偽果《ぎか》と呼んでいます。真果には、カキ、モモ、ウメ、スモモ、オウトウ、柑橘類などがあり、偽果には、ナシ、リンゴ、イチジク、ビワなどがあります。

図1－6　果実の構造（縦断面）

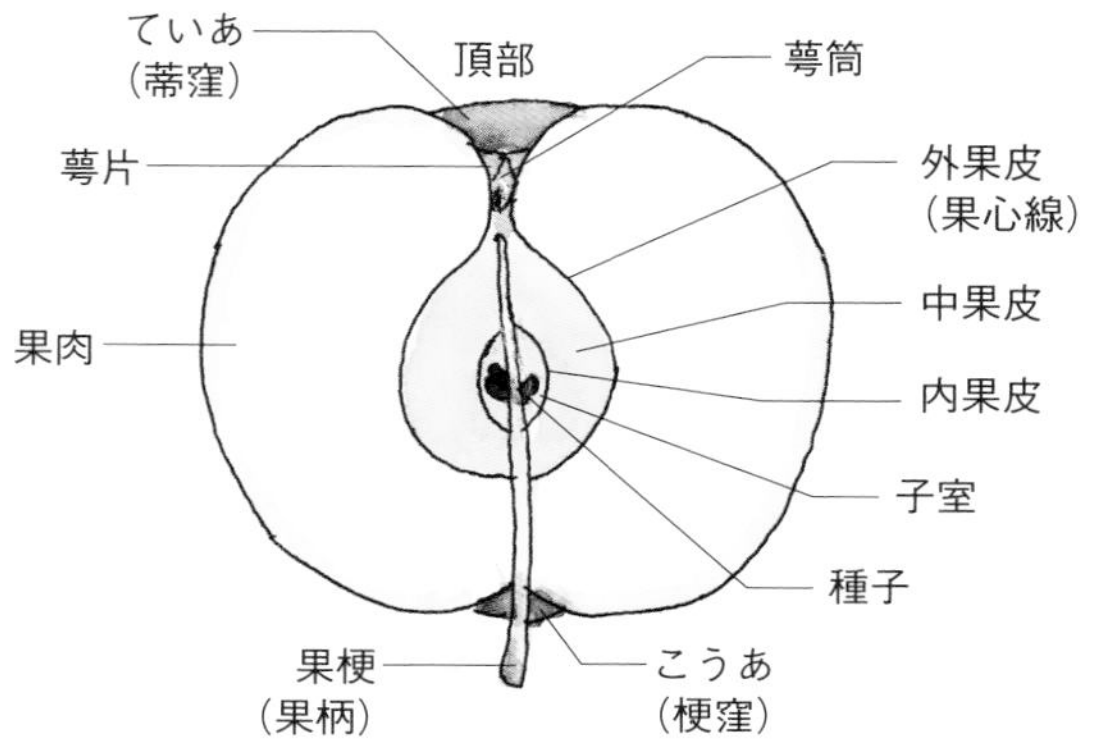

食用は花床の肥大部分

ナシの果実は、子房のまわりの花床《かしょう》（花柄《かへい》の先端で花弁、萼《がく》、雄しべ、雌しべなど花の各部分がついている部分）が肥大して果肉を形成し、子房が発達した部分が果心《かしん》になります。リンゴも同じ構造で、このような構造の果実をナシ状果と呼んでいます（図1－6）。

子室《ししつ》は5室あり、種子は1子室に2個計10個入ります。天候などの影響で受精がうまくいかなかった場合や、種子の発達する時期の栄養状態が悪い場合は、健全な種子が少なくなり正常に発育できない種子が多くなります。このような果実は、小果や変形果になりがちです。

果肉には石細胞《せきさいぼう》が含まれ、シャリシャリとした独特の食感を生み出しています。また、その食感から英語でSand pear（砂のナシ）と呼ばれることもあります。

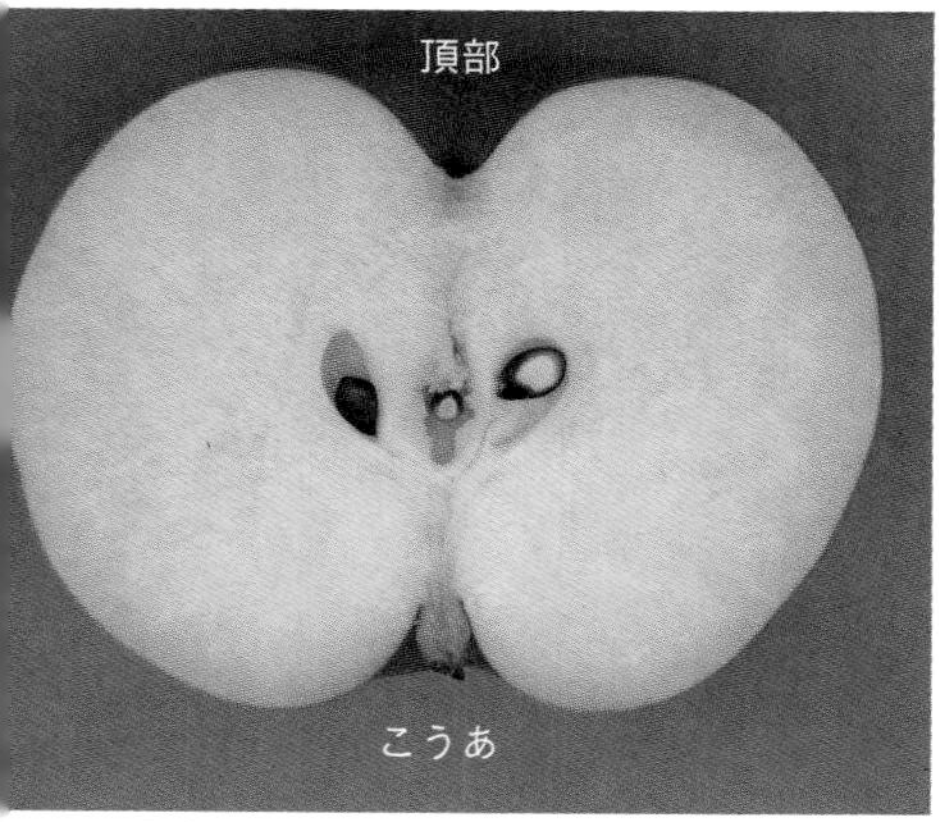

果実の縦断面

果実の肥大曲線

果実の生育は、はじめは緩やかに肥

図1－7　果実の肥大曲線

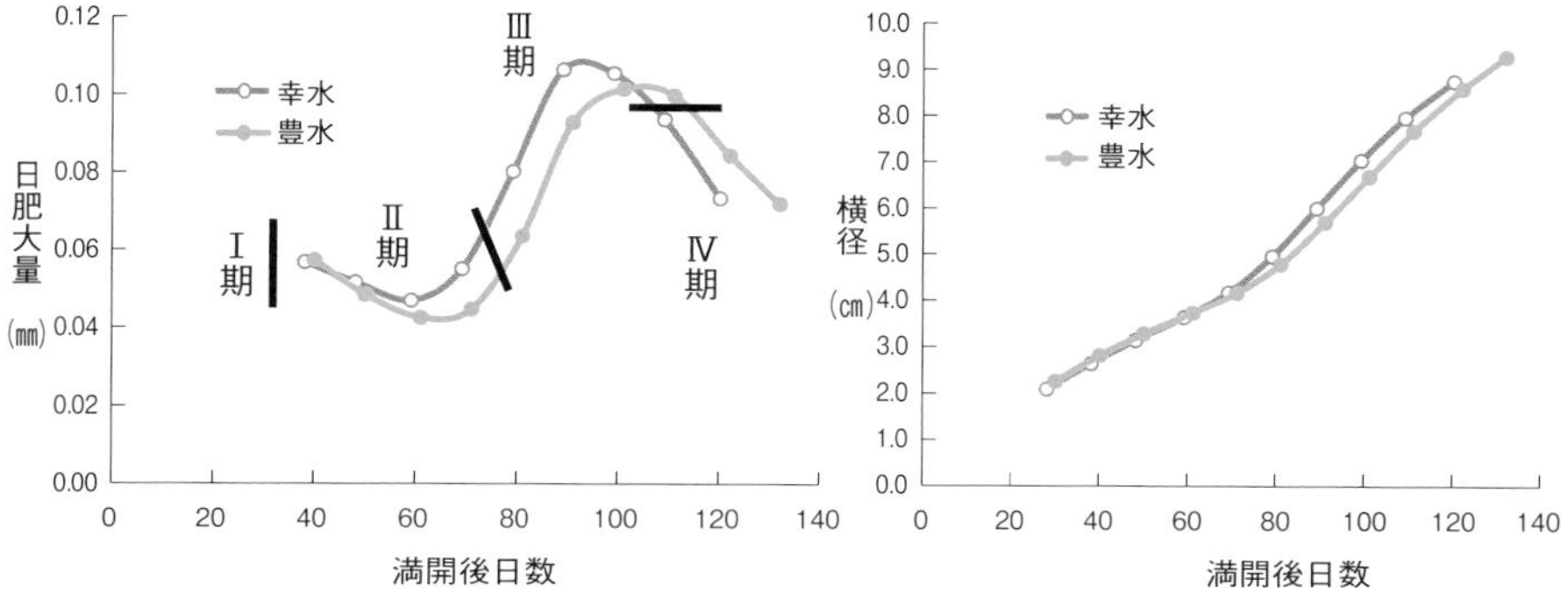

果実の日肥大量の推移　　果実の肥大曲線

大し、その後肥大速度が増加し、成熟期頃にまた肥大速度が低下するS字曲線を描いてすすみます（**図1－7**）。

また、1日当たりの肥大量の違いから、受精から成熟期までをⅠ～Ⅳ期に区分しています。

受精から約30日間は細胞分裂期で、細胞数の増加により肥大します（Ⅰ期）。この時期の細胞数の多少は、貯蔵養分の影響を強く受けます。

その後の約2か月間は細胞充実期で、果実は緩慢に肥大します（Ⅱ期）。

赤ナシ（豊水）と青ナシ（二十世紀）

この時期は、細胞壁成分が蓄積され、発達します。

その後細胞肥大期に入り、個々の細胞が急激に肥大します（Ⅲ期）。この時期の細胞の肥大は、同化養分の影響を強く受けます。

成熟期に入ると肥大がふたたび緩慢になります（Ⅳ期）。

コルク層の発達の有無

果実の表面は、幼果の時期は青ナシ、赤ナシともクチクラ（表皮細胞外壁の表面に蓄積した組織）で覆われています。その後、果面にある気孔が壊れてコルク層が形成され、ざらざらした斑点になります。この斑点を果点《かてん》と呼んでいます。

その後、青ナシでは果点間は成熟期までクチクラで覆われたままですが、赤ナシでは果点間コルクが発達し、果面全体がコルク層で覆われていきます。

果実の色と形状

成熟した果実の表面の色は、青ナシは黄緑色になり、コルク層を形成する赤ナシは褐色になります。

赤ナシのなかでもコルク層の発達が悪い「幸水」、「多摩」、「筑水《ちくすい》」などの品種は、外観がまだらになりやすいため中間色タイプと呼ぶことがあります。

クチクラは傷がついても再生しないため、傷がつくとその部分だけがコルクで覆われます。青ナシでは、このコルク（さびと呼んでいます）により外観が汚く見えます。一方、赤ナシでは、多少の傷がついてもコルクが傷を覆うため、外観はあまり不良になりません。

図1－8　ナシの果形分類基準

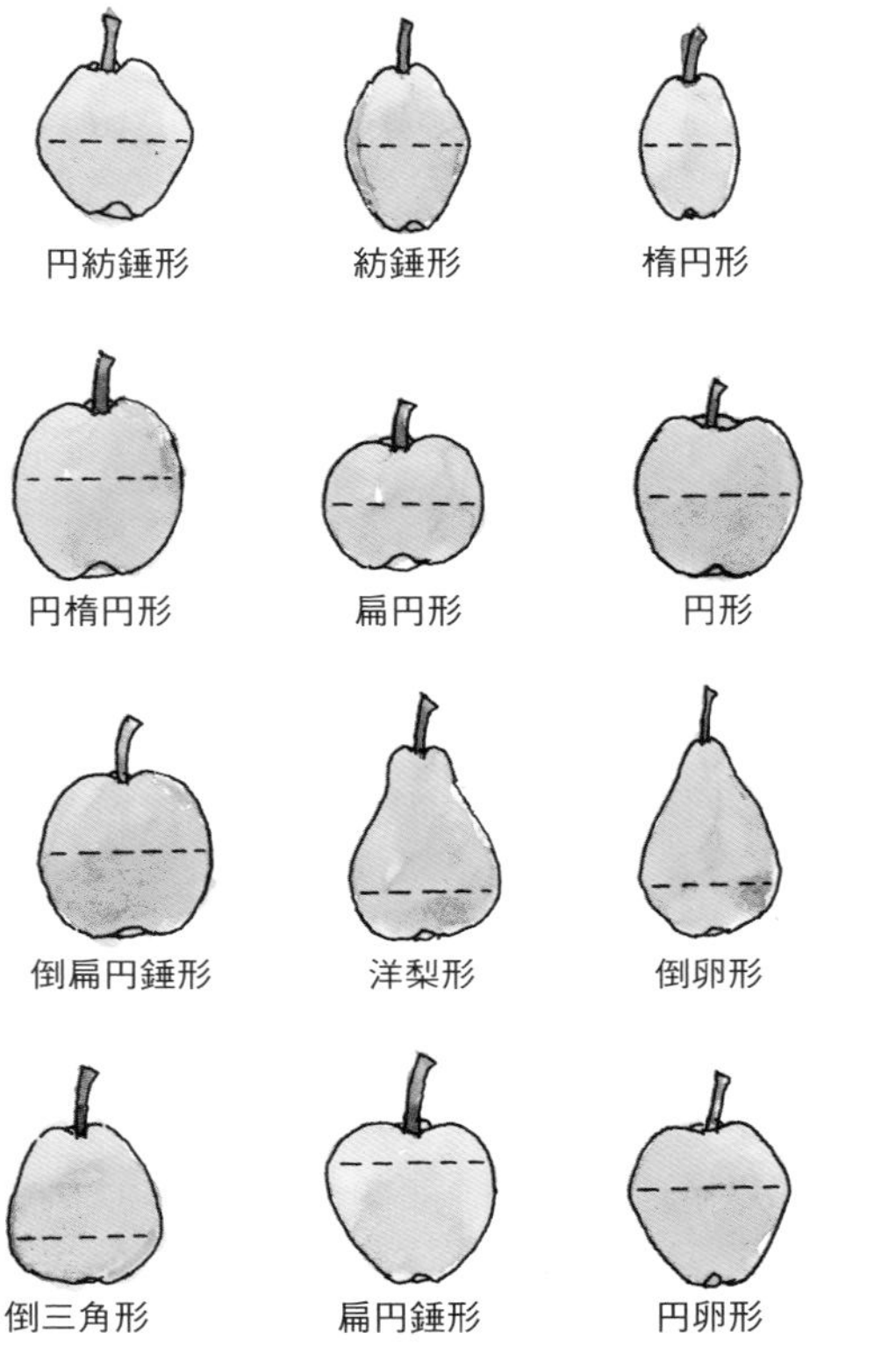

出典：「昭和52年度種苗特性分類調査報告書（ナシ）」（埼玉県園芸試験場）

成熟果の果実の形は、品種によって異なりさまざまな形をしています。円形や扁円形の品種が大半ですが、「王秋」のようにやや縦長で楕円から倒卵形の品種もあります（**図1－8**）。

萼《がく》は、幼果の時期に果実から落ちるのが一般的ですが、収穫期まで萼が残る果実があり、それを前述のとおり有てい果と呼んでいます。

有てい果は、子花に着果した果実に多く見られます。子花に着果した果実は、縦長で果実品質も不良になるため、有てい果の評価は低くなります。しかし、「あきづき」や「新星」は、親花に着果した果実でもほとんどが有てい果になりますが、果実品質は不良になりません。

樹と枝、葉、根の生態

樹と枝の特徴

幼木相と成木相

ナシの種子をまいて育てると、10年くらいの間は枝だけ伸びて花が咲きません。この状態を幼木相《ようぼくそう》と呼びます。この時期は、長く太い棘《とげ》が着生した枝が多数発生します。

その後、頂芽を中心に花芽が形成され、果実生産ができるようになる成木《せいぼく》相《そう》に移行します。成木相になると棘の発生は減少しますが、20年以上経っても強勢な新梢や根に近い部分から発生した新梢には、棘が着生することがあります。

販売されているナシの苗木は、すべて台木に接ぎ木されています。台木は種子から育成し、台木に接ぎ木した穂

播種（台木用ホクシマメナシ）１年後の状態

２年生のホクシマメナシ。ほとんどの枝に棘が発生

成木の接ぎ木部分
（上が穂、下が台木）

なつひかり原木（41 年生）から発生した棘

木は成木相の樹から採取しています。台木部分は幼木相、接ぎ木部より上の部分は成木相になっているため、植えつけてから遅くても数年のうちに花芽を着生します。

枝の区別と特性

枝は、春先から伸びる枝を新梢、前年に伸びた枝を1年生枝、それ以前に伸びていた枝を旧枝と呼びます。

新梢の特徴

新梢は、開花期前後に旧枝にある潜《せん》芽《が》（不定芽《ふていが》、陰芽《いんが》ともいう）や1年生枝の葉芽や花芽（定芽《ていが》という）から発生します。一般的に潜芽から発生する新梢は、定芽から発生する新梢よりも腋花芽の着生が不良になります。

　春に伸長を開始した新梢は、旺盛に伸長します。開花30日後くらいの時期になると、一時的に伸長する速度が低下します。

　この時期までの生育は、樹体に蓄えられている貯蔵養分を主に使っていますが、この時期以降の生育は、貯蔵養分が減少するため葉が生産している同化養分のほうが多く使われるようになります。この時期を養分転換期と呼び、枝の性状から樹勢を判断する重要な時期になります。この時期に伸長が停止する枝は、短果枝や中果枝になります。

　その後ふたたび伸長が盛んになり、

果叢から再伸長した新梢の摘心で形成された花芽

切除した徒長枝基部の潜芽から発生した新梢

太い果台から発生した１年生枝

二次伸長した新梢（葉の色が薄い部分）

図1－9　結果枝の種類と花芽のつき方

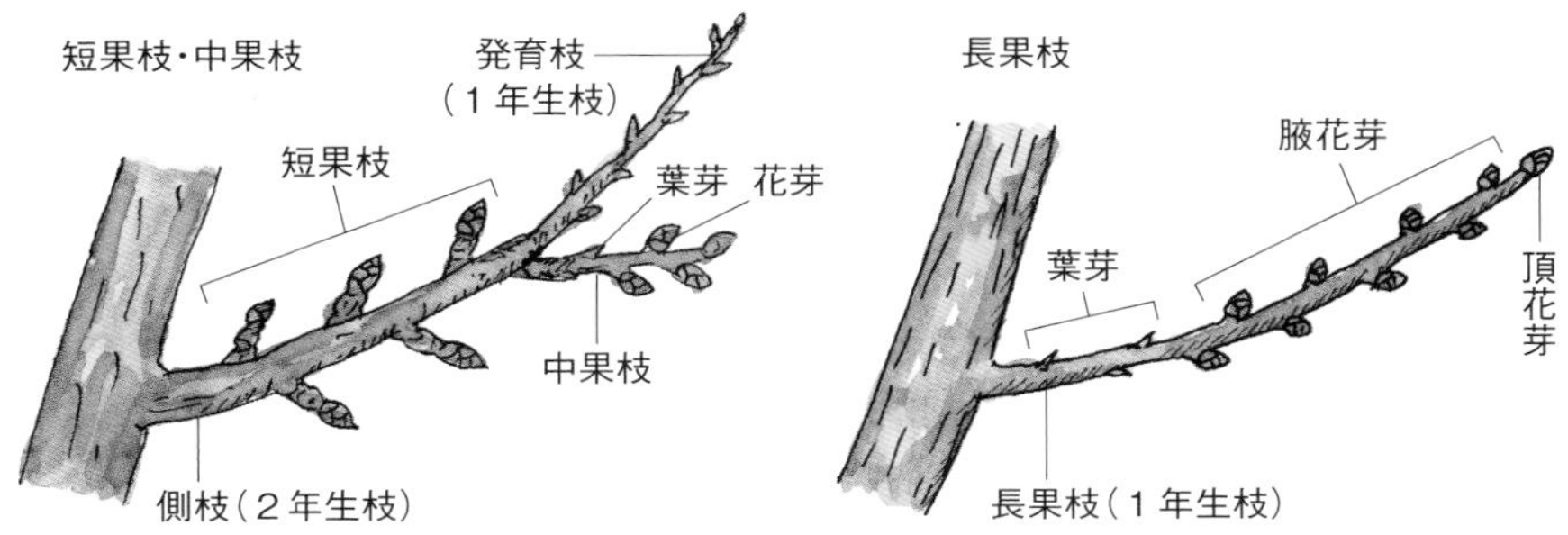

長果枝

短果枝の花芽（催芽期）

短果枝では再伸長するものも生じます。新梢の伸長は、通常は6月下旬～7月上旬頃に停止します。強勢な樹や窒素吸収が過剰な樹では、いったん停止した新梢がふたたび伸びだすこと（二次伸長）があります。二次伸長した新梢は、腋花芽の着生が不良になります。

1年生枝の特徴

1年生枝は長さと花芽の有無により名称が異なります。

花芽がない30cm以上の長さの枝を発育枝と呼び、とくに強勢なものを徒長枝と呼びます。

花芽がある枝を結果枝と呼びます。30cm以上の長さの枝を長果枝、15～20cmの長さの枝を中果枝、頂花芽を持つ1～2cmの長さの枝を短果枝と呼びます（**図1－9**）。しかし、長さの基準はあまり明確ではありません。

栽培面からは、花芽を持つ長い1年

生枝を長果枝、側枝から分岐した中程度の長さで花芽を持つ枝を中果枝、側枝上にある花芽を持つ短い枝を短果枝と呼んでいます。

1年生の枝から発生する新梢の生育は、枝の先端のものほど長く強くなり、基部に近いものほど短く弱くなります。このような性質を、頂部優勢《ちょうぶゆうせい》と呼びます。

枝葉拡大期のナシ園

頂部優勢の強い品種は、先端の1～2芽から強い新梢が発生し、基部の芽が動かないことが多く、弱い品種は、先端の数芽以外にも多くの芽から新梢が発生します。

基部近くにあるまったく活動しない芽は、翌年以降潜芽になります。

葉の展開と特徴

葉は、短果枝の鱗片が脱落した後に、花房の下にある小型の葉（マメ葉）が展開します。その後、開花がはじまる頃から腋花芽や葉芽の葉が展開します。葉の光合成能力は、若葉のときは低い状態ですが、展葉後1か月くらいで成葉化してじゅうぶん活動するようになります。

葉数は、新梢伸長停止期頃に最大となります。健全な樹は、11月末～12月上旬頃にいっせいに黄化して落葉します。樹勢が弱い樹や根に障害のある樹は落葉が早く、窒素が遅効きしている樹は、落葉期になっても二次伸長した枝や徒長枝先端に青々とした葉が残っています。

根の分布と生態

根の分布は、土壌条件や水分条件により異なります。棚栽培では、垂直方向には深さ60㎝までに80％の根が存在

抜根した老木の主幹部

しています。黒ボク土（黒色の表層土と茶褐色の下層土をもつ土壌）では、太根が１・５ｍ以上の深さまで達していることがあります。また、水平方向には主幹から３・５ｍ程度の距離まで広がっています。

根は３～12月頃まで伸長しますが、５～６月に最もよく伸長し、次いで９～10月に伸長がやや盛んになります。５～６月に伸長する春根は、非常に細く養水分をよく吸収します。９～10月に伸長する秋根は、ずんぐりしていて、養水分の吸収もしますが、養分の貯蔵にも使われています。

根の色は、養水分をよく吸収するときはきれいな白色ですが、老化するとコルク化して茶色に変色し、養水分を吸収する能力が衰えていきます。根が老化する主な環境要因は、10％以下の酸素濃度、30℃以上の高地温、極端な乾燥です。根の活力を保つためには、土壌改良が重要になります。

原産、来歴と栽培分布

原産・起源と来歴

日本におけるナシ属の野生種は、群落の存在が証明されたマメナシ、イワテヤマナシ、アオナシとされています。ニホンナシの栽培種の起源ははっきりしていませんが、九州、四国、紀伊半島に野生していたヤマナシから改良されたと考えられています。

日本における食用としてのナシの起源は、弥生時代後期の遺跡である登呂遺跡から炭化した種子が出土していることから、少なくともこの頃までさかのぼると考えられます。また、『日本書紀』に持統天皇がナシの栽培を奨励する記述があることから、それ以前には栽培されていたようです。

江戸時代には棚栽培がはじまるなど栽培技術が発達し、多くの在来品種が栽培されていました。１８８０年頃から千葉県と神奈川県で優良な品種が多数発見され、各地の在来品種に代わって全国に広まりました。

１８８８年に千葉県松戸市で「二十世紀」が、１８９５年頃に神奈川県川崎市で「長十郎」が発見されました。「長十郎」は、豊産性で糖度が高く黒星病の被害も少なかったため、全国に広がりました。

着果（平棚栽培）

一方「二十世紀」は、当時の品種のなかで果実品質がきわめて優れていました。しかし黒斑病に弱かったため、梅雨時に雨の多い太平洋側では栽培が広がらずに、雨の少ない日本海側で栽培が広がっていきました。さらに、パラフィン袋などの資材や栽培技術の進歩によって、栽培面積が増加しました。「長十郎」と「二十世紀」の2大品種時代を築き、1980年代後半まで主要品種として栽培されました。

その後、三水と呼ばれる「幸水」が1959年に、「新水」が1965年に、「豊水」が1972年に農林省園芸試験場から発表され、1990年代以降は「幸水」と「豊水」が主要品種になり、現在にいたっています。

品質の優れた二十世紀

栽培面積と分布

ナシの栽培は、北海道南部から九州にかけて広範囲でおこなわれています。全国の結果樹面積は、1980年代半ばの1万8800haをピークに減少に転じ、現在は1万1700haでピーク時の62%になっています。また、生産量は1970年代の約50万tをピークに減少に転じ、現在は25万tと半減しています（**図1－10**）。

図1－10　結果樹面積および収穫量の推移

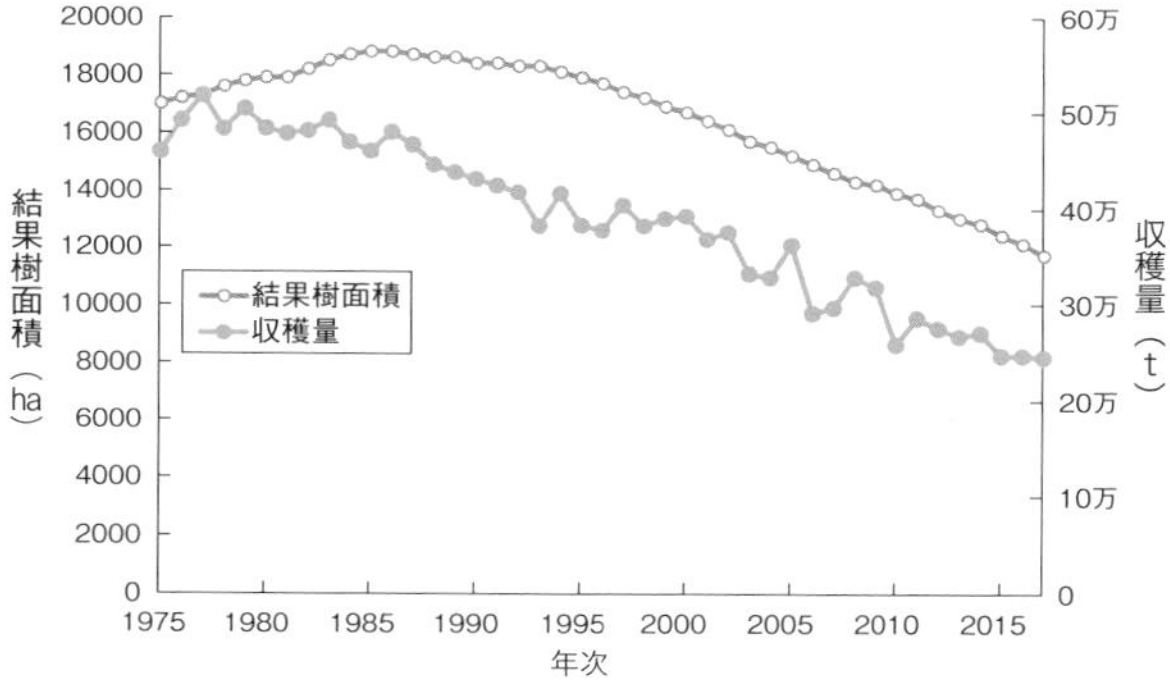

資料：果樹生産出荷統計

日本で栽培されている果樹のなかでニホンナシは、結果樹面積では温州ミカン、リンゴ、カキ、クリ、ブドウ、ウメに次いで7番目に、収穫量では温州ミカン、リンゴに次いで3番目になります。

主な産地は、千葉県、茨城県、福島県、鳥取県、栃木県、長野県、熊本県、新潟県、福岡県、埼玉県などで、この上位10県で全国の63%を占めています。

栽培適地と気候、土壌

気候条件と栽培適地

自然的条件の基準

農林水産省は、高品質な果実生産を確実にはかるために、果樹農業振興基本方針において多くの果樹について「栽培に適する自然的条件に関する基準」を公表しています。

栽培適地のナシ園

ナシは、気温では年平均気温が7℃以上、生育期間（4～10月）の平均気温が13℃以上、冬季の最低極温がマイナス20℃以上、低温要求時間が「幸水」は800時間以上とされています。降水量は「二十世紀」が1200mm以下とされています。

さらに、気象被害を防ぐための基準として、枝折れや樹の倒壊を防ぐため最大積雪深がおおむね2m以下であること、花器・幼果の障害を防ぐため蕾から幼果期において降霜が少ないこと、とされています。

しかし、この基準に合致した地域で、すべての品種を高品質につくれるわけではありません。

気温と低温要求時間

気温は、熟期や果実品質に影響を及ぼします。

気温の高い地域では、成熟期が早く、糖度が高く、酸の減少が早くなり、日持ち性が不良になります。気温の低い地域では、成熟期が遅く、糖度が低く、酸の減少が遅くなります。

このため、暖かい地域では、早生から晩生品種まで高品質果実を生産することができますが、流通に問題が生じる可能性があります。寒い地域では、晩生品種が完熟しないおそれが生じます。

また、ナシは冬季の低温に強い果樹ですが、排水不良や窒素の遅効きなどで枝の登熟が不良な場合は、最低気温がマイナス20℃以上でも凍害や胴枯れ病などが発生することがあります。

低温要求時間は、「幸水」だけ示されていますが、「二十世紀」や「新高」

は1400時間程度と長く、品種により異なっています。また、新品種を含む多くの品種では、低温要求時間がわかっていません。

そのため、低温に遭遇する時間が長い寒冷地で育成された品種を、低温に遭遇する時間が短い暖地に植栽する場合や今後温暖化が進行した場合は、開花などに障害が発生する可能性もあります。

盛果期を迎える

降水量と降霜

降水量は、「二十世紀」だけに示されています。これは、「二十世紀」を栽培しても黒斑病の被害が少ない地域が適地であることを示しています。しかし、年間の降水量が少なくても、小袋がけ前後の時期に降水量が多い地域では、黒斑病の被害が問題になります。

蕾から幼果期の降霜は、「新高」などの花の早い品種でとくに問題になります。花の早い品種を冷気の停滞しやすい窪地や、防風垣などによって空気の流れが悪くなっている斜面の下部に植えつけると、被害が大きくなるおそれがあります。

よく管理されたナシ園

土壌と適応性

ナシは、国内のほとんどの土壌で栽培することができます。しかし、条件によっては石ナシやユズ肌、みつ症などの果実の生理障害が多発して、生産性が不良になることがあります。これは、排水不良、地下水位が高くかつ変動が激しい、果実肥大期の乾燥などによって根が障害を受けることが主な原因です。

このことから、土壌条件でいちばん重視したい点は、耕土の深さ、排水の良否です。また、スコップで穴掘りが困難なほど土壌が硬いと根の伸長が不良になり、健全な生育が望めなくなります。

第2章

ナシの種類・品種と選び方

収穫期の果実（あきづき）

ナシの品種と特徴

ナシの種類とタイプ

ナシ（ニホンナシ）の種類は来歴、果形、果実の大きさ、食味、早晩性などから分けられますが、一般的には果皮の色から赤ナシと青ナシに大別されています（**表2―1**、38〜39頁）。

赤ナシは、無袋で栽培するのが一般的です。網で被覆していない園では害虫防除のために、「新高《にいたか》」では果肉を軟らかくし果面をきれいに仕上げるために、「南水《なんすい》」や「新水」では黒斑病防除のために袋かけをする場合もあります。

青ナシは、病害虫の防除と果面をきれいに仕上げるために、多くが有袋で栽培されています。しかし、「二十世紀」や「おさ二十世紀」などの黒斑病に弱い品種以外では、無袋でも栽培することができます。

このように、耐病性や栽培特性は、品種による違いはあっても赤ナシと青ナシで明確な違いはありません。

現在、栽培されている品種や近年育成された品種の多くは赤ナシです。青ナシの品種は、「二十世紀」群、「菊水」、「平塚16号（かおり）」、「八雲」、「なつひめ」、「秋麗」、「なつしずく」、「甘太《かんた》」など少数しかありません。

赤ナシ（豊水）の収穫果

青ナシ（平塚16号＝かおり）の収穫果

主要品種の特性

幸水

「幸水《こうすい》」は、農林省園芸試験場（現、農業・食品産業技術総合研究機構＝以下、農研機構と略）果樹茶業研究部門において１９４１年に「菊水」に「早生幸蔵《わせこうぞう》」を交配して育成され、１９５９年に発表されました。ニホンナシの代表的な品種として、全国で最も多く栽培されています。

関東では8月中・下旬頃に収穫される黄赤褐色の赤ナシです。果点間のコルクの発達が不じゅうぶんな中間色タイプのため、果面がまだら状に仕上がることがあります。果実は扁円形で３５０ｇ程度の大きさになります。果実品質は、果肉が緻密で軟らかく、糖度が12％程度で、酸味はほとんど感じません。心腐れと裂果が発生します。樹勢は中で、腋花芽の着生は中、短果枝の着生はやや少です。

幸水

果実と縦断面

幸水の着果

新甘泉

「新甘泉《しんかんせん》」は、鳥取県果樹野菜試験場（現、鳥取県園芸試験場）において「筑水」に「おさ二十世紀」を交配して育成され、2008年に品種登録されました。

　8月下旬～9月上旬頃に収穫される黄赤褐色の赤ナシです。果実は円形で470g程度の大きさになります。果実品質は、果肉が軟らかく、糖度が14%程度で、酸味は感じません。軸折れが発生します。樹勢は中で、腋花芽の着生は中、短果枝の着生は多です。現在、鳥取県以外で栽培することはできません。

新甘泉

新甘泉の着果

南水

「南水《なんすい》」は、長野県南信農業試験場で「越後」に「新水」を交配して育成され、1990年に品種登録されました。

　9月下旬～10月上旬に収穫される黄赤褐色の赤ナシです。果実は扁円形で400g程度の大きさになります。果実品質は、果肉が軟らかく、糖度が14%程度で、やや酸味を感じます。貯蔵性に優れています。樹勢は中で、腋花

南水

南水の着果

芽の着生は中、短果枝の着生はやや多です。黒斑病に罹病性があります。

豊水

豊水

果実と縦断面

豊水の着果

「豊水《ほうすい》」は、農林省園芸試験場（現、農研機構果樹茶業研究部門）において1954年に「幸水」に「イ－33」（「石井早生」×「二十世紀」）を交配して育成され、1972年に発表されました。

関東では9月上・中旬頃に収穫される赤褐色の赤ナシです。果実は円形で400g程度の大きさになります。果実品質は、果肉が軟らかく、糖度が13%程度で酸味を感じますが、適熟果は濃厚な食味になります。軸折れとみつ症が発生します。樹勢は中で、腋花芽の着生は多、短果枝の着生は中です。

あきづき

あきづき

あきづきの着果

果実と縦断面

「あきづき」は、農林水産省果樹試験場（現、農研機構果樹茶業研究部門）において1985年に「162－29」（「新高」×「豊水」）に「幸水」を交配して育成され、2001年に品種登録されました。

関東では9月中・下旬に収穫される黄赤褐色の赤ナシです。果実は扁円形で500g程度の大きさになります。

果実のそろいがきわめて良好で変形果はほとんど発生しません。果実品質は、果肉が軟らかく、糖度が12%程度で、酸味はほとんどありません。果肉に水浸状やコルク状の果肉障害が発生することがあります。有てい果が発生します。樹勢は強で、腋花芽の着生はやや少、短果枝の着生はやや少です。

新興

新興

新興の着果

「新興《しんこう》」は、新潟県農事試験場において１９３２年に「二十世紀」の種子から育成され、１９４１年に命名されました。遺伝子解析から「二十世紀」に「天の川」を交配したと考えられています。

10月中旬頃に収穫される黄褐色の赤ナシです。果実は円形で４５０g程度の大きさになります。果実品質は、果肉の硬さが中、糖度が12%程度で、やや酸味を感じます。樹勢は中で、腋花芽の着生は少、短果枝の着生は多です。

にっこり

にっこり

にっこりの着果

「にっこり」は、栃木県農業試験場において１９８４年に「新高」に「豊水」を交配して育成され、１９９６年に品種登録されました。

10月中旬～11月上旬頃に収穫される赤褐色の赤ナシです。果実は円形で８００g程度の大きさになります。果実品質は、果肉が軟らかく、糖度が12%程度で、酸味がわずかにあります。樹勢は強で、腋花芽の着生はやや少、短果枝の着生はやや少です。貯蔵性に優れています。年によりみつ症が発生します。

新高

「新高《にいたか》」は、菊池秋雄氏が東京府立園芸学校において「天の川」に「長十郎」を交配して育成し、１９２７年に命名されました。

関東では10月中旬～11月中旬頃に収穫される黄褐色の赤ナシです。果実は円形で５００g程度の大きさになりますが、大きいものでは１kg程度になります。果実品質は、果肉の硬さが中、糖度が12%程度で、酸味はほとんどあ

新高

果実と縦断面

新高の着果（有袋）

りません。成熟すると香気を感じます。樹勢は強で、腋花芽の着生は多、短果枝の着生は多です。近年は高温によりみつ症や裂果が発生しやすくなっています。

王秋

「王秋《おうしゅう》」は、農林水産省果樹試験場（現、農研機構果樹茶業研究部門）において1983年に「C2」（「慈梨《ツーリー》」×「二十世紀」）に「新雪」を交配して育成され、2003年に品種登録されました。

関東では10月下旬～11月上旬頃に収穫される黄褐色の赤ナシです。果実は円楕円形あるいは倒三角形で650g程度の大きさになります。果実品質は、果肉が軟らかく、糖度が12％程度になります。酸味は収穫直後は強く感じることもありますが、貯蔵性が良好で貯蔵中に酸が減少します。コルク状や水浸状の斑点が生じる果肉障害が発生することがあります。収穫前に軽度の落果が発生します。樹勢は強で、腋花芽の着生は多、短果枝の着生は多です。

王秋

王秋の着果

二十世紀

「二十世紀」は、千葉県の松戸覚之助氏が1888年に千葉県大橋村（現在の松戸市）の親類宅のゴミ捨て場に生えていたものを発見しました。

8月下旬～9月に収穫される青ナシです。果実は円形で、大きさは300g程度になります。果実品質は、果肉が軟らかくシャキシャキとした食感で、糖度が11％程度で、酸を感じます。みつ症（水ナシ）が発生します。黒斑病に罹病性があるため、果実に袋をかけて栽培する有袋栽培が一般的です。無袋栽培の「二十世紀」を「サンセーキ」という名称で販売しています。樹勢は強で、腋花芽の着生は少、短果枝の着生は多です。

二十世紀の着果

秋麗の着果（無袋）

「二十世紀」の突然変異から生まれた品種として、自家和合性の「おさ二十世紀」、黒斑病抵抗性の「ゴールド二十世紀」や自家和合性で黒斑病抵抗性の「おさゴールド」があります。

秋麗

「秋麗《しゅうれい》」は、農林水産省果樹試験場（現、農研機構果樹茶業研究部門）において1982年に「幸水」に「筑水」を交配して育成され、2003年に品種登録されました。

関東では9月上旬頃に収穫される青ナシです。果実は扁円形で350g程度の大きさになります。果実の外観は、有袋ではきれいに仕上がりますが、無袋では果面全体にさびが生じます。果実品質は、果肉が軟らかく、糖度が13%程度で、酸味はほとんど感じません。みつ症が発生することがあります。樹勢は中で、腋花芽の着生は中、短果枝の着生は中です。

甘太

「甘太《かんた》」は、農研機構果樹研究所（現、果樹茶業研究部門）において「王秋」に「あきづき」を交配して育成され、2015年に品種登録されました。

10月上旬頃に収穫される青ナシです。果実は広楕円形で570g程度の大きさになります。果実品質は、果肉が軟らかく、糖度が15%程度で、酸味を感じます。さびが果面全体に発生します。果皮色の変化が少ないため、収穫期の判定が困難です。樹勢は強で、腋花芽の着生は多、短果枝の着生は多です。

平塚16号（かおり）

平塚16号は、農林水産省農業技術研究所園芸部において1953年に「新興」に「幸水」を交配して育成されました。収穫前の落果が発生しやすい、

平塚16号＝かおり

日持ち性が短くぼけやすいなどの欠点から、命名登録されませんでした。

果実と縦断面

平塚 16 号の着果

関東では9月中旬頃に収穫される青ナシです。果実は円形で７５０ｇ程度の大きさになります。果実品質は、果肉の硬さが中、糖度が12％程度で、酸味はほとんど感じません。成熟するとリンゴのような香気を放ちます。樹勢は中で、腋花芽の着生は多、短果枝の着生は多です。

黒斑病・黒星病複合抵抗性品種

里水

里水の着果

里水

「里水《りすい》」は、千葉県の田中茂氏が「あきづき」に「黄花梨《ファンファーリ》」を交配して育成し、２０１３年に品種登録されました。

8月中・下旬に収穫される黄赤褐色の赤ナシです。果実は円形で３６０ｇ程度の大きさになります。果実品質は、果肉が硬く、糖度が13・6％程度で、やや酸味を感じます。有てい果が発生します。樹勢は強く、短果枝の着生は多です。

あきひめ

「あきひめ」は、千葉県の田中茂氏が「あきづき」に「黄花梨」を交配して育成し、２０１３年に品種登録されました。

8月下旬～9月上旬に収穫される黄赤褐色の赤ナシです。果実は円形で４５０ｇ程度の大きさになります。果実品質は、果肉の硬さが中程度、糖度が13・5％程度で、酸味は感じません。樹勢は強く、短果枝の着生は多です。

ほしあかり

「ほしあかり」は、農研機構果樹研究所（現、果樹茶業研究部門）において「314－32」（「巾着《きんちゃく》」×「豊水」）に「あきあかり」を交配して育成され、2015年に品種登録されました。

8月下旬～9月上旬に収穫される黄赤褐色の赤ナシです。果実は広楕円形で400g程度の大きさになります。果実品質は、果肉がきわめて軟らかく、糖度が13％程度で、酸味は少です。果実のそろいが悪く、明瞭な条溝が発生します。軽微な心腐れがわずかに発生します。樹勢は弱で、腋花芽の着生はやや多、短果枝の着生は多です。

ほしあかり

ほしあかりの着果

あきひめ

あきひめの着果

豊華

「豊華《ゆたか》」は、埼玉県の木村豊氏が1983年に「紅梨《ホンリー》」に「豊水」を交配して育成し、2009年に品種登録されました。

9月下旬～10月上旬に収穫される黄褐色の赤ナシです。果実は円形で650g程度の大きさになります。果実品質は、果肉が軟らかく、糖度が14％程度で、やや酸味を感じます。樹勢は弱く、腋花芽の着生は少、短果枝の着生は多です。

豊華

豊華の着果

自家和合性の品種

なるみ

「なるみ」は、農林水産省果樹試験場（現、農研機構果樹茶業研究部門）において1996年に「162－29」（「新高」×「豊水」）に、「269－21」（「豊水」×「おさ二十世紀」）を交配して育成され、2016年に品種登録されました。

9月上旬頃に収穫される黄赤褐色の赤ナシです。果実は円形で600g程度の大きさになります。果実品質は、果肉が軟らかく、糖度が13%程度で、酸味は少です。樹勢はやや強く、腋花芽の着生は中、短果枝の着生は多です。年により軽微な心腐れが発生します。原因は不明ですが、樹や枝の枯死、胴枯れ症状が全国的に発生しています。

秋甘泉

「秋甘泉《あきかんせん》」は、鳥取県果樹野菜試験場において「おさ二十世紀」に「豊水」を交配して育成され、2009年に品種登録されました。

9月中旬頃に収穫される黄赤褐色の赤ナシです。果実は円形で500g程度の大きさになります。果実品質は、果肉が軟らかく、糖度が14%程度で、酸味があります。樹勢は中で、腋花芽の着生は多、短果枝の着生は中です。現在、鳥取県以外で栽培することはできません。

なるみ

なるみの着果

秋甘泉

秋甘泉の着果

新美月

「新美月《しんみづき》」は、新潟県農業総合研究所園芸研究センターにおいて「おさ二十世紀」に「豊水」を交配して育成され、2013年に品種登録されました。

9月中・下旬頃に収穫される赤褐色の赤ナシです。果実は円形で450g程度の大きさになります。果実品質は、果肉が軟らかく、糖度が14%程度で、酸味があります。樹勢はやや強で、腋花芽の着生は多、短果枝の着生は多です。現在、新潟県以外で栽培することはできません。

新王

「新王《しんおう》」は、新潟県農業総合研究所園芸研究センターにおいて「おさ二十世紀」に「豊水」を交配して育成され、2013年に品種登録されました。

9月下旬~10月上旬頃に収穫される赤褐色の赤ナシです。果実は円形で500g程度の大きさになります。果実品質は、果肉が軟らかく、糖度が15%

程度で、酸味がほとんどありません。樹勢はやや強で、腋花芽の着生は多、短果枝の着生は多です。現在、新潟県以外で栽培することはできません。

おさ二十世紀

「おさ二十世紀」は、鳥取県の長昭信氏が発見し、１９７９年に品種登録されました。ナシでは、自家和合性が初めて確認された品種です。自家和合性品種の育種素材として利用されています。

樹の特性や果実品質は、「二十世紀」と同じです。

おさゴールド

「おさゴールド」は、鳥取県と農業生物資源研究所が「おさ二十世紀」に放射線を照射して育成し、１９９７年に品種登録されました。

樹の特性や果実品質などは、「二十世紀」と同じです。黒斑病に抵抗性があります。

おさゴールド

おさゴールドの着果

凛夏

凛夏の着果

温暖化への対応品種

凛夏

「凛夏《りんか》」は、農研機構果樹研究所（現、果樹茶業研究部門）において１９９６年に「２６９－21」（「おさ二十世紀」×「豊水」）に「あきあかり」を交配して育成され、２０１５年に品種登録されました。

８月下旬頃に収穫される黄赤褐色の赤ナシです。果実は円形で５００g程度の大きさになります。果実品質は、果肉が軟らかく、糖度が13％程度で、やや酸味があります。樹勢は中で、腋花芽の着生は中、短果枝の着生はやや多です。短果枝の花芽と腋花芽の枯死率は、暖地においても10％以下と低いです。

交配組み合わせと特性

果実			収穫期	果実生理障害			自家和合性	複合抵抗性
硬度	糖度(%)	酸味		心腐れ	みつ症	裂果		
軟	13.0	少	7月下～8月上	微	微	無		
やや軟	13.0	中	8月上中	無	無	極少		
軟	13.0	少	8月上中	無	無	無		
軟	13.9	少	8月中下	少	無	無		
硬	13.6	多	8月中下	－	無	無		有
軟	12.0	少	8月中下	少	無	有		
やや軟	13.5	少	8月中～9月上	無	少	無		
軟	13.0	中	8月下	微	微	無		
軟	14.0	少	8月下～9月上	少	少	無		
軟	13.5	中	8月下～9月上	無	少	無	有	
中	13.5	少	8月下～9月上	－	無	無		有
軟	13.0	少	8月下～9月上	微	無	無		有
硬	12.0	中	8月下～9月中	無	少	極少		
軟	13.0	少	9月上	微	無	無	有	
軟	13.0	多	9月上中	無	有	極少		
やや軟	13.0	少	9月上～下	－	少	有		
軟	14.0	中	9月中	無	無	無	有	
軟	14.0	中	9月中下	－	少	無	有	
軟	12.0	少	9月中下	無	有	無		
軟	12.0	少	9月下	無	無	無		
軟	15.0	少	9月下～10月上	－	無	無	有	
軟	14.0	中	9月下～10月上	無	無	無		
軟	14.0	中	9月下～10月上	－	－	－		有
中	12.0	中	10月中	無	無	極少		
中	13.5	やや強	10月中下	少	無	無		
軟	12.0	少	10月中～11月上	－	有	有		
中	12.0	少	10月中～11月中	無	有	有		
やや硬	中	多	10月下	無	無	極少		
軟	12.0	多	10月下～11月上	無	有	無		
軟	12.5	少	8月上中	無	微	無		
やや軟	12.5	やや多	8月中下	無	－	無		
軟	11.0	中	8月下～9月	無	少	極少		
軟	13.0	少	9月上	無	微	無		
軟	多	少	9月上	無	少	無		
軟	13.0	多	9月上中	少	少	極少		
中	12.0	少	9月中	無	微	有		
軟	15.0	中	10月上	無	無	無		

種登録データ、研究報告から作成

表2－1　主なナシ品種の

品種	交配組み合わせ	樹勢	花芽の着生		果実		
			腋花芽	短果枝	果形	果皮色	大きさ(g)
はつまる	筑水×筑波43号	やや強	中	やや多	円	黄赤褐	330
新水	菊水×君塚早生	強	少	多	扁円	黄褐	250
筑水	豊水×八幸	やや弱	中	中	円	黄褐	300
なつひかり	新水×長水	やや弱	多	多	扁円	赤	350
里水	あきづき×黄花梨	強	―	多	円	黄赤褐	360
幸水	菊水×早生幸蔵	中	中	やや少	扁円	黄赤褐	350
彩玉	新高×豊水	やや強	中	中	扁円	赤褐	500
凜夏	(おさ二十世紀×豊水)×あきあかり	中	中	やや多	円	黄赤褐	500
新甘泉	筑水×おさ二十世紀	中	中	多	円	黄赤褐	470
秋栄	おさ二十世紀×幸水	中	多	やや多	円	赤褐	360
あきひめ	あきづき×黄花梨	強	―	多	円	黄赤褐	450
ほしあかり	(巾着×豊水)×あきあかり	弱	やや多	多	広楕円	黄赤褐	400
長十郎	偶発実生	中	多	中	円	赤褐	300
なるみ	(新高×豊水)×(豊水×おさ二十世紀)	やや強	中	多	円	黄赤褐	600
豊水	幸水×(石井早生×二十世紀)	中	多	中	円	赤褐	400
恵水	新雪×筑水	強	少	中	扁円	黄赤褐	600
秋甘泉	おさ二十世紀×豊水	中	多	中	円	黄赤褐	500
新美月	おさ二十世紀×豊水	やや強	多	多	円	赤褐	450
あきづき	(新高×豊水)×幸水	強	やや少	やや少	扁円	黄赤褐	500
新星	翠星×新興	中	やや少	中	円楕円	赤褐	350
新王	おさ二十世紀×豊水	やや強	多	多	円	赤褐	500
南水	越後×新水	中	中	やや多	扁円	黄赤褐	400
豊華	紅梨×豊水	弱	少	多	円	黄褐	650
新興	二十世紀×天の川	中	少	多	円	黄褐	450
豊里	愛宕×新興	中	多	多	円卵	黄赤褐	750
にっこり	新高×豊水	強	やや少	やや少	円	赤褐	800
新高	天の川×長十郎	強	多	多	円	黄褐	500
晩三吉	不明	強	中	多	紡錘	黄赤褐	特大
王秋	(慈梨×二十世紀)×新雪	強	多	多	円楕円	黄褐色	650
なつしずく	(幸水×菊水)×筑水	やや強	少	中	扁円	黄緑	350
なつひめ	筑水×おさ二十世紀	中	多	中	扁円	黄緑	330
二十世紀	偶発実生	強	少	多	円	黄緑	300
秋麗	幸水×筑水	中	中	中	扁円	黄緑	350
秀玉	菊水×幸水	中	中	中	扁円	黄緑	400
菊水	太白×二十世紀	中	少	少	円	黄緑	中
平塚16号	新興×幸水	中	多	多	円	黄緑	750
甘太	王秋×あきづき	強	多	多	広楕円	黄緑	570

注：－は不明。昭和52年度種苗特性分類調査報告書（ナシ）、育成機関または育成者のホームページ、品

主要品種の推移と生産事情

主要品種の移り変わり

ニホンナシで主流となった品種は、果実品質、耐病性、収穫時期、収量、販売価格などの点からこれまで多くの変遷をたどってきました。

20世紀初頭は長十郎

「長十郎」は、20世紀初頭に全盛を迎え、ナシ全体の80％以上の栽培面積を占めていました。しかし、価格の暴落や干ばつによる石ナシの大発生、「長十郎」より果実品質が良好な「幸水」や「豊水」の誕生などにより、１９８０年代以降著しく減少しました。２０１５年の栽培面積は53ha、シェアは０・５％（第13位）にすぎません。

ナシの代表格となった幸水の棚

二十世紀の時代へ

「二十世紀」は、黒斑病に弱いため当初はほとんど栽培が広がりませんでしたが、防除技術の開発により増加して、１９５０年頃から約40年もの間最も栽培面積の多い品種となりました。しかし、無袋栽培が困難で、「幸水」や「豊水」より糖度が低いことや、黒斑病に耐病性のある「ゴールド二十世紀」が育成されたことから、１９９０年代以降急速に栽培面積が減少しました。２０１５年の栽培面積は５８６ha、シェアは５・９％（第４位）です。

「二十世紀」と果実品質がほぼ同様の「ゴールド二十世紀」、「おさゴールド」、「おさ二十世紀」を含めると８３３ha（シェア８・４％）栽培されています。

二十世紀は青ナシの代表品種

幸水、豊水の普及

１９６０年頃から農林省園芸試験場（現、農研機構果樹茶業研究部門）から「幸水」、「新水」、「豊水」のいわゆる三水が発表され、全国への普及が期待されました。

「幸水」は、早生で果実品質がきわめて優れていることから、植栽がすすみました。しかし、当初は小果だったため、「長十郎」に接ぎ直す産地も現れました。その後、大果生産技術が確立されたことにより栽培面積が急増し、1980年代後半から最も栽培面積が多い品種となり現在にいたっています。2015年の栽培面積は3982ha、シェアは40・2%です。

「新水」は、高品質の極早生品質として栽培面積が増加しました。しかし、小果で黒斑病に弱く、花芽の着生が不良で収量性が劣ったため、その後は減少しました。2015年の栽培面積は33ha、シェアは0・3%（第15位）です。

「豊水」は、試験栽培のときに千葉県からみつ症の発生が報告されていましたが、他県での発生がほとんどなく、果実品質がきわめて優れ、花芽の着生が良好で収量が多いことから、1990年代から「幸水」に次ぐ第2位の栽培面積になりました。2015年の栽培面積は2827ha、シェアは26・5%です（**図2−1**）。

図2−1　ナシの品種別栽培面積割合（%）

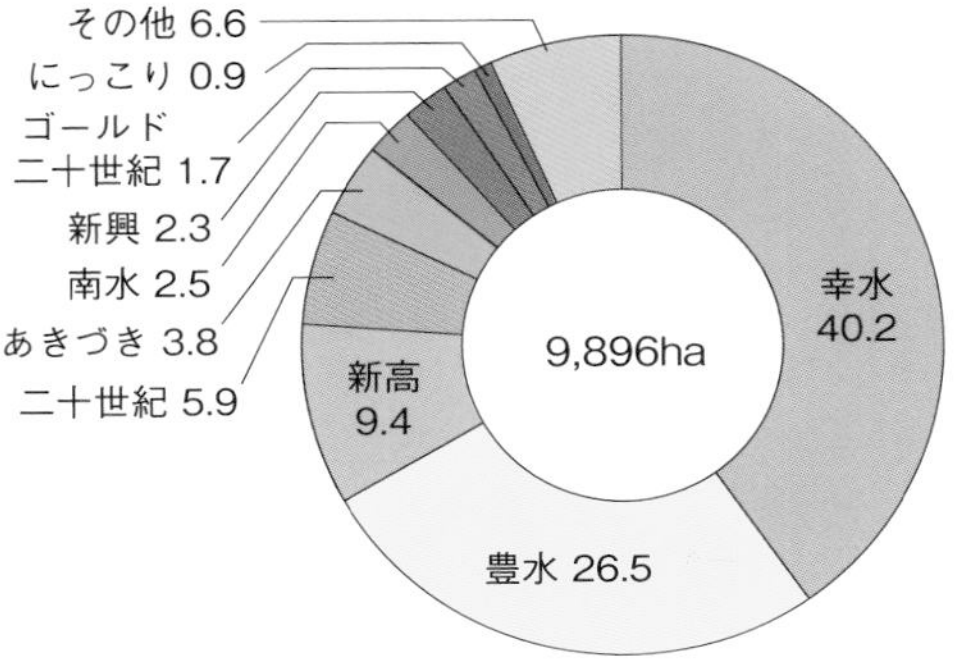

資料：2015年産特産果樹生産動態等調査

図2−2　ナシ品種別構成割合の推移

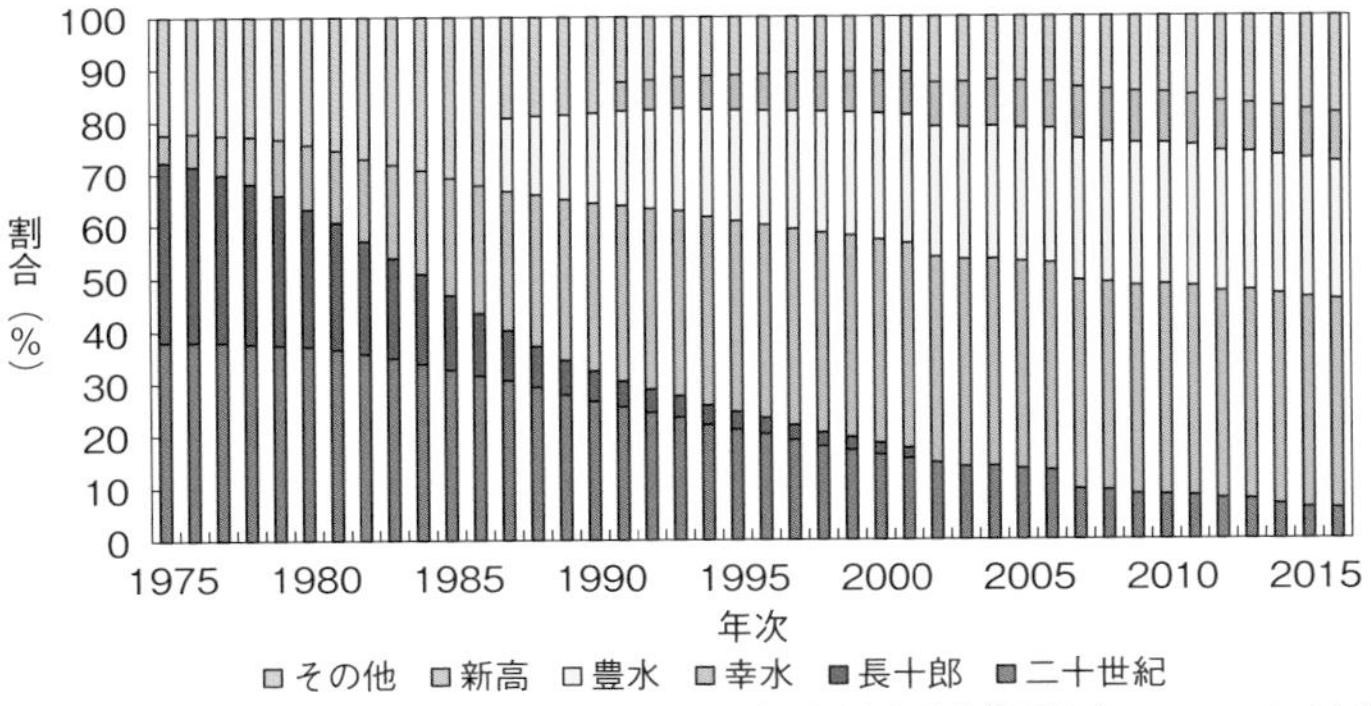

資料：果樹生産出荷統計（1975 ～ 2006年）、特産果樹生産動態等調査（2007 ～ 2016年）

主力の一角を占める豊水

晩生・大果の新高

「新高」は古い品種ですが、晩生《おくて》品種

のなかでは収穫期が早く、豊産性で、果実は大果になり完熟すると香りが発生し肉質も比較的良好になるため、収穫や販売期間を延長できる品種として多く栽培されています。２０１５年の栽培面積は９３０ha、シェアは９・４％（第３位）です。

1～2品種による寡占状態

ナシの主流品種は、このように「長十郎」、「長十郎」と「二十世紀」、「二十世紀」と「幸水」、「幸水」と「豊水」と変遷してきましたが、いずれも１～２品種だけで70％前後の寡占状態になっています**（前頁の図２－２）**。

また、果実品質は、果肉が軟らかく、糖度が高く、酸味が少ない方向へ変化してきました。

主要品種の生産事情と産地

現在、主要品種の「幸水」と「豊水」にも、栽培上の問題点が明らかになってきました。「幸水」は、これまでの品種よりも経済樹齢が短く、樹齢30年生前後から大玉生産がむずかしくなり収穫量も減少します。萎縮病の発生もほかの品種より多い傾向があります。「豊水」は、天候の影響でみつ症が多発する年があり、収穫期の後半は変形果の発生が多く見られます。

近年は、黒斑病・黒星病複合抵抗性の品種や自家和合性の品種など、これまでにない特性を持った品種が育成されはじめています。また、育種素材も「二十世紀」の血統の品種が多く使われていますが、チュウゴクナシを使った品種も育成されています。「幸水」や「豊水」が急に減少するとは考えられませんが、今後、これらの新たな特性を持つ品種が増加していく可能性があります。

図２－３　ナシの地域別結果樹面積割合

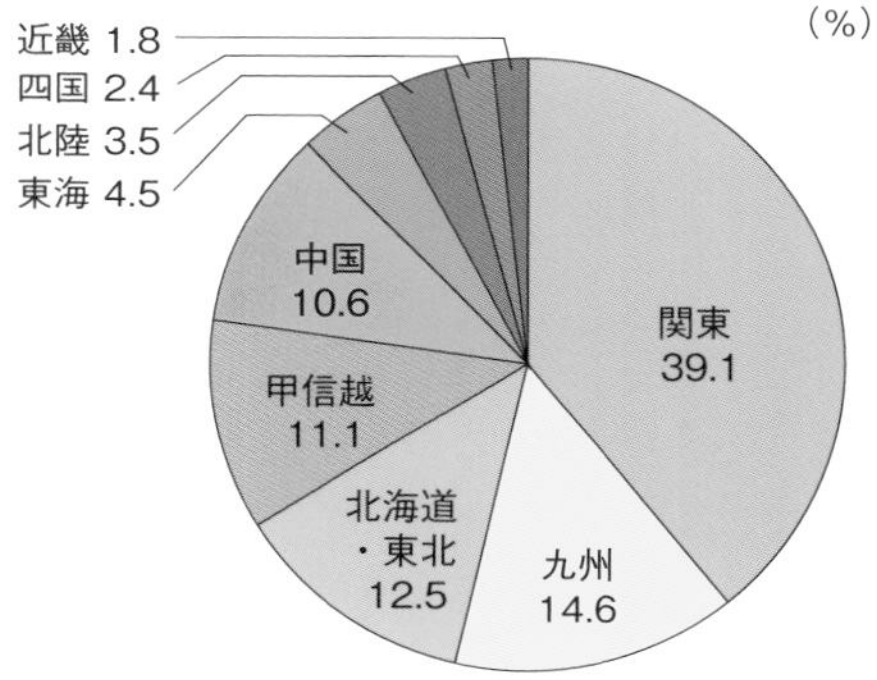

資料：2017年産果樹生産出荷統計

地域別の面積割合は、関東地方が39・1％で最も多く、次いで九州地方が14・6％、北海道・東北地方が12・5％、甲信越地方が11・1％、中国地方が10・6％、東海地方が4・5％、北陸地方が3・5％、四国地方が2・4％、近畿地方が1・8％となっています**（図２－３）**。

関東地方が多いのは、気候や土壌条件がナシの栽培に適しているだけではなく、広い平地や緩傾斜地での栽培が多いため、機械化や大規模化が可能であったことによるものと考えられます。

品種と受粉樹の選び方

品種の選び方

品種の選び方は、家庭で楽しむ庭先栽培の場合と経済栽培の場合とでは異なります。

庭先栽培の場合

家庭の庭先などでナシをつくるときに最も問題となるのは、病気と害虫の防除です。害虫は、薬剤散布をおこなわなくても、捕殺や果実の袋かけなどの耕種的防除で防ぐことができます。しかし病害は、これまでの品種では殺菌剤の散布をおこなわないと落葉や裂果、果実の腐敗などが多発し、収穫が皆無になることもあります。

最近育成された黒斑病・黒星病複合抵抗性品種は、ナシで最も重要な病害である黒斑病と黒星病の防除が不要です。しかし、複合抵抗性品種には、受粉する必要のない自家和合性品種がありません。そこで、複合抵抗性品種を2品種以上植えるか、1本の樹に高接ぎして2品種以上にすれば、おたがいの花粉を使って受粉することができます。

収益性の高いあきづき

ただし、複合抵抗性品種はS因子がわからない品種が多いため、交配親が異なる品種を選ぶようにします。

経済栽培の場合

経済栽培の場合は、さまざまな要因を検討する必要があります。

収益性が高い品種

市場で高価格販売できる品種は、一般的に早生で高品質のものです。代表的な品種は「幸水」ですが、収量が少ない欠点があります。単価が多少低くても、収穫量が多い品種のほうが「幸水」より収益性が高い場合があります。「あきづき」のように秀品率が高い品種は、販売可能な果実割合が高くなるため収益性が高くなります。

収穫労力を分散できる品種

収穫、選果、販売は、ナシ栽培のなかで最も労力が必要な作業の一つです。とくに早生から中生の品種では収穫期間が短い品種が多いため、経営規模に合わせて数品種を組み合わせます。また、観光や直売では、いろいろな品種の品ぞろえがメリットになることが多いので、主流品種以外にも特徴のある品種や地域限定の品種を選びます。

果実生理障害の発生が少ない品種

果実生理障害は、土壌や地域によって発生状況が異なります。「豊水」のみつ症は、黒ボク土や関東地方の太平洋岸で発生が多く、コルク状やスポット状に発生する「あきづき」や「王秋」の果肉障害は、日本海側で発生が多いようです。

苗木を注文する前に、指導機関や近隣のナシ生産者に発生の有無を確認するとよいでしょう。また、生理障害が発生する品種は、発生しない品種より選果の時間が大幅に増加します。

病害の発生が少ない品種

ナシは薬剤防除の回数が多く、最近の薬剤は価格も高いため、防除回数を減らす工夫が必要です。さらに、黒斑病に弱い品種は袋かけの労力と袋代が必要になります。

黒斑病・黒星病複合抵抗性品種はまだ少数ですが、今後続々と育成される可能性があります。黒斑病・黒星病複合抵抗性品種を数本植えてもあまり効果はありませんが、面的に植栽できれば殺菌剤の散布回数を減らすことが可能になります。

和合性があり開花期が近い品種

人工受粉をおこなう園では1枚の圃場に1品種だけ植える単植でも問題はありません。しかし訪花昆虫による受粉をおこなう場合は、和合性があり開花期が近い品種を2～数品種混植します。列単位に同一品種を植えつけると、収穫時に異品種が混入する危険性を減少できます。

受粉樹（低樹高一文字仕立て）

受粉樹の選び方

受粉樹は花粉の量が多く、たくさんの品種と和合性がある品種を選びます。受粉樹の開花期は、受粉しようとする品種よりも早いほうが望ましいのですが、同時期か遅い場合は開花促進や花粉の貯蔵で対応します。

花粉の採取方法にもよりますが、長果枝の花蕾《からい》をしごいて採取する場合は腋花芽の着生が良好な「長十郎」や「なつひかり」などが適しています。花蕾を摘んで花粉を採取する場合は、短果枝の着生と維持が良好な「ゴールド二十世紀」や「新興」などが適しています。

なお、「新高」は花粉が不完全なので受粉に利用できません。

第3章

苗木の植えつけ・仕立て方

平棚仕立てのナシ園

開園準備と栽植密度

植えつけ前の準備

ナシは、一度植えつけると通常は数十年間栽培を続けるため、植えつけ後全面的に土壌を改良することはできません。また、土壌の物理性が不良だと、果実の生理障害の発生が増加することがわかっています。

成熟期のナシ園

土壌改良は半年前に

植えつけ前になるべく深くまで土壌の物理性と化学性を改善することで、樹の生育を良好にし、生理障害の発生を軽減し、高品質果実の安定生産が可能になります。大型機械を用いた土壌改良は、植えつけ前にしかできませんので、計画的に実施しましょう。

土壌改良は、経済栽培では少なくとも植えつける半年前までにはおこなっておきます。土壌改良から植えつけまでの期間が短いほど、圃場内で不等沈下が発生したり、苗木植えつけ後に土壌や苗木の沈下や根と土の間に空隙が発生しやすくなります。

土壌物理性の改良は、暗渠を設置したりトレンチャー（溝を掘る機械）やバックホー（油圧ショベル）を用いて耕盤の破壊や溝を掘って、排水や透水性と通気性を良好にします。さらに緑肥植物の栽培や完熟堆肥の投入をおこなって、保水力と保肥力を向上させます。

土壌診断により、苦土石灰などを投入

土壌診断による資材投入

土壌の化学性の改良は、土壌中で移動しにくい苦土石灰や土壌に吸着されやすい熔リンを施用しておこないます。土壌の種類や前作によって資材の必要量が異なりますので、施用前に土壌診断をおこなって投入量を決定します。なお、白紋羽《しろもんぱ》病防除のために天地返しをおこなうと、数年間は白紋羽病の発生を抑えられますが、一度発生すると被害が急速に拡大します。

園地をほどよく明るくする

栽植密度の検討

2本主枝では、列間3・6～4m、樹間7・2～8m程度（38～31本／10a）で互の目《ごめ》（千鳥）に植え、すべて永久樹とします。

3または4本主枝では、永久樹の列間、樹間とも5・4～7・2m程度（34～19本／10a）にします。3または4本主枝は栽植間隔が広いため、永久樹の間に間伐樹を栽植することにより初期収量を高めることができます。

永久樹の互の目の位置に間伐樹を栽植した場合は、永久樹の2倍植えになります。

図3－1　永久樹と間伐樹の植えつけ位置と主枝の配置

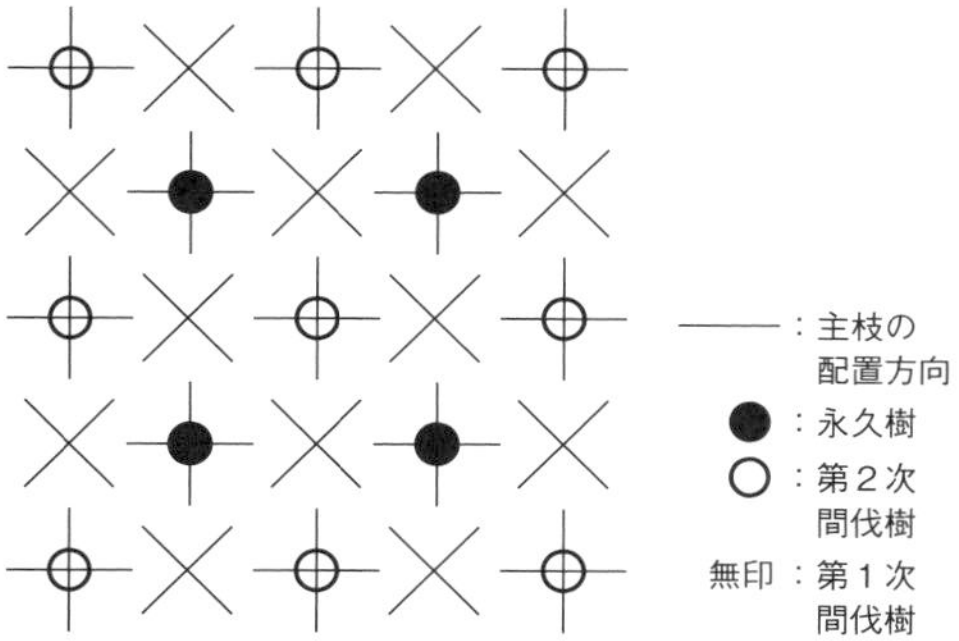

注：永久樹の主枝が十文字方向の場合

間伐樹の間にさらに間伐樹を栽植した場合は、永久樹の4倍植えになります。このとき永久樹の互の目の位置に栽植した間伐樹を第2次間伐樹と呼び、その間に栽植した間伐樹を第1次間伐樹と呼びます（**図3－1**）。

近年導入がすすんでいるジョイント仕立ては、列間3m程度、樹間1・5～2m程度（222～166本／10a）にします。流線型仕立ては、列間3・5m程度、樹間2・5m程度（114本／10a）にします。

植えつけ前には圃場の平面図を用意して、品種名、永久樹と間伐樹の植えつけ位置、主枝・亜主枝を書き入れて、圃場の傾斜と主枝方向の関係や作業動線、スピードスプレーヤ（薬剤を噴霧する機械）やトラクターなどの大型機械の走行の可否について検討します。

苗木の種類と求め方

ナシの台木

ナシは挿し木繁殖が困難で、台木用の種子や苗木も通常は販売されていないため、苗木は業者から購入します。

台木は、ヤマナシ台やホクシマメナシ台が一般的です。ホクシマメナシ台は、細根が多く耐乾・耐湿性に優れ、果実の生理障害の発生が少ないといわれています。

播種1年後のホクシマメナシ

苗木の購入

ナシの苗木は、ウイルスや根頭癌腫《こんとうがんしゅ》病、白紋羽病などに感染していても外見からはわからない場合もありますので、信頼のおける専門業者から購入します。購入した苗木の品質は、1本1本異なります。根量が少ないなど素質の悪い苗が含まれる場合もありますので、植えつけ予定本数より1割程度多めに購入します。もし、根頭癌腫病、白紋羽病に罹病した苗があったらかならず廃棄します。

苗木の購入申し込みは10月頃におこなうのが一般的ですが、購入本数が多い場合や新品種を購入する場合は、前年に予約したほうが安心です。

登録品種苗木の証紙

1年生苗の接ぎ木部。テープ下が台木、上の数cmが穂木、その上が伸びた枝の1年生枝

苗木の仮植え

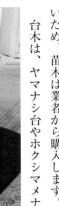

苗木が届いたら、植えつけるまで日当たりと排水のよい場所に仮植え（仮伏せ）をしておきます。苗木全体を土に埋めたほうが凍害を防ぐことができます。しかし、ナシの苗木は長く根が大きいので、大量に購入した場合はすべての苗木全体を土中に埋めるのは困難です。その場合は、少なくとも接ぎ木部より上部が埋まる程度の穴を掘り、1本ずつばらして仮植えし、地上部をこもなどで覆っておきます。

埋め戻すさいは、根と土の間にすきまができないように注意します。埋め戻し後はじゅうぶん灌水します。

仮植え

植え穴と苗木の植えつけ方

新植や全面改植で、すでに土壌改良をおこなっている場合は、植え穴を掘って苗木を植えつけます。

部分的に改植するために土壌改良をおこなっていない場合は、以下の方法で土壌改良をおこなってから、植え穴を掘って苗木を植えつけます。

植えつけ前の土壌改良

植えつける数か月前に、苗木の植えつけ位置を中心に縦横2ｍ深さ1ｍ程度の穴を掘り、掘り上げた土の上に完熟堆肥を20kg程度散布し、掘り上げた土と混ぜながら埋め戻します。土を数回に分けて埋め戻し、1回ごとによく足で土を踏み固めると、苗木を植えつけた後に苗木や土壌が沈下するのを軽減できます。

熔リンおよび苦土石灰は、土壌診断に基づいて施肥量を決め、完熟堆肥と同じ方法で施用します。

苗木の植えつけ

1年生苗木の植えつけ方

苗木の植えつけ時期には、秋植え（11月～12月上旬頃）と春植え（3月頃）があります。暖地ではどちらの時期でも問題ありませんが、秋植えのほうが初期生育は良好になります。寒

図3－2　苗木の植えつけ方

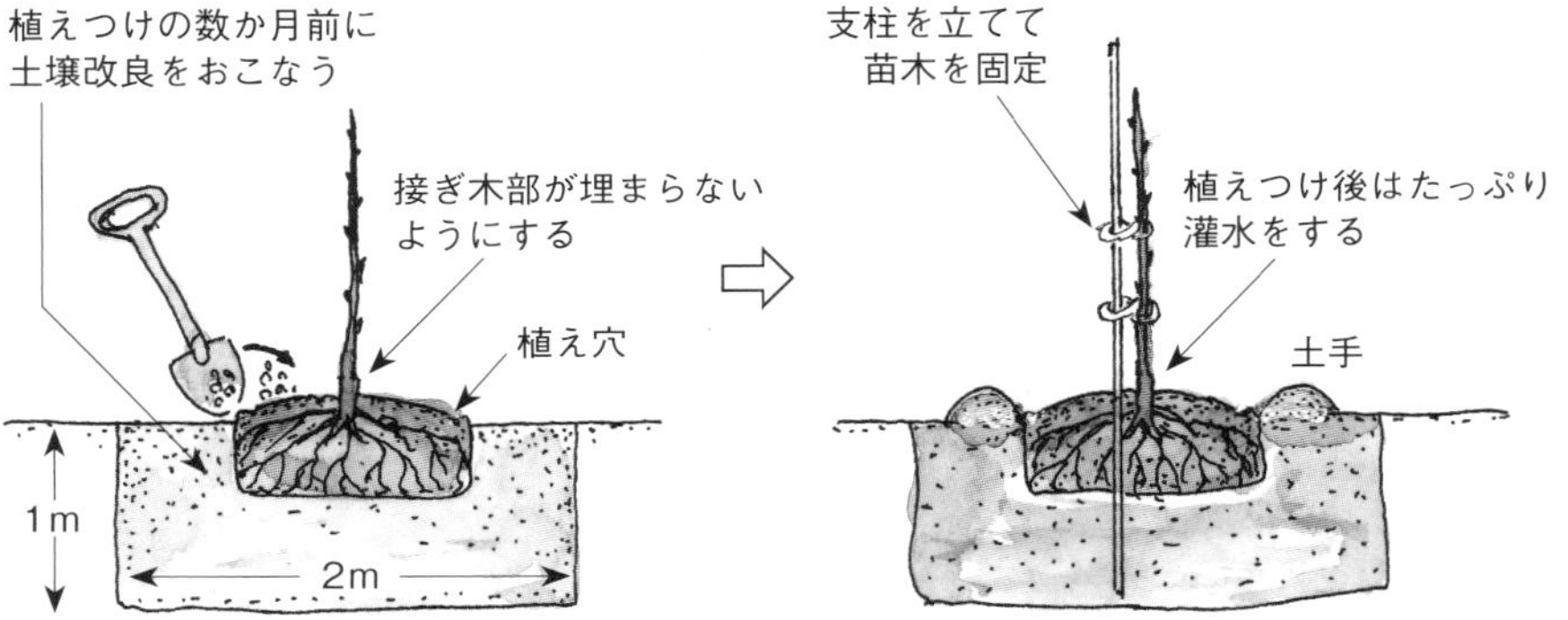
植えつけの数か月前に
土壌改良をおこなう
接ぎ木部が埋まらない
ようにする
植え穴
1m
2m
支柱を立てて
苗木を固定
植えつけ後はたっぷり
灌水をする
土手

冷地では、厳寒期に凍害を受けるおそれがあるため、春植えのほうが安全です。

植えつけ前に、苗木の接ぎ木部に巻かれたテープを取り除き、折れたり傷がある根は健全部まで切り返します。白紋羽病の予防のために、苗木の根部をトップジンM水和剤500倍液に10分間浸漬します。

植え穴は、根が入る程度の大きさと深さに掘ります。主幹の直下の根の間は土が入りにくいため、植え穴の底に山形に土を盛ります。盛った土の上に苗木を載せ、接ぎ木部が地上に出るように深さを調節します。

深さが決まったら、根を四方に広げ、苗木の脇に支柱を立て、土を埋め戻します。

埋め戻すさいは、根と土の間に空間が生じないように、細かい土を少しずつ入れながら細い棒で突いて、根の間に土を詰めます。埋め戻したら、苗木の周囲に土手（水盤）をつくり、じゅうぶん灌水します（**図3－2**）。

白紋羽病が発生するおそれのある場

植えつけ前に薬液に浸漬

フロンサイドＳＣ５００培液を
灌注しながら埋め戻す

植えつけのポイント

①穴を掘り、山形に土を盛る

②苗木を据える

③土を埋め戻す

④さらに土をかけ、棒で根の間に土を入れる

⑤土手をつくり、灌水する

⑥白紋羽病のおそれのある場所では、薬を灌注する

所では、フロンサイドSC500倍液を灌注しながら埋め戻すか、埋め戻し後に灌注します。

なお、計画密植する場合は、地上部の生育が良好で根量が多い苗木を永久樹の位置に、次いで良好な苗木を第2次間伐樹の位置に、それ以外の苗を第1次間伐樹の位置に植えつけます。

植えつけ後の管理（棚仕立て）

植えつけ後に、苗木を目標とする主幹の高さの芽、またはそれより2芽程度上で切り返します。苗木が短いときは、強く切り返してもう1年育成します。切り口に、トップジンMペーストなどの保護剤を塗布しておきます。風の影響を受けないように、苗木の2〜3か所をひもで8の字に支柱に誘引します。

目標とする高さより2芽上で切り返した場合は、先端の2芽より下の芽が伸びだした後に、先端2芽をかくか切り返します。この除去する芽を犠牲芽《ぎせいが》と呼びます。犠牲芽を設けることで、主幹との角度が広く誘引しやすい新梢を得ることができます（**図3－3**）。

主幹の高さは、折衷式平棚仕立て3～4本主枝で棚の高さが約180㎝の場合は、100㎝前後にします。2本主枝の場合は、3～4本主枝より高めにします。2本主枝で主幹が低い場合は、主枝基部付近に配置する側枝の仰角が大きくなるため、側枝が強勢になりすぎて新梢の管理や短果枝の維持がむずかしくなります。

主枝にする新梢が発生したら、苗木の支柱と棚線との間に主枝誘引用の支柱をつけて新梢を誘引します。支柱の方向は、主枝を大苗と同様に直立に育成する場合は主枝方向と45度ずらし、斜めに育成する場合は主枝と同じ方向にします。新梢を支柱まで一度に誘引すると、新梢が基部から取れるおそれがありますので、数回に分けて誘引します。

図3－3　犠牲芽

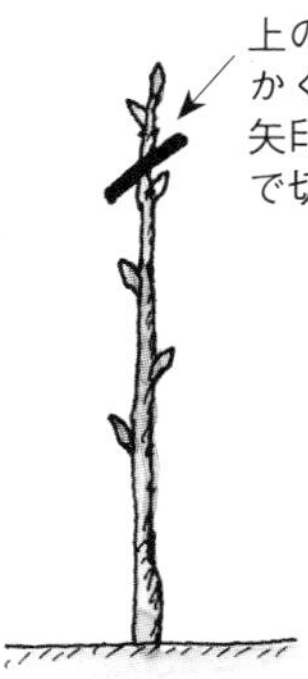
上の２芽をかくか、矢印の部分で切り返す

主枝を斜めに誘引

主枝先の誘引

植えつけ後の管理（立ち木仕立て）

植えつけ後に、苗木を1m程度の高さにある芽の直上で、斜め45度になるように切り返します。苗木が短いときは、半分以下の長さに切り返します。切り口には、かならずトップジンMペーストなどの保護剤を塗布しておきます。風の影響を受けないように、苗木と支柱を2～3か所ひもで縛っておきます。苗木と支柱の間でひもをクロスして8の字形に縛ると、苗木が太くなってもひもが苗木に食い込みにくくなります。

植えつけ後に根の間にすきまを見つけたときは、随時すきまに土を詰めていきます。

大苗育成のポイント

成園化を短縮するために

苗木を植えつける場合、購入した1年生苗木をそのまま用いることが一般的です。しかし、1年生の苗木を植えつけると、収穫開始までに4～5年程度かかります。また、主枝を伸ばすための管理に多くの労力が必要になります。

それにたいし、1年生の苗木を別の専用圃場で2～3年間育成し、そこでできた大苗を圃場に植えつけると、植えつけ2年後から収穫することができます。しかも、植えつけ時にはまっすぐな主枝がほぼ目標とする位置まで到達しているため、成園化するまでの時間を大幅に短縮することができます。また、狭い圃場で大量の大苗を育成することが可能です（**表3－1**）。

そのため、新規に開園する場合は、ナシ圃場の予定地で別の換金作物を栽培することや地力向上のための緑肥作物を栽培することができます。改植圃場では、休耕や緑肥作物の栽培により、いや地（連作によって生育が不良になる）の抑制や地力向上をはかることができます。

ジョイント仕立てと流線型仕立てでも大苗を用いています。いずれの仕立て方も、専用の大苗育成マニュアルがネット上で公開されていますので、それらを参考にしてください。

ここでは、折衷式整枝の大苗を大量に育成する架線式大苗育成法について紹介します。大苗の育成期間は2～3年間、主枝数は2～4本とし、主枝長は3・5m以上を目標とします。

圃場の準備

大苗育成圃場は、風当たりが弱く日当たりが良好な平坦地で、灌水装置を設置できる場所が適しています。

苗木の植えつけ前に、大苗育成圃場の土壌改良をおこないます。資材の投入量は土壌診断に基づいて決定します。苗木は長くても3年で掘り取りますので、排水が良好な場所であればあまり深くまで土壌改良をす

表3－1　大苗育成圃場における苗木の栽植距離と栽植本数

育成期間（年）	栽植方法	畝間（cm）	条間（cm）	株間（cm）	栽植本数（本/10ａ）
2	複条・千鳥	250	54	60	1,333
3		250	54	100	800

出典：「農業技術大系果樹編3」吉岡

る必要はありません。
深耕ロータリーを用いて耕うんするだけでじゅうぶんです。

表3－2　大苗育成架使用部品の一覧表

番号	部品名	規格および寸法
①	端柱、中柱	SSK-41亜鉛どぶ漬けメッキ　60.5φ×2.3t×5,500L
②	ステイ柱	SSK-41亜鉛どぶ漬けメッキ　60.5φ×2.3t×5,500L
③	腕木	SSK-41亜鉛どぶ漬けメッキ　60.5φ×2.3t×1,000L
④	横梁	SSK-41亜鉛どぶ漬けメッキ　60.5φ×2.3t×1,311L
⑤	ベースプレート	亜鉛どぶ漬けメッキ　42.7φ×2.3t×70L付き300×300×3.2t取りつけボルト1個つき
⑥	ジョイントプレート	SS-41亜鉛どぶ漬けメッキ　160×120×3.2t取りつけボルト3個つき
⑦	腕木交差取りつけ金具	亜鉛どぶ漬けメッキ　特注60.5φ用U型
⑧	パイプバンド	SS-41亜鉛どぶ漬けメッキ　60.5φ用
⑨	巻きつけ簡易張線器	SS-41亜鉛どぶ漬けメッキ　KC-1
⑩	フックブラケット	SS-41亜鉛どぶ漬けメッキ　M16×85
⑪	リューズ	亜鉛どぶ漬けメッキ　特注太さ8㎜×長さ130㎜
⑫	控え線止めアンカー	亜鉛どぶ漬けメッキ　カニ型E3号　荷重2,000kg
⑬	ポリキャップ	PC-60.5φ用
⑭	横線	半硬鋼線#12（2.6㎜）
⑮	振れ止め線	半硬鋼線#12（2.6㎜）
⑯	控え線	半硬鋼線#12（2.6㎜）
⑰	縦支線	第三種亜鉛びき鉄線#14（2.0㎜）

注：番号①～⑰は図３－４、図３－５の番号①～⑰と一致する
出典：「農業技術大系果樹編３」吉岡

育成架の設置

育成架は、棚柱用の鋼管や単管パイプでつくることができます。長さ5・5mの棚柱用鋼管を用いれば、果樹棚の周囲柱として再利用することができます。

育成架は、南北方向に設置します。

2年間育成した大苗

柱の設置と腕木の取りつけ

棚柱用鋼管を、底部にベースプレートをつけて1mの深さに埋め込みます。柱の間隔は6m以内にし、柱列の長さは最長50m程度にします。

両端の柱には、内側へ傾くのを防止するために棚柱用鋼管をステイ柱として斜めに埋め込みます。すべての柱の、高さ1m、最上部およびその中間部の3か所に、長さ1mの腕木《うでぎ》を腕木交差取りつけ金具（U字形金具）で取りつけます（**表3－2、図3－4、図3－5**）。

横線・縦支線の取りつけ

図３－４　架線式大苗育成法育成架

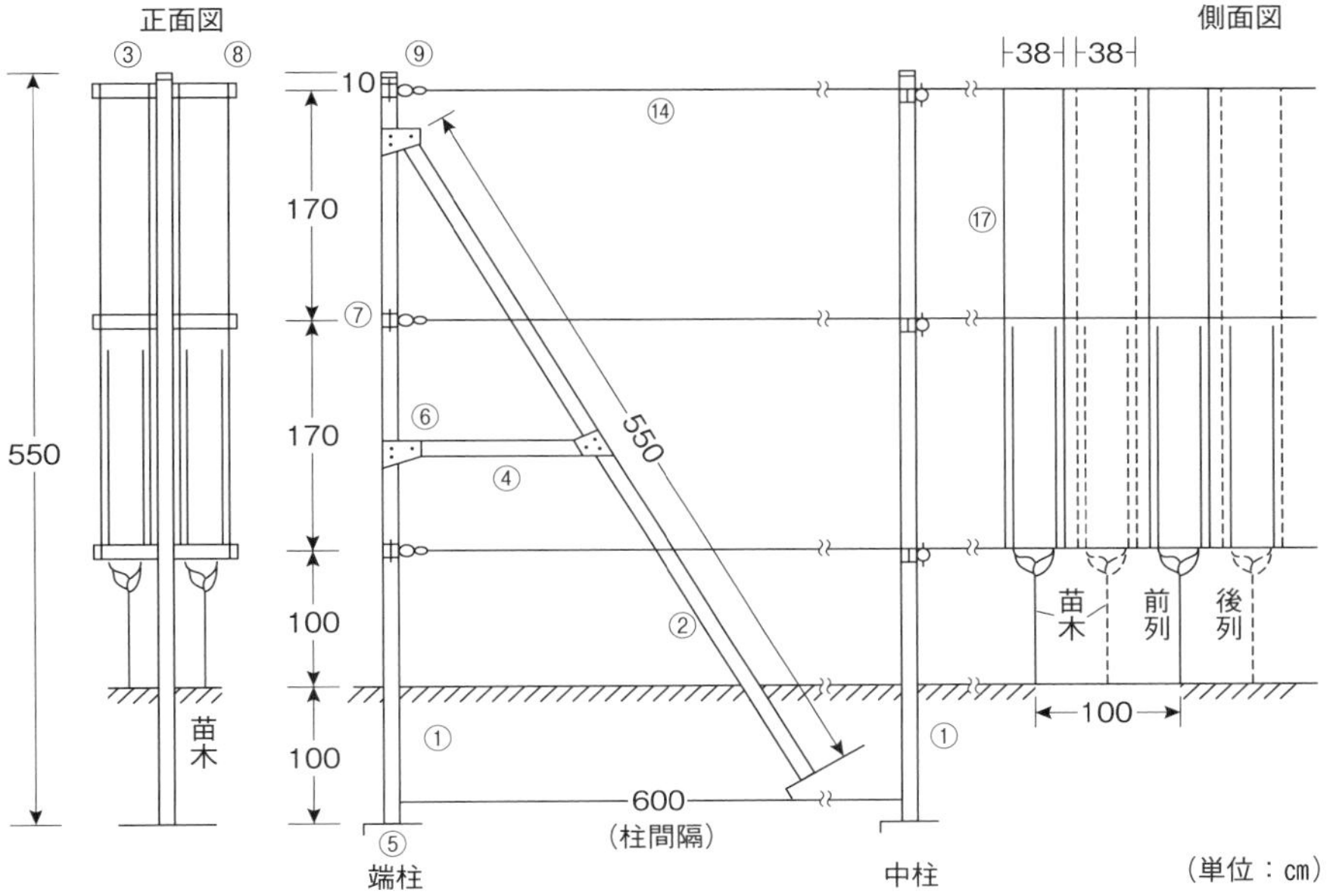

出典：「農業技術大系果樹編３」吉岡

図３－５　育成架の支柱の構造

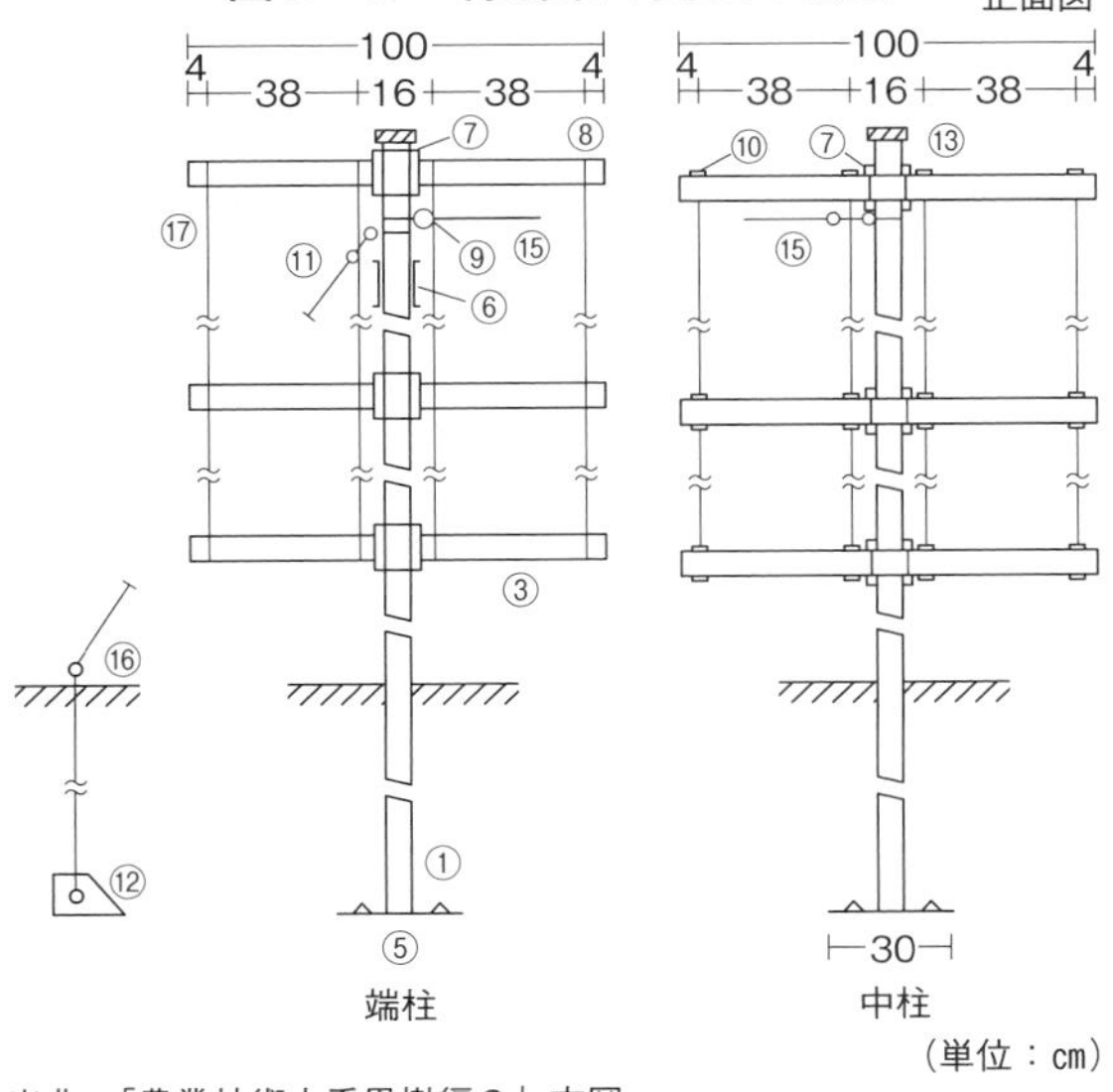

出典：「農業技術大系果樹編３」吉岡

つぎに腕木に横線を張ります。４本主枝の場合は、腕木の両端および両端から38cm内側の位置に合計４本張ります。３本主枝の場合は、柱の位置と柱から40cm外側の位置に合計３本張ります。２本主枝の場合は、柱の位置と柱から70cm外側の位置に合計３本張ります（57頁の**図３－６**）。横線には主枝を誘引するための縦支線をつける位置にビニールテープを巻いて目印をつけておきます。

横線は、まず下段の腕木に所定の本数を張ります。つぎに、最上部に張る横線を作業しやすい位置に仮止めして、ビニールテープの印の上から縦支線の片端を巻きつけます。縦支線の長さは、（最上部の腕木と下段の腕木の間隔）プラス20㎝程度とし、あらかじめ必要本数だけ切っておきます。

横線にすべての縦支線をつけたら、横線を最上部の腕木に取りつけます。その後、縦支線を軽く引いて下段の横線に巻きつけます。縦支線は、緩めに張っても問題はありません。縦支線を強く張りすぎると、すでに巻きつけてあった縦支線が緩むことがあります。最後に中間部の腕木に横線を張り、そこにバインド線などを用いて縦支線を結びつけます。

育成架の固定

育成架は風で横に傾くおそれがあるため、柱の最上部付近から控え線を左右に取り、アンカーなどで固定します。育成架を複数列設置する場合は、大型機械類の走行ができるように列間を2・5m以上取ります。また、育成架の横揺れを防止するために、各柱の上部にふれ止め線を列と直角の方向に張ります。

苗木の植えつけと新梢管理

育成架の設置後に、1年生苗木を秋植えします。植えつけ方法は、先述した「1年生苗木の植えつけ方法」と同様におこないます。

苗木は、1m前後の高さで切り返します。犠牲芽を取る場合は、それより2芽程度上で切り返します。

苗木と縦支線に篠竹などを用いて支柱をつけ、発生した新梢を主幹の先端方向と60度以上開くように支柱に誘引します。新梢の勢力をそろえるため、勢力の強い新梢ほど角度を広く取ります。新梢を一度に支柱に誘引すると、基部から取れるおそれがあるため、何回かに分けて角度をつけていきます。この角度が狭いと、圃場に植えつけたときに主枝の棚づけがむずかしくなります。主幹から斜めに誘引した部分を腕部《うでぶ》と呼びます。

新梢が縦支線まで到達したら、縦支線に誘引します。新梢の勢力に差があるときは、強い新梢は遅めに、弱い新梢は早めに縦支線に誘引します（**図3－6**）。新梢の伸長に伴い、テープナーやバインド線を用いて30㎝程度の間隔で縦支線へ緩めに誘引していきます。

主枝以外で伸長した新梢は、葉枚数を確保するために切除しないで捻枝や新梢先端の摘心をおこないます。

施肥は1樹当たり窒素、リン酸、カリが等量の化成肥料を用いて成分量で25gを2、6、9月に分施します。

灌水は、土が乾く前におこなうようにします。

2年目の管理

図3－6　大苗育成架と1年生苗木の植えつけ位置
および主枝の誘引方向

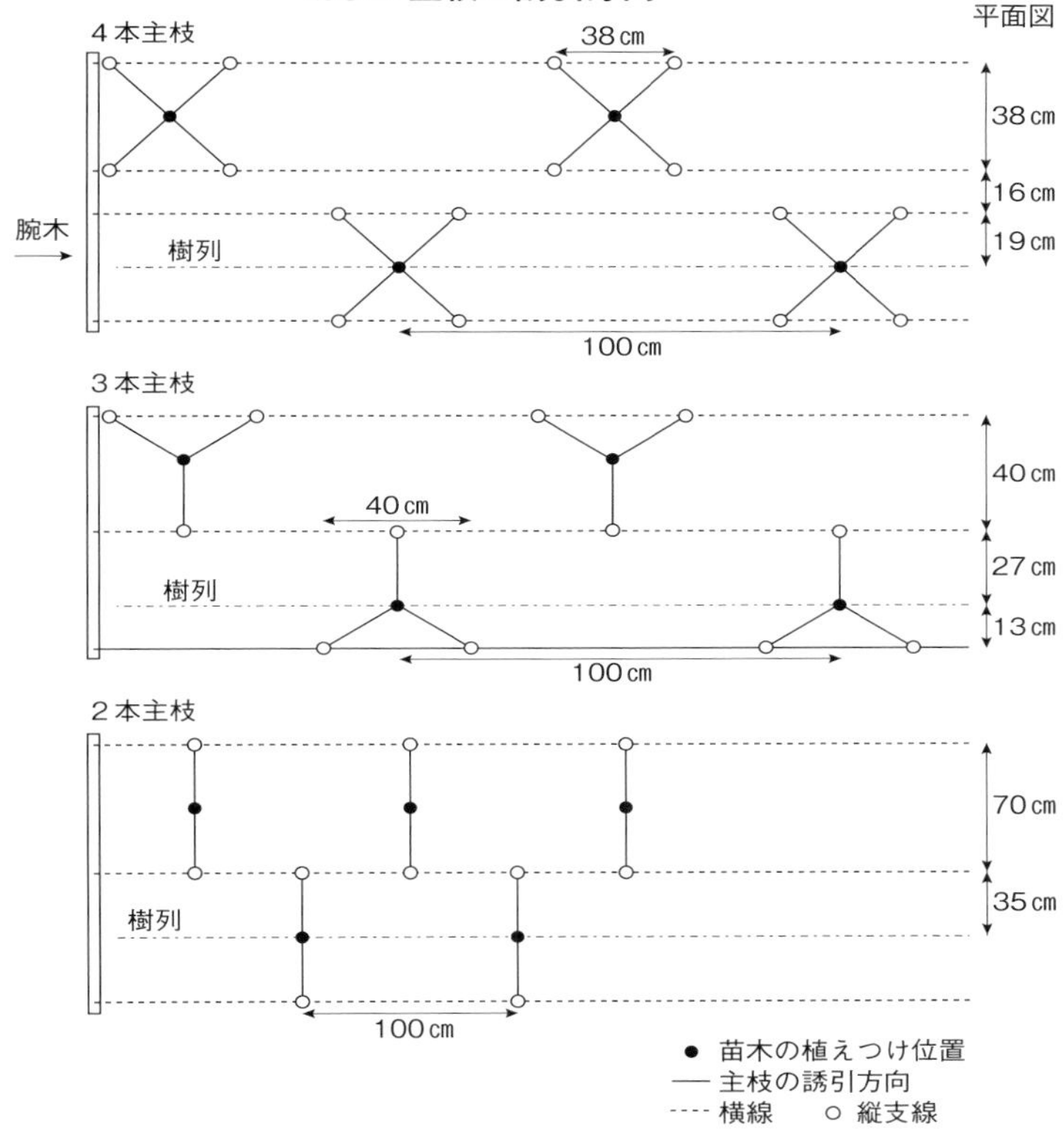

出典：「果樹栽培標準技術体系（ニホンナシの部）」（千葉県、千葉県農林水産技術会議）

剪定は、主枝では充実した部位で切り返し、主枝以外の発育枝や芽はすべて剪除します。

新梢管理は、主枝の先端から発生した新梢だけを縦支線に誘引し、その下方の数芽から発生したものは2～3葉残して摘心します。さらに下方から発生した新梢は、勢力の強いものは水平以下に誘引し、弱いものは放置しておきます。これらの新梢は、圃場に植えつけたときに側枝や予備枝として利用します。主幹と腕部から発生した新梢は、すべてかき取ります。腕部に新梢を残すと、棚づけのときに折れやすくなります。施肥は、成分量で50gを1年目と同様に施用します。

苗木の生育が良好な場合は、育成期間が2年でもじゅうぶんな生育を得ることができます。ただし、圃場に植えつけて主枝を棚づけすると、主枝を直立させていたときよりも新梢の生育が不良になります。主枝長が、目標とする主枝長より同程度か短いときは、主枝先を強化するためにもう1年育成したほうが無難です。

3年間育成する場合は、2年目の落葉後に樹列から30㎝外側をトレンチャーで断根すると、細根が増加して、植えつけ時の植え傷みを軽減することができます。

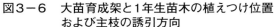

3年目の管理

生育の良好な苗木は、永久樹と第2次間伐樹候補とします。主枝先を延長するため、主枝先を充実した部位で切り返します。

生育の不良な苗木は、第1次間伐樹候補とします。植えつけ後に多数の側枝を得るために、主枝先を強く切り返して（枝を短めに残す）新梢の発生を促します。

主枝以外で残した側枝は、車枝《くるまえだ》（1か所から複数の枝が発生しているように見える状態）にならないように間引き、先端は弱めに切り返します。

新梢管理は、主枝から発生する新梢では2年目と同様におこない、側枝として残した1年生枝では、先端以外から発生した新梢をすべて摘心します。

施肥は、成分量で65ｇを1年目と同様に施用します。

大苗の植えつけ方と管理

大苗の掘り取り

落葉後に大苗を掘り上げます。

主枝を誘引していたテープやひもはあらかじめ外しておくか、縦支線の針金を切っておきます。つぎにトレンチャーやバックホーを用いて、樹列の50～60㎝外側に、深さ70～80㎝、幅50㎝程度の溝を掘ります。バックホーやスコップで1本ずつ苗木を溝に落として掘り上げます。

その後、1主枝ごとにすべての枝をひもで主枝に縛り、さらにすべての主枝を一まとめに縛って運搬します。

テープで誘引した大苗の腕部分

大苗の植えつけ方

植え穴と根の処理は、1年生苗木の植えつけ方と同様におこないます。

大苗の植えつけは、主枝の本数＋1の人数でおこなうと作業がスムーズにすすみます。

主枝1本を一人が持ち、もう一人が主幹の基部を持ちます。主枝のなかで最も細い主枝を上側にして、棚下から棚上に上げる小張線の位置にそれぞれの主枝を挿し込みます。

その後、主枝を立てながら根部を植え穴に入れて、腕の方向が主枝方向と45度ずれるように調節します。埋め戻しは1年生苗木と同様におこないます。

主枝の棚づけは、主枝が細く腕部分の誘引角度が広い場合は簡単にできます。主枝の腕の部分が、太い、誘引角度が上向き、腕の部分に節があるなどの場合は、無理に棚づけすると折れてしまいます。

棚づけしにくい主枝は、先端が刃になったやっとこやナイフで腕からやや上までの部分に縦に傷を入れて、左右に軽く振って45度程度曲がるようにし、その後ビニールテープを巻いて傷が開かないようにしてから棚づけします（図3－7）。

図3－7　大苗の主枝の曲げ方

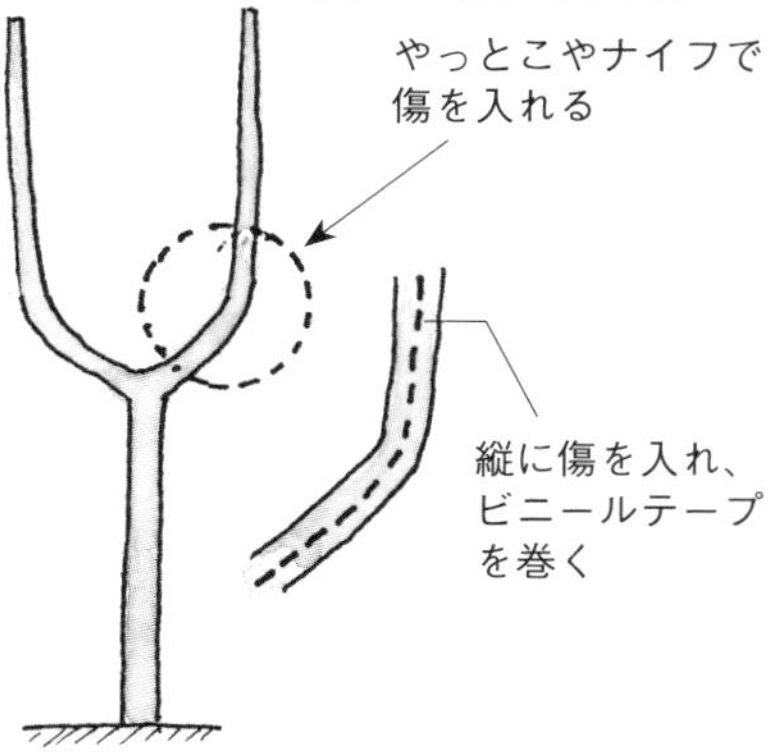
やっとこやナイフで
傷を入れる
縦に傷を入れ、
ビニールテープ
を巻く

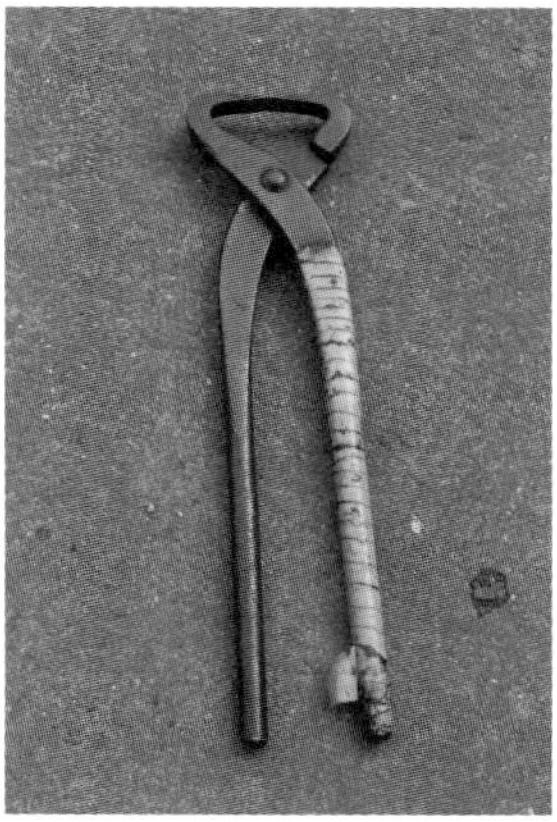

やっとこ

大苗の植えつけ後の管理

主枝先は、充実した部分でやや強めに切り返します。主枝間に勢力の差があるときは、弱い主枝ほど強く切り返します。主枝先端は、支柱をつけて高く上がるように誘引します（図3－8）。

一般的に、1年生枝を弱く（枝を長めに残す）切り返すと、新梢の発生が少なくなります。主枝を長く残そうとして主枝先を弱く剪定すると、側枝の

図3－8　育成中の主枝、亜主枝先端部の取り扱い

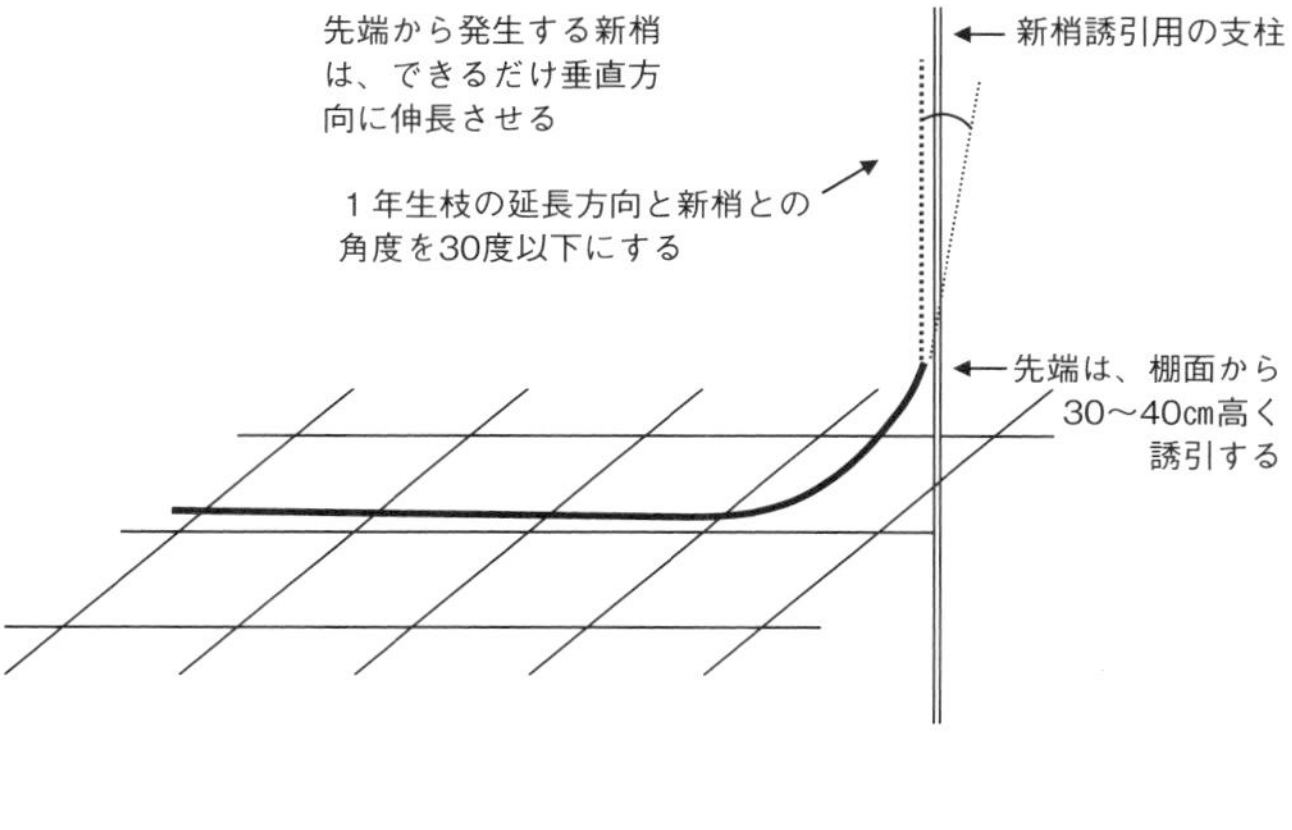
先端から発生する新梢
は、できるだけ垂直方
向に伸長させる
新梢誘引用の支柱
1年生枝の延長方向と新梢との
角度を30度以下にする
先端は、棚面から
30～40cm高く
誘引する

確保が遅くなります。

大苗植えつけ時には、すでに側枝や予備枝に使える枝が発生しています。原則として主枝の上側から発生したものを切除し、枝の多い部分は間引きます。

配置できる側枝が少ないために、上側から発生した枝も使う必要がある場合は、枝の基部にのこぎりで直径の半分程度まで切り込みを入れるなどの枝を弱める処理をおこなって、主枝先を負かさないようにします。配置した側枝や予備枝の先端は、充実した部分で切り返します。

大苗は、樹の大きさにたいして根部や側枝が少ないため、主枝の南西方向の横から上面部分に炭酸カルシウム水和剤（ホワイトンパウダー）を塗布するかわらを巻いて、主枝の日焼けを防止します。

仕立て方の種類と特徴

仕立てと整枝法

ナシは、立ち木仕立てでも棚仕立てでも栽培することができます。経済栽培の場合は、外国では立ち木仕立てが多く見られますが、日本では棚仕立てが一般的です。

家庭では、棚の必要がない立ち木仕立てが栽培しやすいでしょう。ナシは高木になるため、主幹形では高くなりすぎて栽培管理がむずかしくなります。主枝を4本程度設ける変則主幹形か、主枝を2～3本設ける開心自然形が適しています。

立ち木仕立て

棚仕立ての場合は、これまでにいろいろな整枝法が考案されてきました。

平坦地や緩傾斜地では、折衷式整枝が主流です。古い産地や古木では関東式整枝、関西式整枝、盃状形《はいじょうけい》整枝が見られることがあります。また、急傾斜地では、枝を斜面に沿って上方に伸ばすオールバック整枝がおこなわれています。

近年、新たな整枝法のジョイント仕立てや流線型仕立ての導入もはじまっています。この二つの整枝法は、主幹を棚づけして主幹から直接側枝を配置する点が類似しています。そこで「主幹形棚仕立て」という名称で区分できると思いますが、決まった名称はまだありません。

各整枝法の特徴

各整枝法（図3－9）の特徴はつぎのとおりです。

関東式整枝

棚面の直下で主枝を分岐する整枝法で、関東地方で古くからおこなわれてきました。

棚仕立て

主枝が水平になるため、高木になるナシの自然の姿から最もかけ離れた形になります。そのため、急激に曲がった主枝分岐部周辺から発生する新梢は、強勢になり徒長枝化します。また、主枝分岐部周辺の側枝は急激に肥大し、長期間使用することができなくなります。

一方、樹の外周部から発生する新梢は弱くなります。主枝先端部から発生する新梢も弱いため、樹を拡大することが困難になります。

関西式整枝

50㎝前後の低い位置から主枝を分岐させて斜めに誘引し、棚面に達した部分から水平に誘引する整枝法で、関西地方で古くからおこなわれてきました。亜主枝も棚下につくり、棚下に漏《ろう》斗《と》状の結果部ができるため、「漏斗状整枝」とも呼ばれています。

棚面に達するまでは斜め上方に向かって伸長させるため、主枝などの先端部から発生した新梢の生育は良好になります。棚面に達した主枝は水平に誘引されるため、先端の伸びは鈍化し、棚面で曲げられた部分を中心に強勢な新梢が発生して徒長枝化しやすくなります。

また、漏斗部の結果枝は、棚下の主枝や亜主枝から取ると強勢になりすぎて維持することが困難になります。返し枝で漏斗部を埋める場合も、漏斗部が広いために長い結果枝を使うことが多くなります。そのため、結果枝が太くなりやすく、維持も困難になります。

主幹が低く、主幹周辺の管理作業や大型機械の走行に支障をきたします。

盃状形整枝

盃状形整枝は40㎝前後の低い位置か

ら4本の主枝を分岐させ、主枝の目標位置まで斜めに誘引する整枝法です。長野県の桃沢《ももざわ》氏が考案したことから、桃沢式整枝とも呼ばれています。

図3－9　平坦地における整枝法の主枝の形

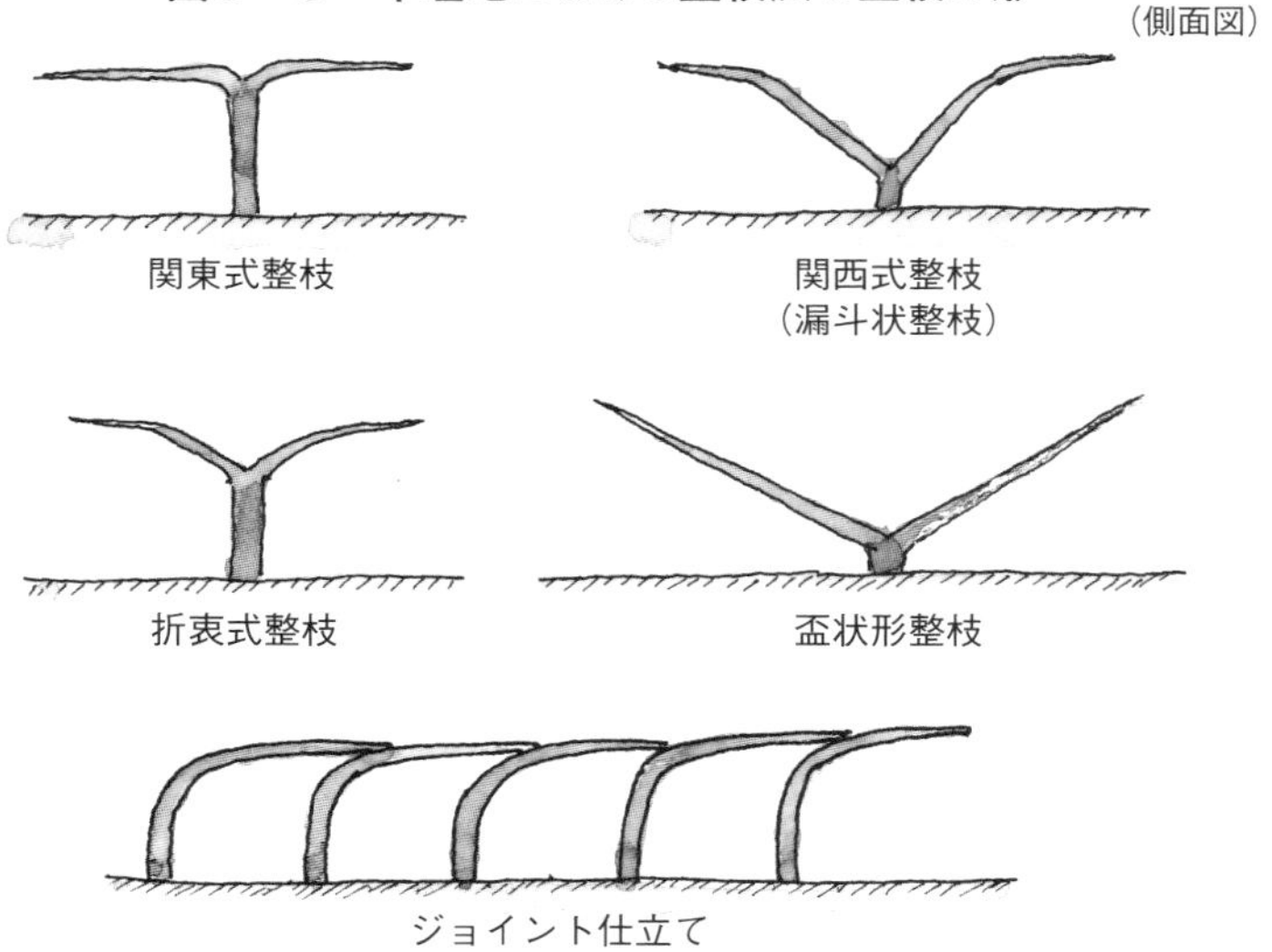

苗木は、圃場で3年間大苗と同様に主枝を直立に育成し、3年目の冬に棚づけします。棚線を枝の下に張るため、棚が波状になり、結果枝の誘引に支障をきたす場合があります。関西式整枝と同様に主幹が低いため、主幹周辺の管理作業や大型機械の走行に支障をきたします。

折衷式整枝

1m前後の高さで主枝を分岐させて斜めに誘引し、棚面に達した部分から水平に誘引する整枝法です。関東式整枝と関西式整枝の中間的な形から折衷式整枝と呼ばれているようです。

棚面に達した主枝は、水平に誘引されるため先端の伸びは鈍化し、棚面で曲げられた部分を中心に強勢な新梢が発生して徒長枝化しやすくなるのは関西式整枝と同様です。しかし、漏斗部の幅が狭いため、亜主枝を棚上に設けることが可能で、返し枝も長くならないため、漏斗部分の結果枝は関西式整枝ほど強勢になりません。

また、主幹が高いために、主幹周辺の管理作業や大型機械の走行に問題が生じにくくなっています（**図3－10**）。

折衷式整枝のナシ園

図3－10　成木の目標樹形

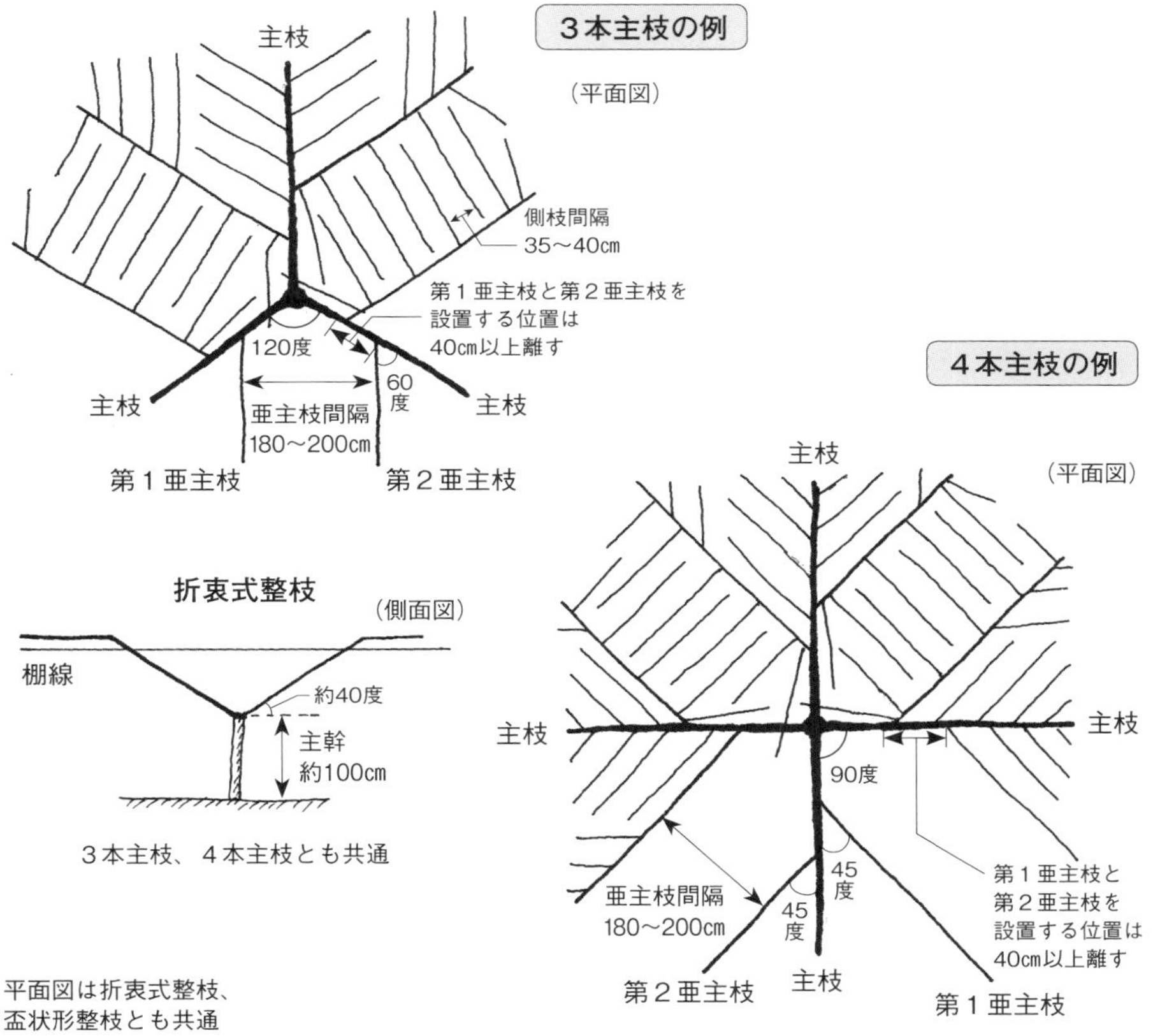

ジョイント仕立て

ジョイント仕立て

密植した大苗の主枝（実際は主幹が正確ですが、神奈川県のマニュアルに準じて主枝とする）を同一方向に水平に誘引し、主枝先端部を隣接樹に接ぎ木する仕立て法です。植えつけ2年目から収穫を開始し、4年目に目標収量を達成することができます。植えつけた年に隣接樹と接ぎ木するためには、大苗（株間1・5mでは長さ3・3m以上）の育成が必要になります。

なお、このジョイント仕立ては神奈川県農業総合センターが考案したもので、平成24年1月6日付けで特許を取得しています。本格的に導入するさいは、神奈川県政策局科学技術グループにお問い合わせください。

流線型仕立て

大苗を45～60度に傾けて密植します。大苗は4・5m以上の長さのものを使います。植えつけ後2年間は、着果させずに側枝を育成します。3年目に収穫を開始し、目標収量を達成することができます。

主枝数と作業動線

主枝数が3本以上の整枝法は、管理作業をおこなうときに1本の樹を回るように作業をおこないます。とくに、亜主枝間では左右の亜主枝から側枝が出ていたり、主幹付近には返し枝もあるため、動きが複雑になります。その結果、作業のやり残しが出たり同じ場所を重複して作業したりするおそれもあります（**図3－11**）。

一方、1本主枝や2本主枝では主枝が直線的に配置されるため、管理作業を樹単位ではなく列単位で直線的におこなうことができます。そのため、管理作業を効率よくおこなうことが可能で、労働時間が減少します。

粗植栽培と密植栽培

永久樹の10a当たりの栽植本数は、3～4本主枝では19～34本程度と少なく、樹を大きくつくります。初期収量を増加させるために、永久樹の間に間伐樹を栽植するのが一般的です。

若木の整枝剪定は、永久樹では樹冠の拡大と主枝・亜主枝の育成などの整枝を主体に、間伐樹では樹形にこだわらずに収量を確保するための剪定を主体におこないます。さらに、永久樹の樹冠が拡大するにつれて、間伐樹の縮抜や伐採作業が必要になります。

一方、ジョイント仕立てと流線型仕立ては、114～222本の大苗を密植して、樹を小さくつくります。樹間が狭いため、圃場に植えつけた時点でほぼ樹の骨格が完成します。その後は整枝をおこなわずに、側枝を育成する剪定だけをおこないます。そのため、粗植栽培よりも初期収量が多く成園化が早くなる利点があります。

しかし、いずれの仕立て方も現地で導入されてからの期間が短いために、白紋羽病や根頭癌腫病などの主として根から感染する病害への対策が明確になっていません。ジョイント仕立ては樹を連結するため、ウイルスやウイロイドなど樹体内で増殖する病害への対策が問題になる可能性があります。

図3−11　成木の枝の配置と作業動線

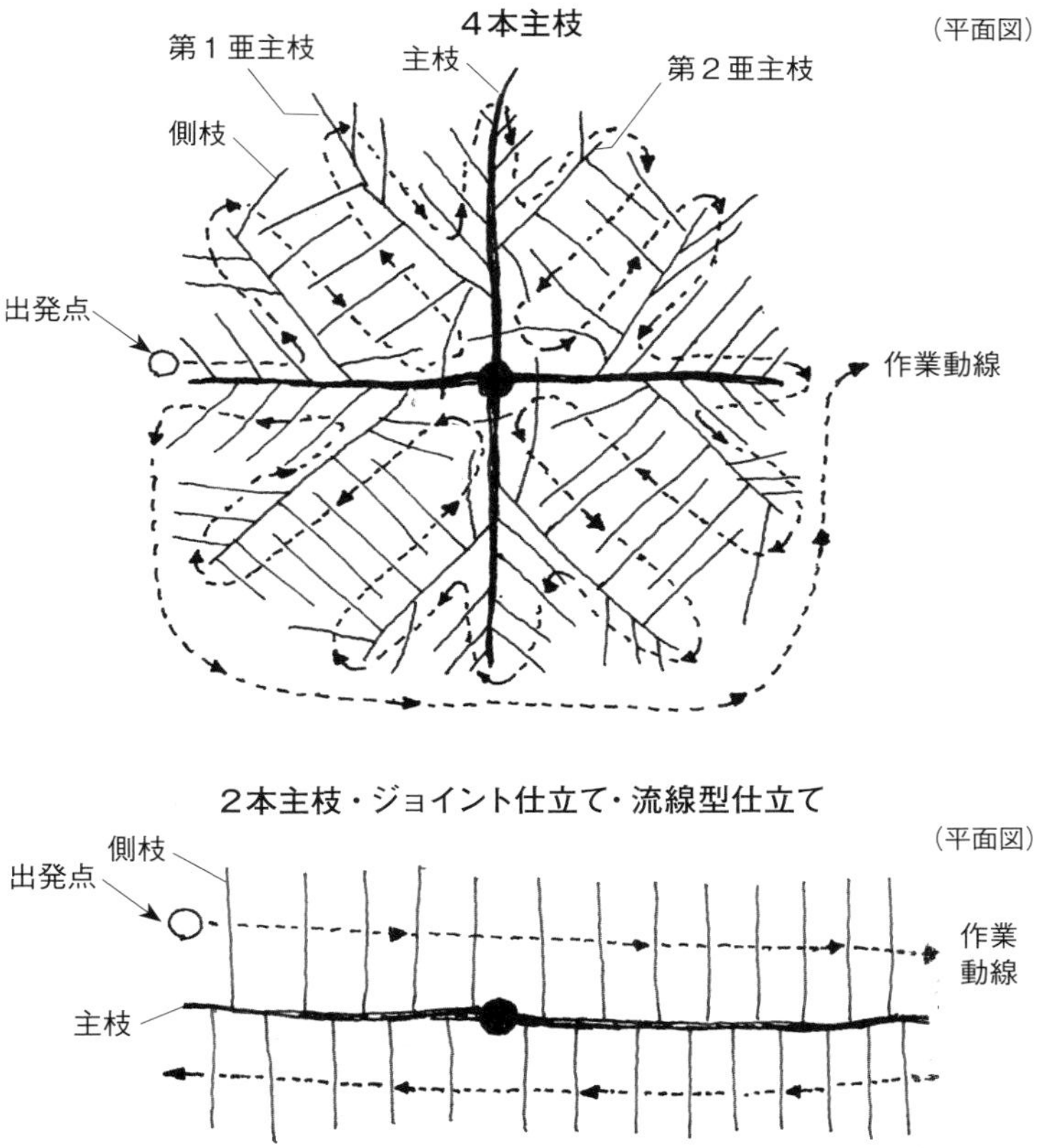

日本独自の棚仕立ての長所

ナシの棚仕立ては、江戸時代初めの元和《げんな》年間（1615~1624年）に三河の徳本《とくもと》という医師が考案したとされています。棚仕立ては、本来高木になるナシの樹を人為的にたわめて樹高を低くし、枝を棚にほぼ水平に誘引する仕立て方です。

ナシの収穫期は、台風の襲来が多い時期にあたりますが、棚栽培ではすべての結果枝を棚に誘引するため、強風による果実の落下や傷果の発生を軽減し、樹の倒伏を防ぐことができます。

また、枝を誘引する手間が増えますが、樹高が低くほぼすべての管理作業を脚立を使わないでおこなえるため、立ち木仕立てより効率的に作業することができます。さらに平棚（下棚）の上に上棚を設置すれば、防災網や防鳥網で園全体を被覆して、鳥や害虫の被害、雹《ひょう》害、風害などを防ぐことができます。棚仕立ては立ち木仕立てより果実が大きくなり、1樹当たりの収量も多くなります。葉でつくられた光合成産物が棚仕立てでは果実に分配される割合が多く、立ち木仕立てでは枝幹に分配される割合が多いためです。

棚の組み立てのポイント

簡易な平棚の組み立て

家庭で立ち木仕立てで栽培する場合は、かならずしも棚をつくる必要はありません。

家庭で棚をつくる場合は、単管パイプおよび単管パイプをつなぐ金具とビニールで被覆された針金を使って棚を組みます。

棚の4隅にあたる場所に20㎝程度の深さの穴を掘り、底にベースを置いて2mの長さの単管パイプを垂直に埋め、それぞれの上部にコーナーY継ぎをつけます。Y継ぎに単管パイプを差し込んで四角に組むと、棚面の骨格が完成します。

筋交《すじかい》金具や自在クランプを使って、棚の四隅に単管パイプで筋交を入れると棚の強度が増します。

四角に組んだ単管パイプの縦横に、芯径3・2㎜程度の太さの被覆針金を約40㎝間隔で強く張ります。単管パイプに数回きつく巻きつけると針金がずれるのを防ぐことができます。

多目的防災網を上棚でまとめるために使用する足場パイプ

ナシ園での棚の設置

経済栽培のナシ園に設置する棚には、ナシを誘引するための下棚と多目的防災網や防鳥網を被覆するための上棚があります。

下棚は、中柱を少なくできる甲州式つり棚が大型機械の走行などに支障をきたさないため、広く普及しています。上棚は設置しない場合もありますが、設置する場合は下棚と同時につくるほうが効率的です。

新植園では、植えつけたナシを棚づけするまでに棚を設置します。植えつけ後2年間程度主枝を直立に誘引して苗木を育成した場合は、幹線を張った後に主枝を暫定的に棚に軽く誘引し、小張線を張った後に棚づけします。小張線を張るときに、主枝が棚下から棚上に出る位置をまちがわないように注意します。

ナシ棚の設置を個人でおこなうのはむずかしいので、多くの場合は専門業者に設置してもらっています。

第4章

ナシの生育と栽培管理

花叢に8～10個の花がつく

1年間の生育サイクルと作業暦

年間生育サイクルと作業計画

ナシの1年間の生育サイクルと主な管理作業を70～71頁の**図4－1**に示しました。

ほぼすべての管理作業には、強い関連性があります。たとえば、花を減らせば、受粉や摘果作業の労力が減少します。新梢管理をおこなえば剪定や誘引作業の労力が減少します。

一つの作業を効率よく速くおこなうと、後の作業も容易になります。逆に、一つの作業が遅れると、その後の作業が遅れるようになります。

花芽（3月中旬＝関東地域）

年間の作業計画を把握して、作業が遅れないようにしましょう。

また、新梢管理や整枝剪定などの樹体を管理する作業は、樹と枝の重要度を意識しながらおこないます。

樹の重要度は、永久樹→第2次間伐樹→第1次間伐樹の順です。枝の重要度は、主枝→亜主枝→主枝・亜主枝から配置した側枝→暫定亜主枝・間伐予定枝の順です。樹と枝では、樹→枝です。言い換えると、永久樹や第2次間伐樹の側枝は第1次間伐樹の主枝より重要な枝になります。

作業をはじめる前に、樹全体を見渡して隣接樹との関係、骨格枝の配置、更新が必要な側枝などを観察します。

発芽・開花・結実期

自発休眠が覚醒した後に、気温が上昇してくる3月中・下旬頃から、花芽がふくらみはじめます。しばらくすると、不定芽の芽が動きだし、その後開花がはじまります。

芽が動き出してから2か月程度の期間が発芽・開花・結実期です。

短い期間に、芽かき、花芽摘除、摘蕾、摘花、子花摘みなどの花の整理、花粉採取、受粉、受粉樹の剪定、摘果、袋かけ、多目的防災網の展張などの多くの作業をおこなわなければなりません。

樹勢診断

樹勢診断は、開花期前後におこないます。貯蔵養分が少ないときは、葉が小型化し展開も遅れるため、花ばかりめだって葉が少ないと感じます。葉が少ない印象は、剪定強度や品種によっても異なりますので、毎年同じ樹で観察します。

葉の形態は、横幅が広くやや丸形の葉が多い樹は、炭水化物が多く充実しています。横幅が狭く縦長の葉が多い樹は、窒素が多く充実していないと考えられます。

枝葉拡大期

満開30日後頃に、貯蔵養分より同化養分を利用する割合が高くなる養分転換期を迎えます。養分転換期から新梢の伸長が停止する7月上旬頃までが枝葉拡大期です。

二次伸長した新梢

この時期は、摘心、新梢誘引、予備枝の誘引、夏季剪定などの新梢管理を中心におこないます。これらの管理により、過繁茂や徒長枝の発生を防ぐことができます。

樹勢診断

5月下旬~6月上旬頃に、新梢の上部で小さい葉や奇形の葉が生じていたり、新梢の伸長が一時的に停滞して節間が短くなっている場合は、貯蔵養分が少なかったと判断します。

その後に展開した葉は、大型であれば順調に窒素を吸収しており、小型であれば窒素吸収が少ないと考えられます。一つの節に複数の葉があるときは、窒素の過剰を示しています。

新梢の伸長が停止する時期は、6月下旬~7月上旬以前であれば、窒素が早く切れた状態です。それより遅ければ、窒素の遅効き状態です。また、止め葉（伸長が止まった新梢の頂芽についた葉）の大きさが極端に小さければ、窒素が早く切れた状態です。止め葉の枚数が多いときは、窒素の過剰か遅効き状態です。さらに二次伸長の枝が多いときも、窒素の遅効き状態です。

果実肥大・成熟期

果実の生育は、7月上・中旬頃から細胞が急激に肥大するⅢ期に入り、その後肥大が緩慢になり成熟にいたるⅣ期に移ります。このⅢ期からⅣ期までの期間が、果実肥大・成熟期です。

果実が急激に大きくなるため、梅雨明け頃に裂果や軸折れが発生します。また、変形果や発育不良果がめだちはじめます。仕上げ摘果でこれらの果実を中心に摘果して、目標着果数近くまで減らします。

果実内では、デンプンが減少して糖の蓄積がすすみ、酸が減少します。

主な栽培管理・作業

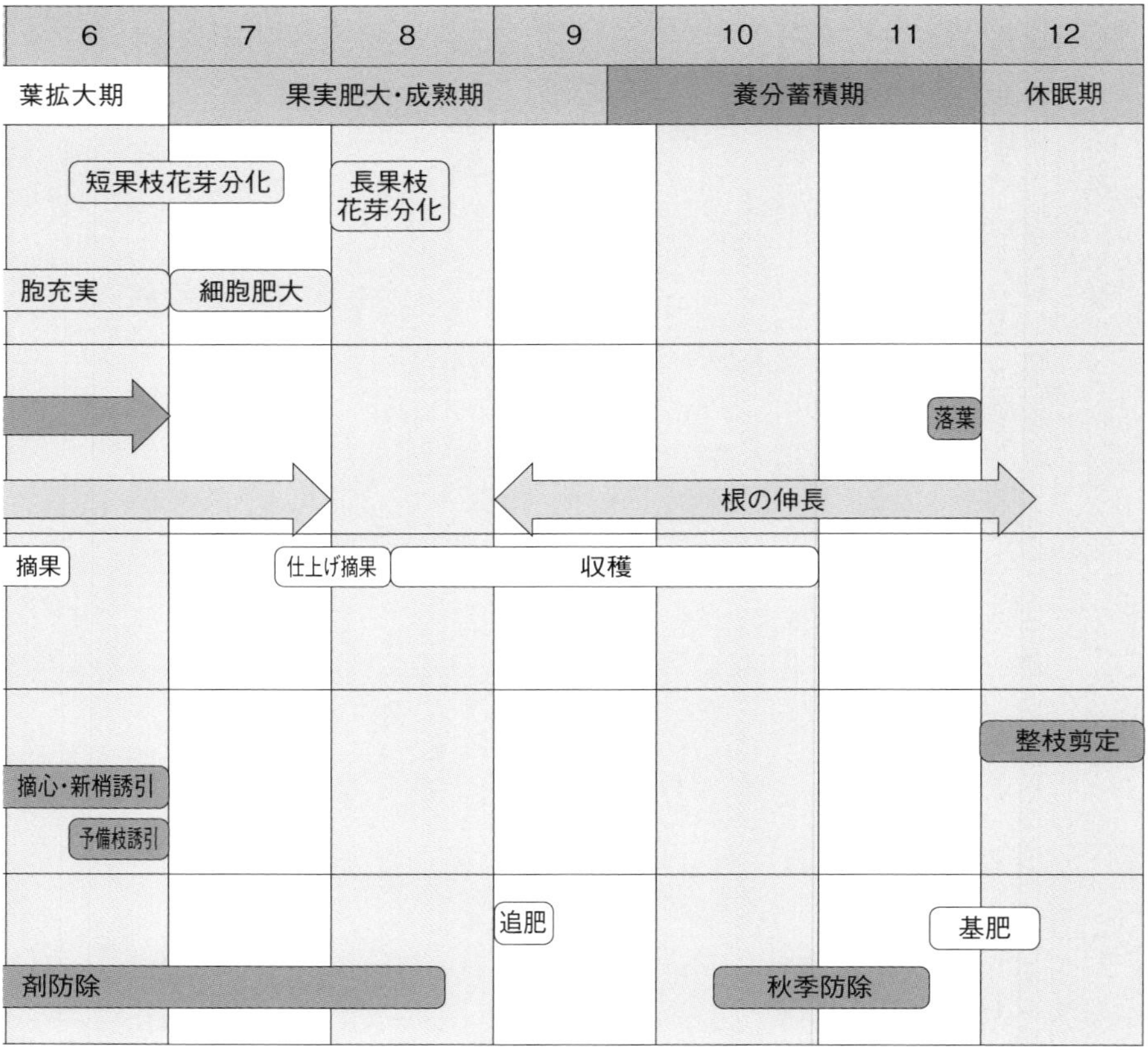

果皮は、赤ナシでは着色がはじまり、青ナシでは葉緑素が減少して黄化してきます。収穫は、それぞれの品種の適熟色でおこないます。

養分蓄積期

収穫後から落葉期までが養分蓄積期です。

樹は、着果の負担によって樹勢と光合成能力が低下しています。葉の光合成能力を向上させて樹勢を回復するために礼肥を施用します。

葉のある間に縮間伐をおこないます。葉が繁茂しているときのほうが、枝の込み具合がよくわかります。また、縮伐した樹は、樹冠が小さくなるため徒長枝が多発します。葉を落とすことで貯蔵養分を少なくし、樹が暴れるのを緩和することができます。

樹勢診断

葉が黄変していっせいに落葉するの

図4−1　ナシの生育と

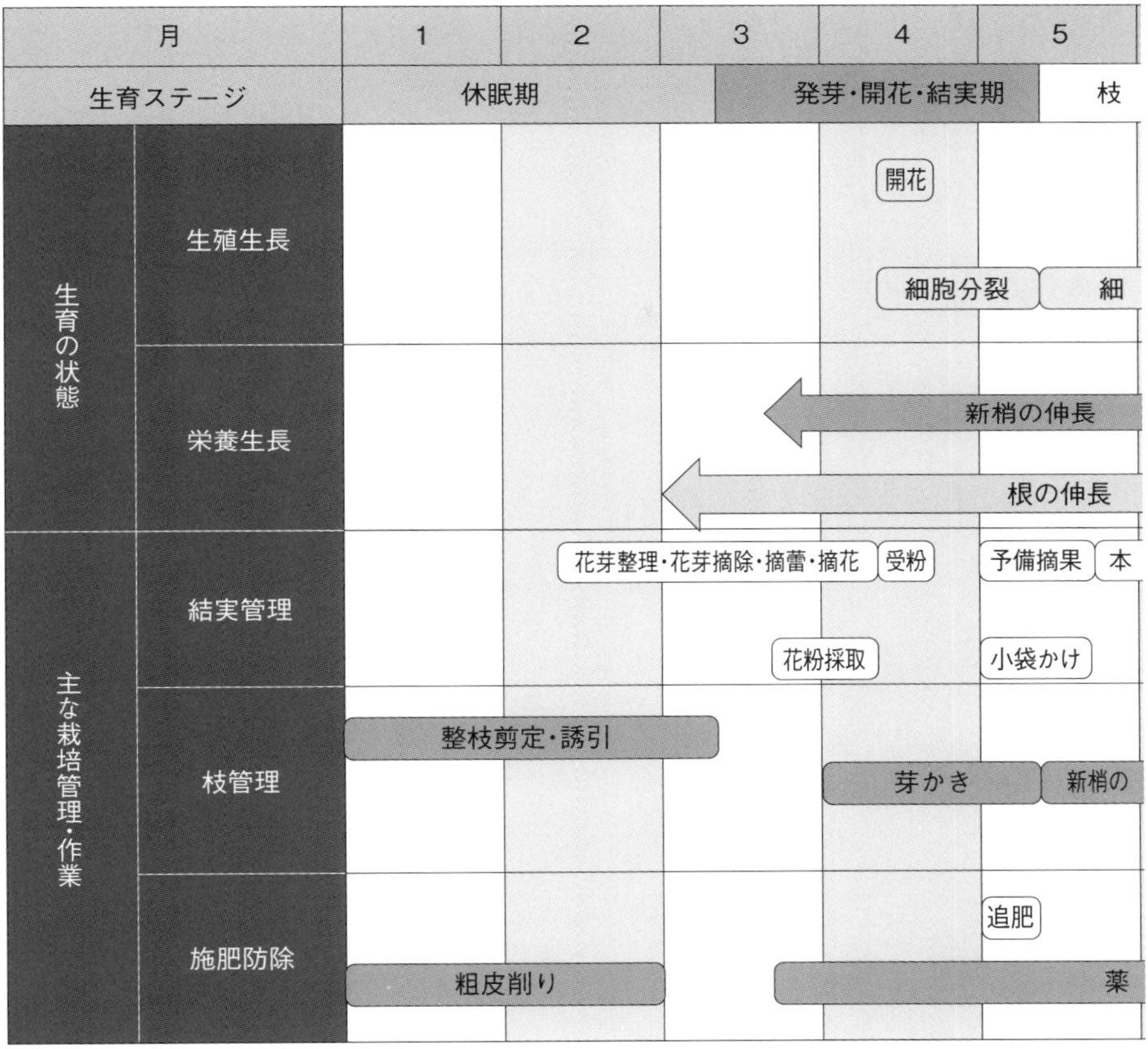

が良好な状態です。落葉がほかの樹より早い樹は、樹勢が衰弱しているか白紋羽病に罹病している可能性があります。徒長枝先端の葉だけに緑が残っている場合は、窒素の過剰か遅効きと考えられます。

休眠期

落葉後から翌春芽が動き出すまでの間が休眠期です。

ナシの芽は、9月下旬頃から休眠に入りはじめ、11月頃にはすべての芽が自発休眠に入ります。1月頃に自発休眠から他発休眠に移行して、外部環境、とくに気温がナシの生育に適した条件になると芽が動き出します。

翌年の3月頃に根が肥料成分を吸収できるように基肥を施用します。

病原菌や害虫の越冬密度を低下させるために、落葉処分、粗皮削り、誘引ひもの除去などの耕種的防除をおこないます。

棚は、風で支柱がずれたり、縮間伐や太枝の剪定などで小張り線が緩むため、棚の補修をおこないます。

整枝剪定と誘引は、早めに終わらせるようにします。これが遅れると、花芽整理や花芽摘除が遅れ、翌シーズンの着果管理に悪影響を及ぼします。

樹勢診断

樹全体を見て、主幹近くの中央部と外周部から発生した枝の長さが同程度であれば、樹の先端部まで生育が良好であったと考えられます。樹の中央部の枝が長く先端部の枝が短い山形のときは、先端部が弱っている場合があります。

このような枝の分布は、生育期間中の新梢管理の良否によっても影響を受けますので、樹勢を現していない場合があります。

発芽・開花・結実期の生育と作業

発芽・開花・結実期の作業

ナシの初期生育は、満開30日後頃の養分転換期までの間、主として樹体内の貯蔵養分を使っておこなわれます。とくに発芽・開花・結実期の生育は、ほぼすべて貯蔵養分によってまかなわれていますので、この時期に貯蔵養分を浪費させないような管理が重要です。早い時期の作業ほど効果が高くなります。

この時期の管理作業のなかで、後に続く作業への影響がとくに大きいものは、新梢管理では芽かき、着果管理では花の整理です。受粉がはじまる前にかならずおこないましょう。

花芽は、催芽《さいが》期、発芽期、出蕾初期、出蕾期、展葉期、花蕾期、開花期のステージで進行します。これらのステージは、摘蕾や花粉採取、黒星病防除の適期を判断する基準になります。

幸水の花芽（３月下旬）

芽かきの時期と方法

芽かきの時期と目的

芽かきは、不要な新梢を伸長させな

いために、新梢が短いうちに主に手でかき取る作業です。開花前から摘果頃にかけておこないます。

　芽かきによって、不要な新梢の発生による貯蔵養分の消耗を抑え、新梢の多発生による過繁茂を防ぐことができます。発芽した芽は、生長が早くあっという間に長くなります。不要な新梢に気がついたら、すぐにかき取ります。

芽かき

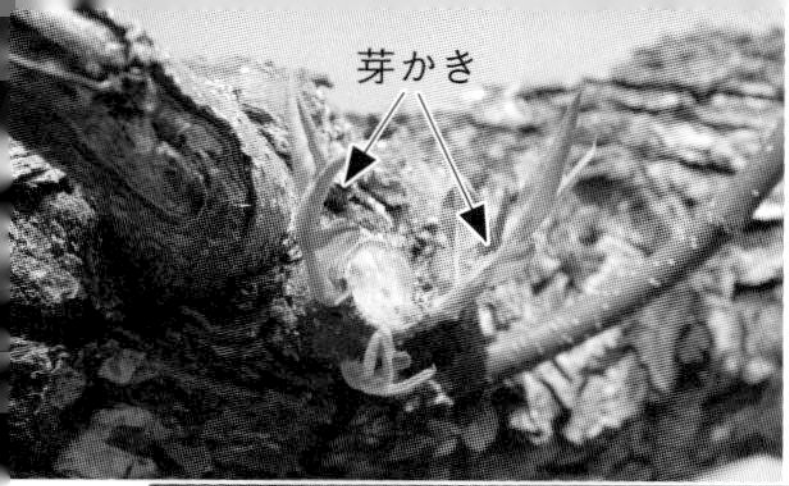

上の２本の新梢をかき取り、下の１本を残す

上側の切り口から発生した新梢はすべてかき取る

芽かきの対象と方法

芽かきの対象は、主枝、亜主枝や太い側枝の上側、大きな切り口の周辺、太い果台の潜芽から発生した新梢や、予備枝や側枝基部上側の定芽から伸び出した新梢です。

　枝の上側から発生した新梢は、基本的にすべてかき取ります。残す新梢は、枝の横～下側から発生したもので、翌年の予備枝や側枝として使うことができます。一か所から新梢が複数本発生している場合は、横～斜め下から発生した新梢を2本程度残して、残りはかき取ります。

　成木において、側枝を配置できなくて空間が生じている部分には、なるべく早く側枝を配置する必要があります。また、古い側枝、基部のはげ上がった側枝、先端が弱った側枝などでは、早急に側枝を更新しなければなりません。このような場合は、主枝、亜主枝や側枝基部近くの上側から発生した新梢でも、芽かきをせずに1～2本残しておきます。これらの新梢は、後でおこなう新梢誘引や捻枝によって、側枝として利用することができます。

　幼木～若木では、主枝・亜主枝先が弱るおそれがあるので、原則として上側から発生した新梢は利用しません。

　第1次間伐樹は、日陰をつくって永久樹と第2次間伐樹の生育を妨げるような新梢をすべてかき取ります。第2次間伐樹は、永久樹の生育を妨げるような新梢をすべてかき取ります。

　亜主枝育成中の若木では、暫定亜主枝や間伐予定枝から発生した新梢のなかで、亜主枝および亜主枝から配置している側枝の生育を妨げそうなものをすべて芽かきします。

　予備枝や側枝では、剪定時に葉芽で切り返すのが原則ですが、花芽で切り返さなければならないときがあります。その花芽を摘除したり摘蕾、摘花をすると、その部分から新梢が2本発生することがよくあります。そのときは、生育の悪いほうをかき取って1本にします。

花の整理の時期と方法

ナシを収穫する果実の数は、品種により異なりますが、10a当たり1万個前後です。花はその何十倍もの数が咲きます。花芽や花を放置しておくと、多くのむだな花が咲き、果実が必要以上に着果してしまいます。

そこで、花の整理をおこなって、貯蔵養分の浪費を防ぐとともに、その後おこなう受粉や摘果作業の労力の削減をはかります（**図4－2**）。この時期の花を整理する作業は、花芽摘除、摘蕾、摘花および子花除去です。

花芽を摘除した後に２本の新梢が発生したときは短いほうをかき取る

図４－２　樹冠占有面積１㎡当たり花数と受粉および予備摘果作業時間、花粉使用量との関係

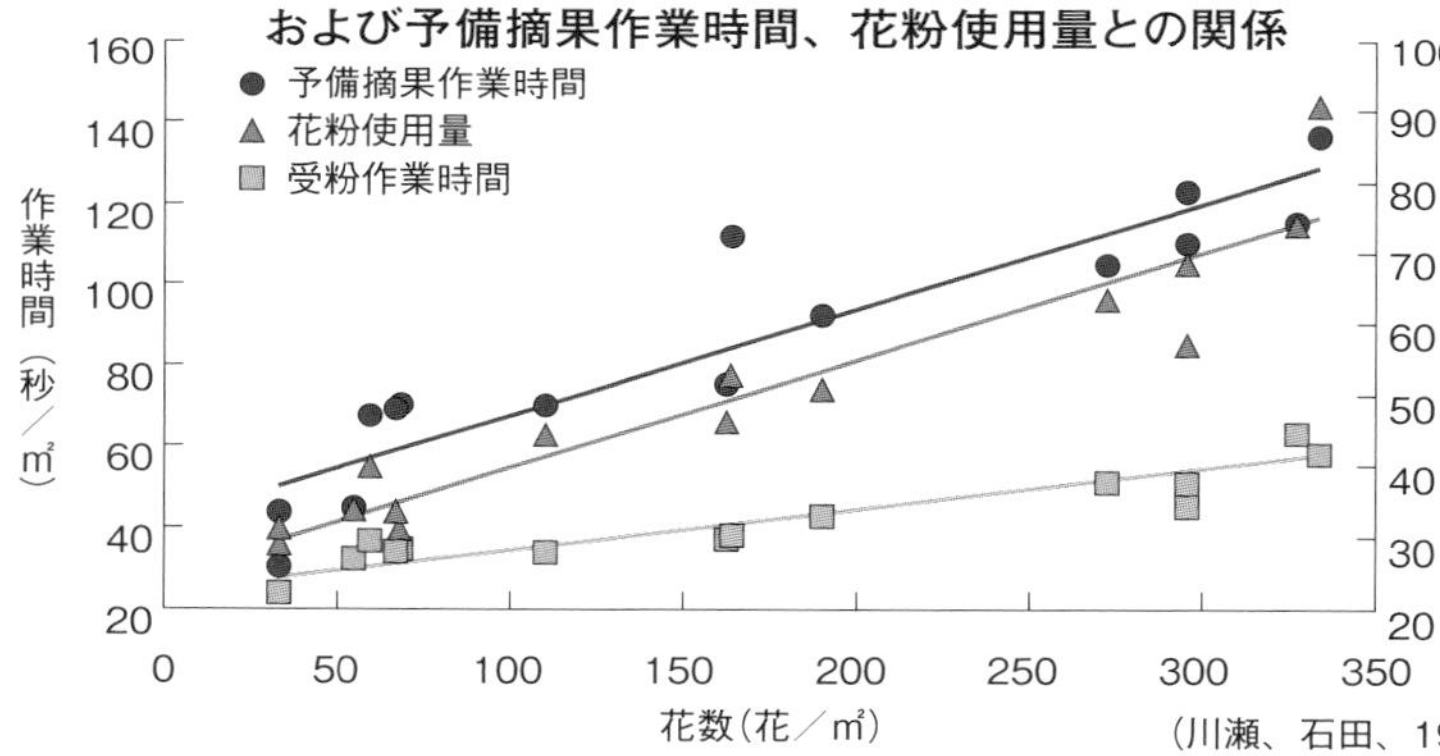

（川瀬、石田、1999）

花芽摘除

休眠期から花芽が動き出す頃までの間に、短果枝を中心に手で花芽だけをかく作業です。休眠期の花芽整理に続いておこなう作業で、効率よく花数を削減することができます。「幸水」など副芽の少ない品種を対象におこないます。

一つの果台に複数の短果枝がある場合は、上向きや下向きの花芽を中心に除去し、横向きや斜め上向きの充実した花芽を1個残します。

短果枝が着生した果台が多い側枝では、上向きや下向きの果台や、弱小な果台に着生した花芽を除去します。

花芽をかいた果台では、多くの場合発芽して葉数を確保することができます。

側枝や予備枝の先端部の花芽を摘除すると、枝の先端から2本の新梢が発

若木の主枝先端部の摘蕾

側枝先の摘蕾

生することが多く、新梢の伸長も遅くなります。また、花芽を摘除した部分の枝が枯れる場合もあります。

摘蕾と摘花

出蕾《しゅつらい》から開花までの間に、蕾や花の数を減らす作業です。

幼木と若木の摘蕾および摘花

植えつけ後3～4年程度までの幼木は、すべての花房を摘蕾、摘花します。

若木は、主枝および亜主枝の先端から50cm程度の間にある花房を摘蕾、摘花します。さらに、主枝および亜主枝の横から斜め下側にある短果枝は、摘蕾、摘花をして新梢の伸長を促します。短果枝から発生した新梢も、翌年側枝や予備枝として利用することができます。

なお、摘蕾、摘花後に、短果枝の新梢基部にジベレリンペースト１００mgを塗布すると、新梢が伸長する確率が高くなります（１４７頁の植物成長調整剤を参照）。

側枝および予備枝の花芽は、成木と同様の方法で処理します。

成木の摘蕾および摘花

主枝および亜主枝先端の立ち上がり部は、すべて摘蕾、摘花します。

側枝は、先端の芽から発生する新梢の伸長を良好にするため、原則として先端2芽には着果させません。そこで側枝の先端部が花芽のときは2芽を摘蕾、摘花します。ただし側枝上の花芽が少ない場合は、摘蕾、摘花をしないで着果数を確保します。

側枝上の花芽が多い場合は、上向きと下向きの花房を摘蕾、摘花します。

予備枝はすべての花房を摘蕾、摘花します。

摘蕾に適した状態

子花除去

子花除去は親花を残し、子花だけを摘む作業です。

出蕾期に花芽から飛び出した蕾を上からたたくと、子花を完全には除去できませんが効率よく落とすことができます。生育の遅い子花は、親花が開花した後に葉の間から伸び出しますので随時除去します。

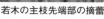

花の削減程度

花の整理をどの程度おこなうかは、園の状況によって異なります。

花を減らすほど、受粉時の低温による結実不良、蕾～幼果の時期の晩霜や降雹などの自然災害の影響が大きくなります。

人工受粉をおこない、凍霜害と雹害の対策をじゅうぶんにしておくことができれば、目標着果数の2倍前後まで削減します。

親花（左）と子花

子花除去

子花除去前

子花除去後

開花と受粉、結果

ナシは、基本的に自家不和合性および他家不和合性です。また、訪花昆虫が受粉する虫媒花《ちゅうばいか》です。

安定した結実を得るためには、S因子が異なる品種の花粉を用いて受粉する必要があります（**表4－1**）。受粉の方法には、人工受粉と訪花昆虫の利用があります。

人工受粉は、手や機械を用いて花粉を柱頭につけたり、溶液に混ぜた花粉を散布して受精させる方法です。訪花昆虫による受粉よりも、結実が安定し果形が良好になります。

家庭では、開葯直後の葯が黄色い花を採取して、その葯をほかの品種の花の柱頭にこすりつける方法や、異なる品種の花を毛ばたきで交互にこする方法で受粉します。

経済栽培では、採取した花粉を梵天（羽毛棒）や受粉用機械などを用いて柱頭につけたり、溶液に混ぜて散布する方法で受粉しますが、受粉するまでに多くの作業が必要になります。

訪花昆虫の利用は、導入しやすいミツバチを用いるのが一般的です。訪花昆虫による受粉は、受粉に必要な労力を削減できますが、天候により結実が不安定になりやすい、果形が乱れやすい、ミツバチ放飼中は殺虫剤の散布や多目的防災網の展張ができないなどの問題点があります。

近年育成されている自家和合性品種

は、人工受粉をおこなわなくても結実します。しかし、自分の花粉で結実しにくい品種もあり、注意が必要です。

人工受粉のポイント

人工受粉をおこなうには花粉が必要です。花粉を採取するためには、採花、葯採取、開葯、花粉精選の順に作業をおこないます。

これらの作業適期は非常に短いため、この時期に労力が不足する生産農家では、輸入花粉の利用も多くなっています。

花粉の必要量と採取量

人工受粉に必要な花粉量は、受粉方法、受粉回数、単位面積当たりの花数、花粉の発芽率、天候（気温、降雨、風速）などで大きく異なります。梵天を用いて受粉する場合、10ａ当たりの受粉1回に必要な花粉量は、一般的に純花粉を10倍に増量した花粉では約60ｇ、粗花粉を1・3～1・5倍に増量した花粉では約100ｇになります。

一方、花粉の採取量は、品種、花蕾の状態、花粉の精選方法などによって異なります。アセトンなどの有機溶媒を用いて精選した場合は、「長十郎」の花3・6kgから約6ｇの純花粉を採取できます。

採花方法

採花には、蕾や花を摘む方法と切り枝から採取する方法とがあります。

蕾や花を摘む方法

受粉樹や花粉採取専用樹は、採花するまで剪定しないでおきます。圃場に植栽された栽培品種は、花の整理を兼ねて採花します。

花粉採取に適した花蕾は、風船状にふくらんだ蕾から開花直後の葯が赤い花で、花粉が多く採取でき発芽率も高くなります。風船状より小さい蕾では、花粉採取量が少なく花粉の発芽率

表4－1　ナシのS因子型

S因子型	品　種
S_1S_3	凜夏
S_1S_4	八雲、翠星
S_1S_5	長寿、君塚早生、あきあかり
S_1S_7	豊月
S_2S_3	長十郎
S_2S_4	二十世紀、ゴールド二十世紀、菊水、早生二十世紀、なつひめ
S_2S_5	八里、きらり
S_2S_9	愛宕
S_3S_4	筑水、若光、なつしずく、なつひかり、なつみず、香麗、秋麗、あきづき、甘太、新生、おりひめ
$S_3S_4^{sm}$	新王
S_3S_5	豊水、彩玉、あけみず
S_3S_9	新高、石井早生、秋高
S_4S_5	幸水、愛甘水、新水、多摩、喜水、八幸、秀玉、王秋、恵水
$S_4^{sm}S_5$	なるみ、秋甘泉、新美月
S_4S_9	新興、南水、新星、新甘泉、南月
S_5S_6	新雪
S_5S_7	晩三吉
S_5S_9	にっこり、平塚16号
S_5S_k	ほしあかり

注：S_4^{sm}は、自家和合性を示す因子型を表す。S_4^{sm}の花粉は、花柱のS_4およびS_1と不和合となる

受粉樹から枝を採取

摘むのに適した花蕾

も低くなります。葯が黒くなった花では、花粉を採取できません。
花房中の花蕾すべてが、花粉採取に適した状態になることはほとんどありません。花粉採取に適した花蕾だけを選んで採取すると、きわめて能率が悪くなってしまいます。
そこで、1～2輪咲いた花房のすべての花蕾を、指の間を少し開けてつまむように引っぱると、大きい花蕾だけを効率的に採取できます。この採花方法は、「二十世紀」や「新興」などの短果枝の多い品種に適しています。

切り枝から採取する方法

受粉樹や花粉採取専用樹の長果枝を用いるか、圃場に植栽された栽培品種の長果枝を多めに残しその長果枝を剪除して用います。腋花芽の花が40～50％程度咲いた時期に長果枝を採取して、枝元から枝先へ向かって手でしごいて採花します。

開花促進用に採取した長果枝

施設栽培や開花の早い「新高」などの品種に受粉するためには、早期に開花させて花粉を採取するか貯蔵花粉を使います。
早期に開花させるためには、自然開花の1週間前頃に長果枝を採取して、ビニールハウスや水稲育苗器を用いて加温します。
ビニールハウスでは、水または湛水状態の挿し床に長果枝を挿し、最高気温20～25℃、最低気温5℃以下にならないように温度管理をおこないます。ビニールハウス内が高湿であれば、ほぼ１００％開花したときに採花します。高湿を保てない場合は、50％程度開花したときに採花します。
水稲育苗器では、25℃で温度管理をおこないます。水稲育苗器内は高湿を保てるため、１００％開花したときに採花します。

葯採取方法

葯採取は、採取した花蕾から葯を集める作業で、葯採取器を用いるのが一般的です。

葯採取器には、花殻などのくずを自動で排出するものと手動で排出するものがあります。自動のものは、花蕾を連続的に投入できます。手動のものは、花蕾を一つかみ投入して3秒程度後にくずを排出させせます。

加温し、採葯に適した状態の花蕾

花蕾が濡れている場合は、葯が花弁についてくずといっしょに排出されるため、あらかじめ脱水機や洗濯機の脱水槽で水切りをしておきます。

採取した葯には夾雑物が混じっているので、葯精選器を用いるか10メッシュ程度のふるいを用いて除去します。

開葯方法

採取した葯は、開葯器や開葯室内で開葯します。表面がつるつるした紙を開葯箱に敷き、葯がなるべく重ならないようにまき、開葯器や開葯室に搬入して加温します。

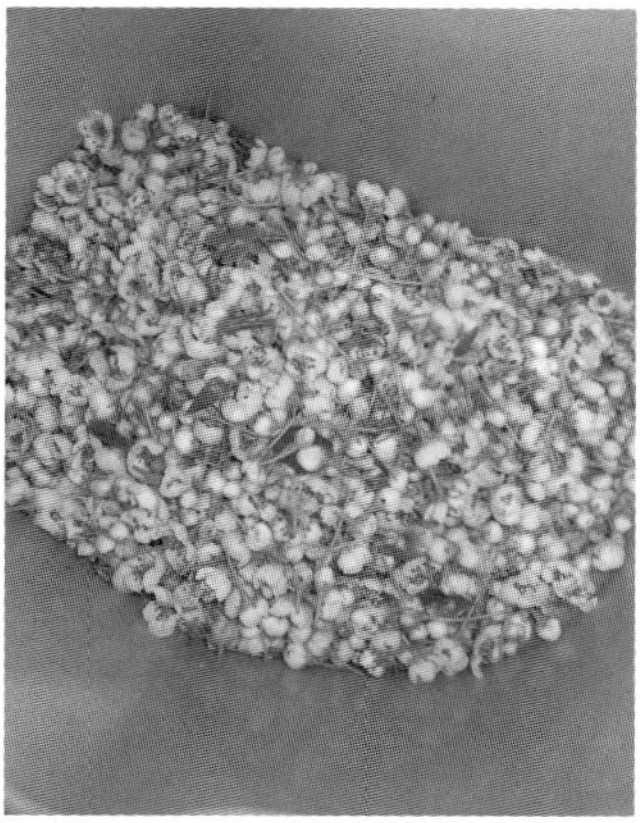

花蕾を採取

開葯に適した温度は、25℃前後です。20℃以下では開葯に時間がかかり、30℃以上では花粉発芽率が低下します。湿度は、30~50%に保ちます。開葯器や開葯室内の湿度が高い場合は、シリカゲルなどの乾燥剤や除湿器を使って乾燥させます。

開葯にかかる時間は、温度と湿度により変わりますが、10~15時間程度必要です。開葯が遅く黄色の葯の割合が少ない場合は、葯をかき混ぜて広げ直し、さらに数時間開葯します。

花粉の精選方法

開葯後の花粉と葯殻が混じったものを粗花粉と呼びます。粗花粉は、そのまま受粉に使うことができますが、葯殻が湿気を吸うため、発芽率が低下しやすくなります。また、機械や溶液での受粉には、粗花粉を精選した純花粉が必要になります。

花粉精選には、花粉精選器などを用

葯の採取

①花蕾を葯採取器に投入

②花殻排出

③受け皿にたまった葯

④葯の夾雑物をふるいで除く

⑤葯を開葯用の皿にまく

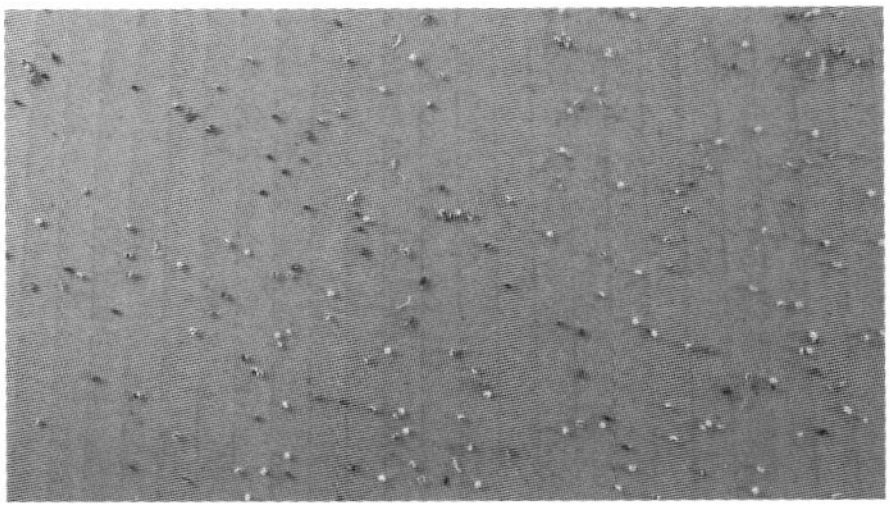

⑥開葯

⑦葯をはけで集める

いる方法と、有機溶媒を用いる方法があります。

花粉精選器は、1回当たり50mℓ程度の粗花粉を１００メッシュ程度の絹ぶるい上に投入し、一体型のブラシを40回程度回転させて花粉を絹ぶるいの下に落とします。

有機溶媒による花粉精選には、アセトンやヘキサンを用います。ビーカーに二重にしたガーゼなどをかぶせ、その上から粗花粉を載せます。その上から粗花粉が浸るまで有機溶媒を注ぎ、粗花粉をガラス棒で攪拌します。花粉が有機溶媒中に落ちなくなったら、ガーゼを取り外してしばらく静置します。花粉が沈殿したら、上澄み液を少量残して別の容器に回収します。残った有機溶媒と花粉をふたたびガラス棒で攪拌しながら、No.2の濾紙で濾過します。その濾紙を皿や紙の上に広げて、有機溶媒を完全に揮発させた後に花粉を採取します（**図4−3**）。

図4−3　有機溶媒によるナシ花粉の精選

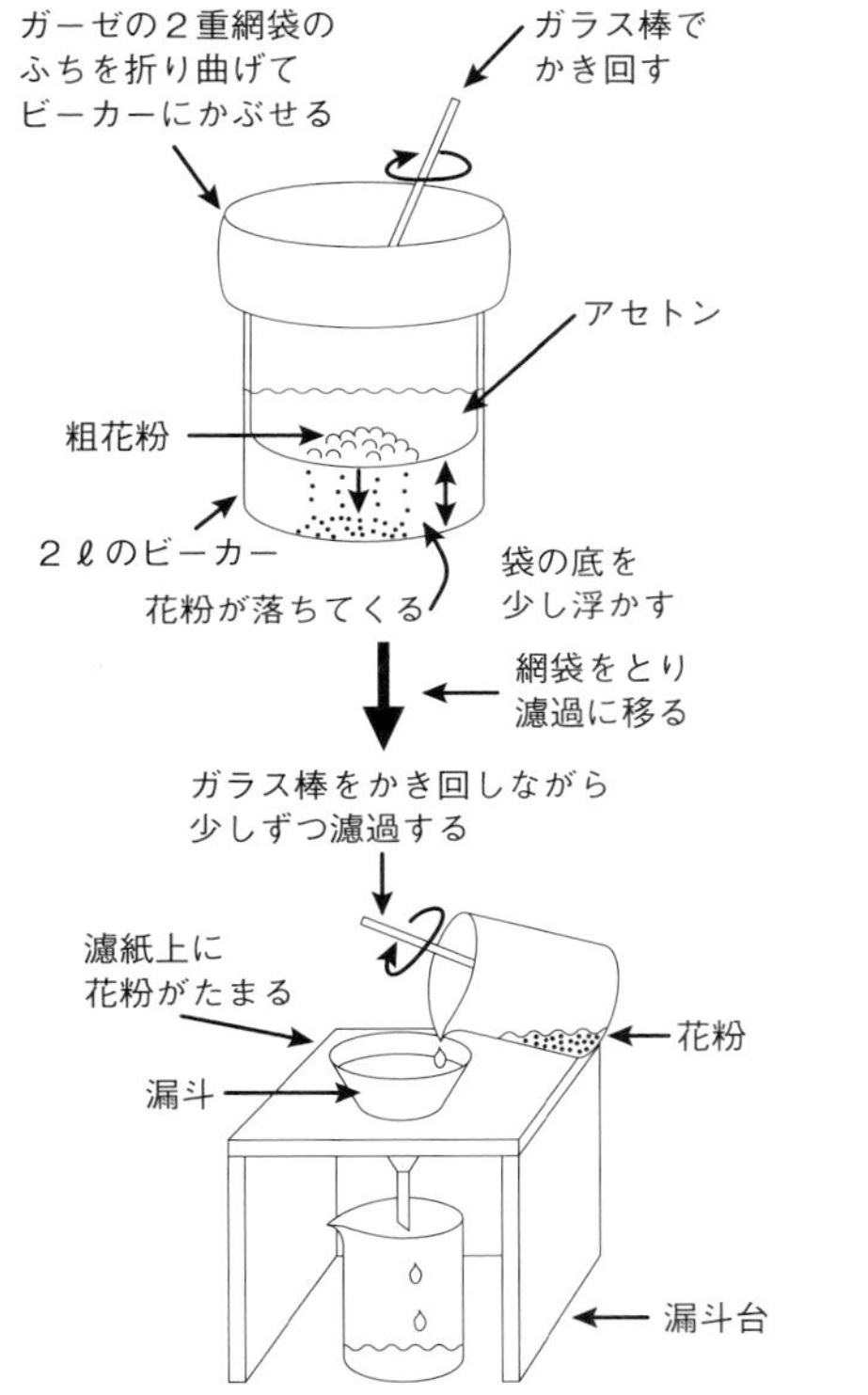
ガーゼの２重網袋の
ふちを折り曲げて
ビーカーにかぶせる
ガラス棒で
かき回す
アセトン
粗花粉
２ℓのビーカー
花粉が落ちてくる
袋の底を
少し浮かす
網袋をとり
濾過に移る
ガラス棒をかき回しながら
少しずつ濾過する
濾紙上に
花粉がたまる
花粉
漏斗
漏斗台

出典：「果樹栽培標準技術体系（ニホンナシの部）」（千葉県、千葉県農林水産技術会議）

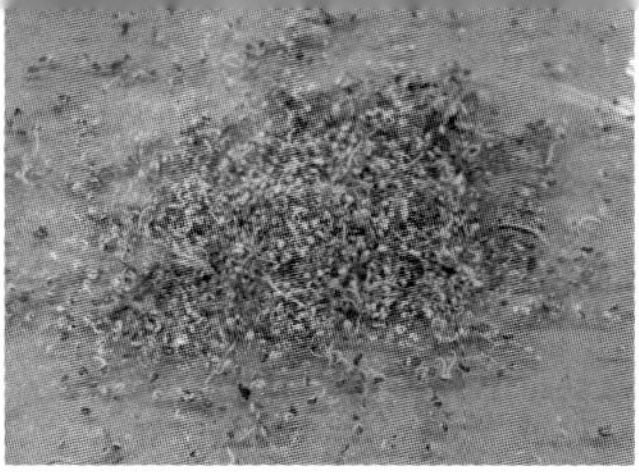
粗花粉

純花粉

回収した有機溶媒は、黄色くなるまで3回程度使うことができます。この作業は、有機溶媒用の防毒ガスマスク、ゴーグル、ゴム手袋などを着用し、換気しながらおこないます。火気は厳禁です。

花粉発芽率の測定

花粉の発芽能力を確認するため、受粉前に花粉発芽率を測定します。発芽率の高い花粉は増量剤で増量して使えるため、花粉を有効に使うことができます。

花粉をまく発芽床は、ショ糖10%程度を含んだ1%寒天液で、鍋などで煮ても電子レンジでもつくることができます。

鍋などで発芽床1ℓをつくる場合は、ホウロウ鍋などに純水1ℓと粉末寒天10gを入れて中火で加熱します。沸騰したら弱火にして、かき混ぜながら寒天を完全に溶かします。液が透明になったらショ糖１００gを入れて溶かします。

電子レンジでつくる場合は、耐熱容器に純水1ℓと粉末寒天10gを入れて軽く攪拌します。ラップフィルムをかけて電子レンジで底から泡が出る程度に加熱します。その後ガラス棒でかき混ぜて、ふたたび電子レンジで底から泡が出る程度まで加熱します。液が透明になるまでこれを数回繰り返します。その後ショ糖１００gを入れて完全に溶かします。

この液を直径約6㎝程度のシャーレに薄く注ぎ、表面が乾燥しないようにすぐふたをして固めます。

余った寒天液は、冷蔵庫で保存しておきます。電子レンジなどで溶かせば、ふたたび利用できます。

発芽率の測定は、つぎの方法でおこないます。

平画筆の先端に花粉を少量つけ、シャーレに注いだ発芽床の上で、筆を軽くはじいて、花粉が重ならないように均一にまきます。

シャーレにふたをして、発芽床が乾かないように裏返しにし、25℃で2時間程度静置します。その後、倍率100倍程度の顕微鏡で、花粉管が花粉の直径以上の長さに伸長した花粉の数を調査します。花粉発芽率は、(伸長した花粉数)/(調査花粉数)×100で求めます。

花粉の吸湿

貯蔵した花粉や有機溶媒で精選した花粉は、吸湿してから使用します。

冷凍庫で長期貯蔵した花粉は、受粉する数日前に容器のまま冷凍室から冷蔵室に移しておきます。受粉する前日の夜に、貯蔵容器から花粉を取り出してシャーレなどに入れ、ふたを開けた状態で涼しい部屋に静置します。湿度が50%以下と低いときは、部屋のなかに濡れタオルを下げたり、濡れた新聞紙を置いて湿度を上げます。

吸湿する時間は、長期貯蔵した花粉では5~12時間、有機溶媒で精選し短期貯蔵した花粉では5時間程度です。

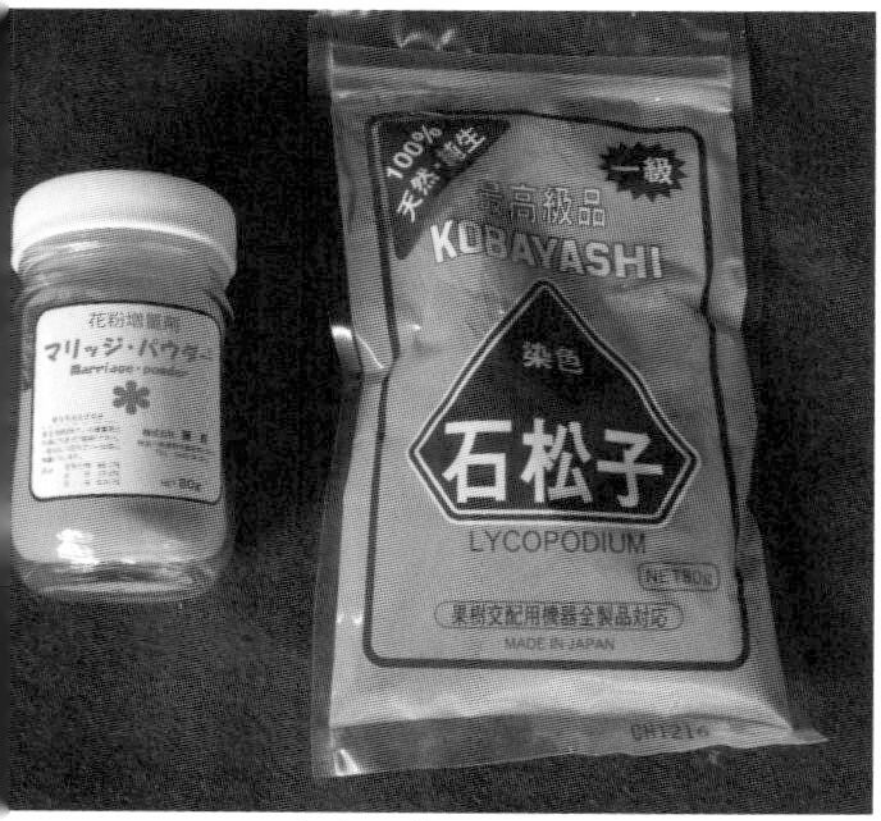

マリッジパウダーと石松子

吸湿を完了した花粉は、急速に発芽率が低下しますので、必要量だけ吸湿させます。

花粉の希釈

純花粉は、発芽率に応じて石松子《せきしょうし》(ヒカゲノカズラの胞子で人工受粉のさいの増量剤)やマリッジパウダーなどの増量剤で希釈します。受粉の直前に、シャーレに花粉と等量の増量剤を入れ、画筆などで花粉の塊を砕きながら混合します。その後花粉の発芽率に応じて所定の倍率まで徐々に希釈していきます。

希釈培率は、花粉発芽率が70%以上であれば10倍にします。花粉発芽率が低くなるにしたがって希釈倍率を下げて、50%では3倍程度にします。30%以下では希釈しないで使います。

受粉で余った増量花粉は、密封して冷蔵し、後日増量剤として使用します。

粗花粉は、花粉発芽率が70％以上であれば、2倍程度に希釈して使用できます。

受粉

人工受粉は、品種ごとに短果枝と長果枝の満開頃に、少なくともそれぞれ1回おこないます。なるべく暖かく風のない日を選んで受粉します。気温が15℃以下のときは、花粉の発芽率が低いためできるだけ受粉は避けます。低温や雨が続く場合は、やむをえず受粉しなければならないときもありますが、そのさいは花粉の希釈倍率を下げて受粉します。

梵天による受粉

受粉に適した花は、雌しべが立ち、柱頭がべたべたして、葯がピンクから黄色の状態です。雌しべが開いて柱頭が乾いた状態の花は避けます。

品種によって着果させたい番花は異なりますが、2～5番花を目標に1花《か》叢《そう》のなかで1～2花程度に受粉します。

人工受粉器による受粉

受粉後2～3時間以内に降雨があった場合は、もう一度受粉します。また、受粉前後の気象条件などが原因で、結実不良や幼果の障害が発生した場合は、遅れ花にも受粉します。

人工受粉の方法

手による受粉

羽毛を球状にした梵天や画筆を用いて手でおこないます。

増量した純花粉または粗花粉を、小さな容器に小さじで1～2杯入れます。梵天や画筆に花粉をじゅうぶんにつけた後、容器内で余分な花粉を落とします。花の柱頭で梵天や画筆を少しひねりながら花粉をつけます。

1回で20花程度受粉することができます。

人工受粉器による受粉

人工受粉器には、手やモーターで風といっしょに花粉を花に放出して受粉するタイプと、回転する毛ばたき部分に花粉を送って毛ばたき部分を花に触れて受粉するタイプがあります。
手でおこなう方法より省力化できますが、花粉の使用量が2倍前後多くなります。

溶液受粉

液体増量剤に純花粉を混ぜた花粉懸《かふんけん》濁《だく》液《えき》を、ハンドスプレーなどで花に散布します。花が多少濡れているときでも受粉することができます。

液体増量剤は、発芽床と同様な方法でつくりますが、発芽床のときよりも寒天濃度を1／10（水1ℓに粉末寒天1g）にします。ショ糖を混ぜるときに食用色素（赤色102号）を0・1～0・2g入れておくと、受粉した花を識別することができます。

つぎに液体増量剤に花粉を混ぜて、花粉懸濁液を作成します。室温になっている液体増量剤100㎖程度に3gの純花粉を加えてよく混和します。ある程度混ざった後に、残りの増量剤900㎖を加えて混和すると、1ℓの花粉懸濁液ができます。花粉が液体増量剤に均一に混ざっていることを確かめてから使用します。

花粉懸濁液中の花粉は、時間とともに発芽率が低下しますので、3時間程度で使い切ります。10a当たりの純花粉および花粉懸濁液の使用量は、それぞれ30～50g、10ℓ程度になります。

花粉の貯蔵方法

短期貯蔵

その年の受粉に用いる花粉は、1週間から半月程度の受粉期間中、冷蔵して保管します。

純花粉

純花粉は、薬包紙などで小分けして、花粉の数倍量のシリカゲルなどの乾燥剤といっしょにポリ瓶やシャーレなどの容器に入れ、ビニールテープなどで密封し、4～5℃で冷蔵します（**図4－4**）。薬包紙、または容器にはかならず品種名と採取日を明記しておきます。

粗花粉は、純花粉より多くの乾燥剤とともに冷蔵します。

家庭用冷蔵庫で貯蔵する場合は、花

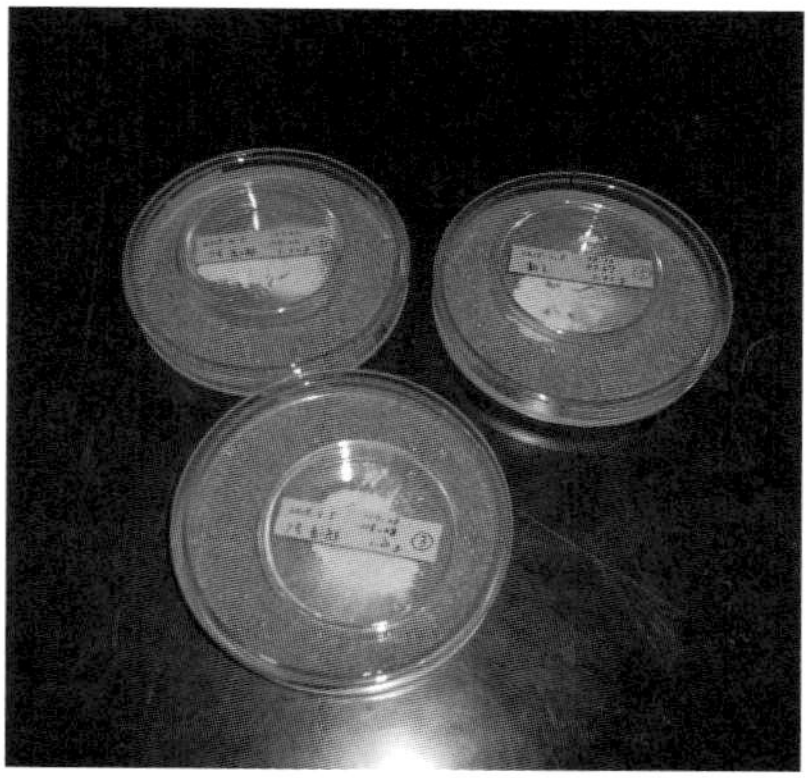

シリカゲルを入れた大シャーレに純花粉（小シャーレ）を入れて密封し、冷蔵庫で保管

粉の発芽率を低下させるおそれのある酢やからしなどの揮発成分を含む食品をほかへ移しておきます。

長期貯蔵

翌年以降の受粉に使用する花粉は、純花粉を採取直後に短期貯蔵と同様の方法で容器に密閉し、マイナス20℃以下の冷凍庫で貯蔵します。

図４－４　花粉の貯蔵法

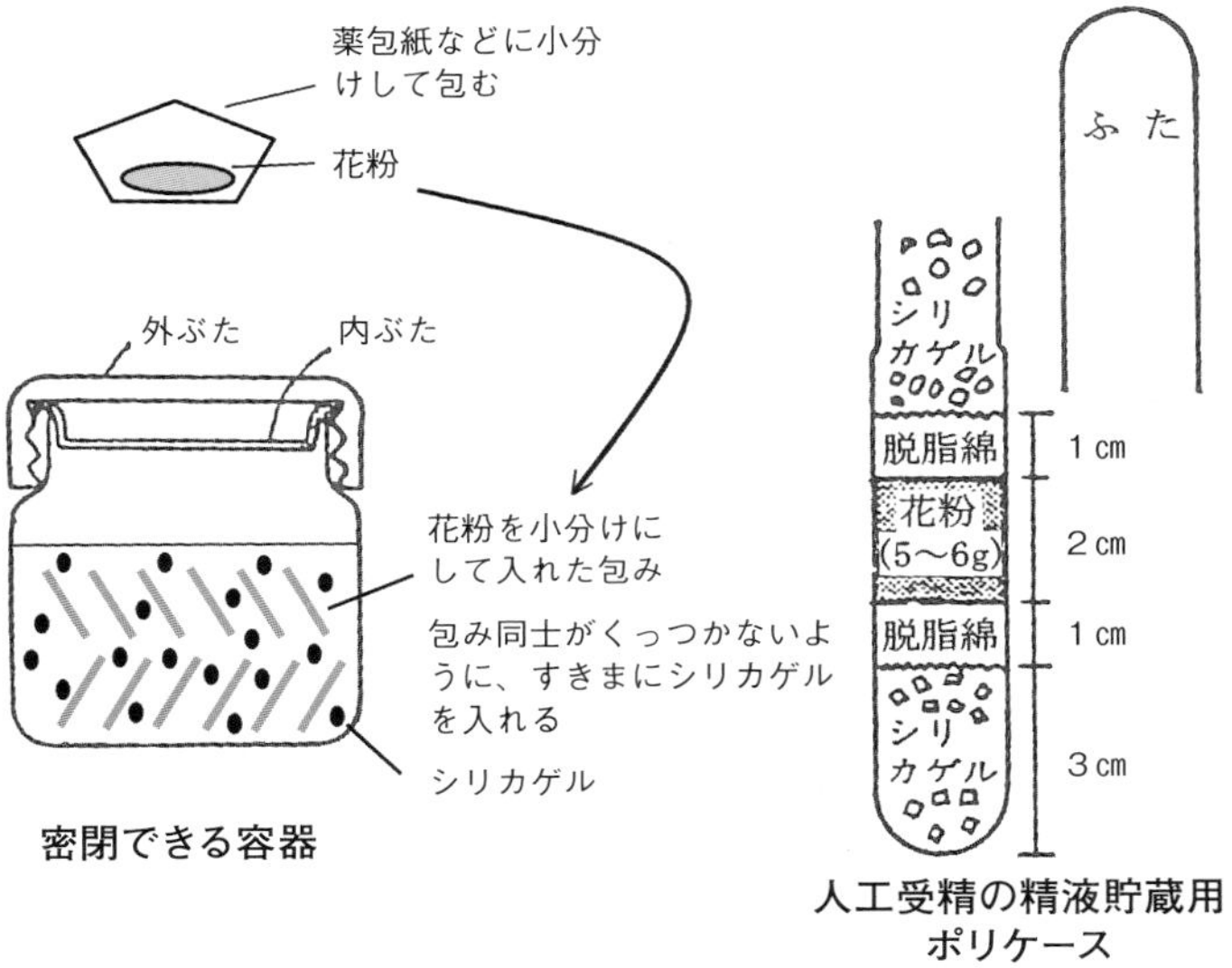

出典：「果樹栽培標準技術体系（ニホンナシの部）」（千葉県、千葉県農林水産技術会議）

受粉期間中の薬剤散布

天候の関係で受粉期間が1週間以上になる場合は、黒星病や黒斑病に効果のある殺菌剤を散布します。散布当日は、結実率が低下するため受粉を避けます。

訪花昆虫の利用

訪花昆虫を利用して受粉する場合は、人工受粉と異なる注意が必要です。交配の正否は、圃場周囲の環境条件や気象条件に左右されますので、条件が不良の場合は人工受粉を併せておこないます。

受粉樹の確保

圃場に複数の品種が植栽され、それらの品種がおたがいに親和性があり、開花が同時期であるのが理想的です。混植率が30％未満と低かったり、品種が偏在している場合は、高接ぎして受粉樹を増やすか、親和性のある品種の切り枝を水挿しして、圃場内に置いておきます。

ミツバチは、ナシよりもナタネやレンゲなどの花を好みます。放飼する圃場の近くでは、ナシの開花期と同時期に開花する草花を栽培しないようにします。

放飼群数と放飼時期

受粉に必要なミツバチの群数は、群

の頭数や勢いによっても異なりますが、10a当たり0・5群程度です。

巣箱は、ナシが開花した後に圃場に設置します。開花前に設置すると、圃場外の蜜源に訪花する個体が増え、ナシへの訪花数が減少します。

ミツバチの訪花

ミツバチの巣箱

気象条件と薬剤散布、網の被覆

ミツバチの活動は、20〜30℃程度の気温で最も盛んになります。低温や降雨、強風時には、ほとんど活動しません。開花期間中にミツバチの活動に不適な天候が続いた場合は、人工受粉をおこなう必要があります。

放飼している間は、殺虫剤散布と多目的防災網の被覆はおこないません。

摘果の時期と方法

摘果は、予備摘果、本摘果および仕上げ摘果の3回に分けておこないます。この時期は、予備摘果と本摘果をおこないます。

予備摘果と本摘果

予備摘果の方法

予備摘果は、果実の大きさや果形が確認できるようになる満開15日後頃から1果叢1個にします。一つの果台上にある複数の短果枝に着果した場合は、1果台当たり1果にします。1本の側枝上に着果した果台が多い場合は、無着葉果叢や、軸折れの発生しやすい上向きや、果実肥大が不良になりやすい下向きの果台に着果した果実をすべて摘果します。

果叢のなかで残す果実は、一般的に3〜5番果です。しかし、受精せずに落ちる花もあるため、番果を数えて摘果するのは、時間がかかり現実的ではありません。親花のなかで果梗が太くて長く、果実が大きく、障害や変形がない、斜め上から斜め下向きの皿かむり果を残せば問題ありません。なお、副芽や子花の反対側の果実が1番果になります（**図4−5**）。

子持ち花は、摘果の時期が遅れると、子花の果実が親花の果実より大きくなっていることがあるので、まちがえないように注意します。

予備摘果

予備摘果前の果叢（新星）

予備摘果で残した果実

予備摘果は、3回の摘果のなかで摘果する果実が最も多いので、早くおこなうほど果実肥大が良好になります。摘果の順序は、原則として早生品種から実施します。

なお、霜や雹の被害を受けたときは、かならず踏み台などを使って果叢を上から見て、傷害の有無を確認しながら摘果します。

本摘果の方法

本摘果は、予備摘果に続けておこないます。病虫害果、傷害果、変形果、縦に条《すじ》の入った条溝果《じょうこうか》、小果、無着葉の果叢の果実を摘果します。

裂果が発生しやすい品種では直射光の当たる果実を、軸折れが発生しやすい品種では上向きや果梗の短い果実を優先的に摘果します。さらに成熟期に果実同士が接触するような連続して着果している部位の果実を摘果し、目標着果数の10～20％増しにします。

図4－5　摘果する果実と残す果実

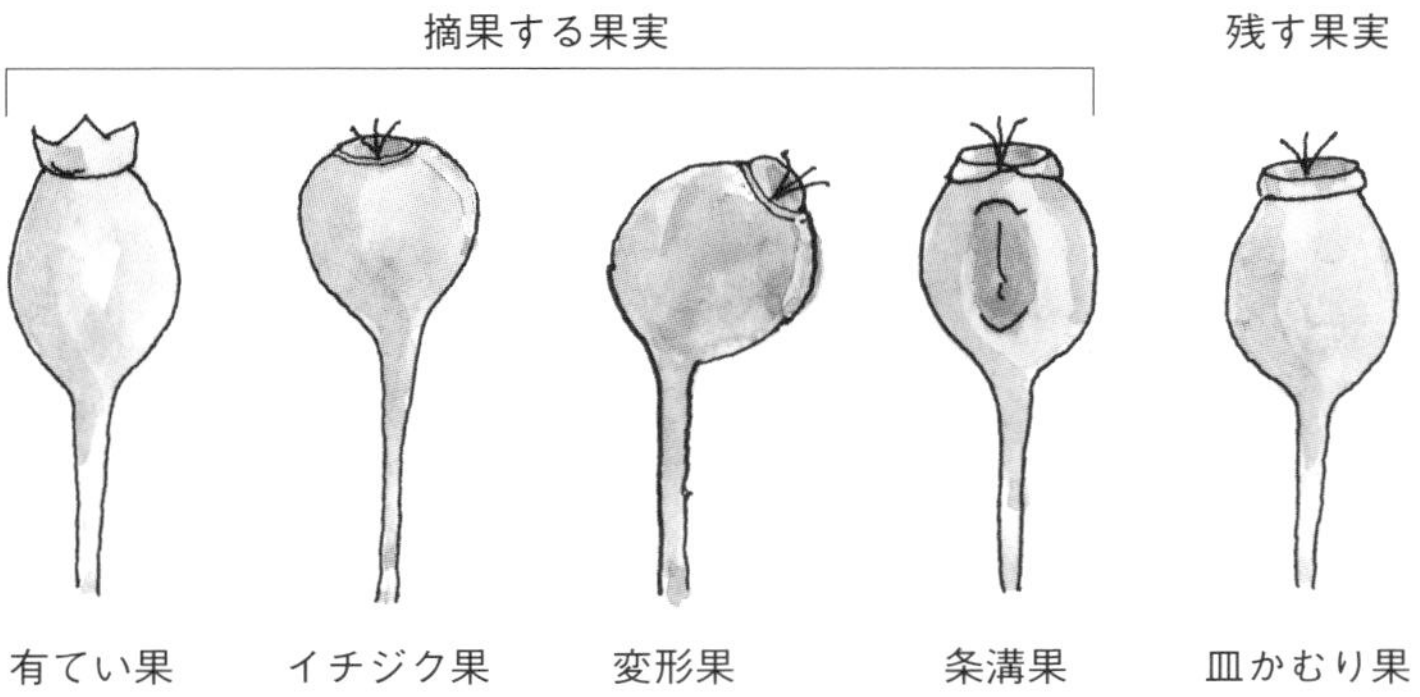

皿かむり果

霜害果は上から見て摘果する

霜や雹の被害を受けて、傷のない果実が少なかった場合は、傷ついた果実も含めて目標着果数の10～20％増しにします。

予備摘果と本摘果で摘果した果実のうち、病害虫の被害が拡大するおそれのあるものは圃場外で処分します。

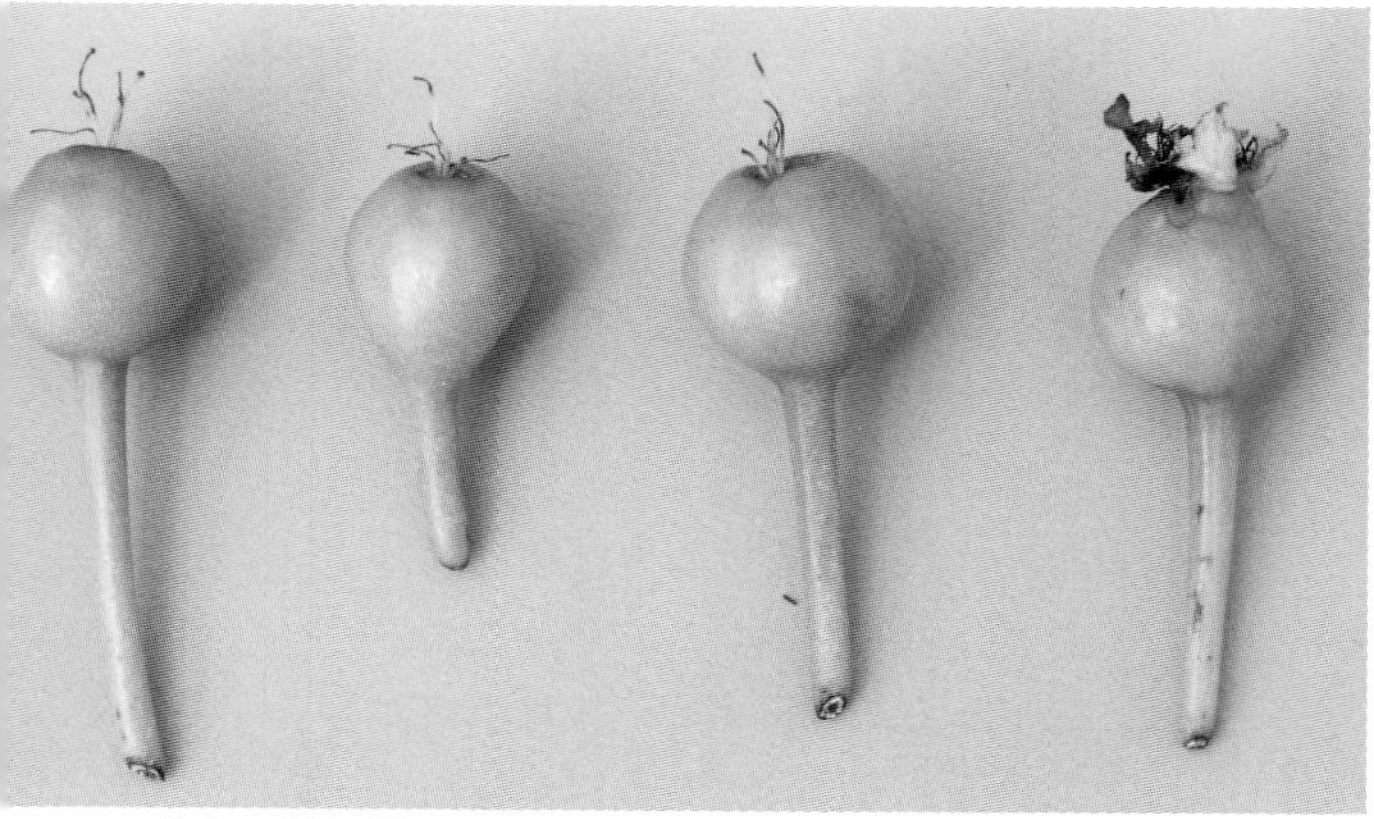

幸水の幼果（左から皿かむり果、イチジク果、条溝果、有てい果）

幸水の摘果

予備摘果は、満開15日後頃からおこないます。残す果実は3～5番果ですが、果実が大きく、果梗が太くて長い皿かむり果であれば、番果にこだわる必要はありません。早期出荷のために、ジベレリンペーストを満開30～40日後に塗布する場合は、予備摘果と本摘果を同時におこなってもかまいません。残した果実の枯れた雌しべは、心腐れを起こす菌の侵入経路になるので摘果時に除去します。

ジベレリンペーストを塗布

本摘果は、予備摘果に続けておこないます。

摘果する果実は、前項で述べたような欠点のある果実です。さらに、ほかの品種に較べて裂果が多いため、無着葉や直射光の当たる果叢の果実を摘果します。

また、「幸水」は軸折れしないといわれていました。しかし、近年は軸折れや軸が果台から離れる果実の発生がめだっていますので、上向きの果実はなるべく摘果します。

なお、腋花芽と短果枝の果実を比較すると、腋花芽のほうが開花時期が遅いため小果ですが、腋花芽の果実を一定割合残すように摘果します。

10a当たりの目標着果数は9000個前後で、それより10～20％多い数にします。

豊水の摘果

予備摘果は、早生品種に続いておこないます。残す果実は、2～3番果で斜め上から斜め下向きのものです。軸折れが発生するため、果梗が短い果実を優先的に摘果します。

本摘果では、上向きの果実と果梗の短い果実を優先的に摘果します。

10a当たりの目標着果数は1000 0個前後で、それより10～20%多い数にします。

あきづきの摘果

「幸水」や小袋をかける品種の後に摘果します。着果がきわめて良好なため、予備摘果があまり遅れると摘果ばさみが入りにくくなります。

軸折れが発生するため、果梗が長く横向きから下向きの果実を残します。下向きの果実は、やや小さくなる傾向がありますが、極端に小果になることはほとんどありません。変形果や小果の発生がきわめて少ないため、予備摘果と本摘果を兼ねておこなうことも可能です。無着葉の果叢が多いため、その果実を優先的に摘果します。

10a当たりの目標着果数は8000個前後で、それよりやや多い数にします。

新高の摘果

生育初期に生理落果する場合があり、また果実の生育期間が長いことから、早生、中生品種の摘果が終了した後におこないます。

その頃は、果実も大きく果形の良否もはっきりしているため、予備摘果と本摘果を兼ねておこないます。

10a当たりの目標着果数は8000～9000個程度で、目標着果数よりやや多い数にします。

なお、大袋をかける場合は、6月下旬頃に仕上げ摘果と同時に袋かけをおこないます。

二十世紀の摘果

予備摘果は、果実の形質が判別しやすくなる満開20日後頃からおこないます。残す果実は、3～5番の皿かむり果で、袋をかけやすい方向のものです。

本摘果は、満開後30日頃から小袋かけと同時期におこないます。

10a当たりの目標着果数は1万2000個前後にします。

袋かけの目的と方法

袋かけの時期と目的

袋かけは、外観をきれいに仕上げることと果実の病害虫防除とを目的におこないます。

外観をきれいに仕上げる場合は、小袋と大袋の2回がけか、大袋の1回がけをおこないます。

気孔が壊れはじめる前の幼果に袋をかけると、果点が小さくすべすべした外観になります。気孔が壊れはじめる時期は、赤ナシでは5月上旬頃、青ナシでは5月中旬頃です。

その後、果面は赤ナシでは果点と果点の間に果点間コルクが発達して黄褐色や赤褐色になり、青ナシでは果点間コルクが発達しにくいため幼果のときと同じ緑色のままになります。

果面が傷つくと、その部分にコルク層が発達してさびが生じます。

大袋1回がけの平塚16号（かおり）

このような理由から、青ナシは、果点が発達する前に袋かけをおこなって、外観がきれいな果実をつくります。赤ナシは、早く袋をかけると無袋の果実より白茶けてすべすべした外観になるため、遅めに袋かけをおこないます。
なお、青ナシのさびの発生には品種間で違いがあります。「なつしずく」、「八里」、「八雲」はさびの発生がきわめて少ないため、無袋でもきれいな外観に仕上がります。「秋麗」、「甘太」は、さびの発生がきわめて多いため、有袋でもさびが問題になる場合があります。

病害虫の防除

病害虫防除では、黒斑病を対象とした場合は小袋と大袋の2回がけを、黒斑病以外の場合は大袋の1回がけをおこないます。

害虫にたいしては、シンクイムシ類やヤガ類を果実から遮断することにより防除できます。ただし、コナカイガラムシの被害が問題になることがあります。

病気にたいしては、雨により伝染する病原菌の胞子が果面に付着するのを防ぐことにより防除できます。ただし、袋かけ直前の防除が不完全だと、かえって被害が増加する場合があります。

袋かけのデメリット

袋かけの10ａ当たりの労働時間は、「二十世紀」に1万2000個着果させた場合では、小袋と大袋を合わせて122時間必要です（平成25年鳥取県農業経営指導の手引き）。また、袋かけをすると果実の外観がきれいになる一方で糖度は0・5～1％低下します。外観をきれいに仕上げることだけを目的に有袋栽培をしている場合は、袋かけの労力が不要で、食味も良好になる無袋栽培への変更を検討すべきだと思います。

小袋かけの方法

小袋は小さく軽いため、早い時期から袋かけをすることができます。小袋と大袋の2回がけにより成熟期が早くなりますが、肉質が軟らかくなり糖度が1％程度低下します。

青ナシの外観をきれいに仕上げるためには、満開30日後頃までに小袋をかけます。

小袋をかける（二十世紀）

「二十世紀」のように黒斑病防除のためには、摘果が終了した部分からなるべく早く小袋をかけはじめます。小袋かけ直前には、降雨の有無にかかわらず防除薬剤を散布します。防除を怠ると、黒斑病菌を袋内に包み込んで落果が多発します。小区画に分けて防除と小袋かけをおこない、防除と袋かけの間隔が空かないように注意します。

大袋かけの方法

大袋は、果梗が硬くなる5月下旬頃からかけることができます。果梗が軟らかい時期に大袋をかけると、風による落果や袋の重みによる果梗の曲がりなどの障害が発生しやすくなります。

小袋の上から大袋をかける（二十世紀）

小袋の上に大袋をかける場合は、糖度が大きく低下しないように小袋かけから30日くらい間を置いてから袋かけをおこないます。黒斑病防除を目的とした袋かけの場合は、大袋をかける前に防除薬剤を散布します。

大袋1回がけは、小袋と大袋の2回がけより、成熟期が遅れますが、糖度はやや高くなります。果面は、青ナシでは果点のコルクが大きくなり、赤ナシでは赤みが薄くなり、「幸水」などの中間色品種では、まだらに仕上がることがあります。

青ナシは、外観をきれいに仕上げるために、5月下旬頃に袋かけをおこないます。赤ナシは、果点間コルクが発達するように、6月下旬頃におこないます。

枝葉拡大期の生育と作業

新梢伸長と花芽分化

　開花30日後くらいの養分転換期に伸長が停止する枝は、短果枝や中果枝になります。これらの枝の花芽分化は、6月中旬～7月中旬頃からはじまります。多くは頂芽に花芽が着生しますが、着果過多などの場合は花芽にならずに中間芽になる場合もあります。

　その後も伸長を続ける新梢では、5月下旬頃に伸長が最も盛んになり、6月下旬～7月上旬頃に伸長が停止します。

　花芽分化は、8月上・中旬頃からはじまります。直立した強い新梢は、花芽の着生が不良になり、中庸で斜め方向の新梢は、花芽の着生が良好になります。これは、新梢が斜めになると、新梢先端で頂芽の生長を促進するオーキシンの産出が少なくなり新梢内のサイトカイニンが活性化するためです。サイトカイニンは細胞分裂を促進する作用があるため、腋芽の細胞分裂が盛んになって花芽を形成すると考えられています。

枝葉拡大期のナシ園

予備枝

予備枝の管理

　5月中旬頃に、予備枝の先端から発生した新梢1～2本だけを伸ばして、残りの新梢は3葉程度残して摘心します。

　6月中旬頃に、新梢が仰角20度程度で側枝と同じ方向になるように誘引します。新梢部分をひもで縛って誘引すると鍋弦《なべづる》形になりやすいので、できるだけ1年生枝または2年生枝部をひねって誘引します。

　なお、予備枝の育成方法は、第6章の「成木の整枝剪定」を参照してください。

新梢管理のポイント

　芽かき作業に続き新梢管理をおこな

います。この時期の新梢管理には、摘心、捻枝、新梢誘引、夏季剪定があります。

新梢管理は、冬季におこなう剪定を補完する作業ととらえられがちです。しかし、樹体にたいする影響は、剪定に劣らないほど大きい作業です。また、新梢管理を適切におこなうと、剪定作業と剪定後の誘引作業の効率が上がります。剪定を想像しながら新梢管理をおこなうと、管理方法を理解しやすくなります。

果叢から再伸長した新梢を摘心する

新梢管理によって、新梢の乱立や徒長枝の発生を防ぐことができ、短果枝の花芽の維持と腋花芽を増加させることができます。

さらに、新梢の発生量を調節し、勢力をそろえることによって、光環境の改善による高品質果実の生産や病害虫防除効果が向上し、剪定枝量も削減できます。また、花芽の増加により、安定生産、樹冠内でばらつきのない結実、側枝の使用年限の延長が可能になります。

摘心

摘心は、定芽《ていが》から発生した新梢や果叢から再伸長した新梢の先端をはさみなどを用いて摘む作業です。摘心により新梢の生育を抑制したり、短果枝を着生させることができます。

側枝上の定芽から伸長した新梢は、20～30㎝の長さのときに新梢葉を3～4枚程度残して摘心します。

短果枝の状態でいったん伸長が停止し、その後再伸長した新梢は、5月下旬～6月上旬頃に新梢基部の葉のない2芽を残して摘心します。

摘心時期が早い場合は、残した芽がふたたび伸長しやすくなります。摘心時期が適切な場合は、短果枝が着生しやすくなります。

捻枝

捻枝は、ある程度伸長した新梢を手でひねって曲げる作業です（**図4－6**）。枝勢を弱めることができます。側枝のない場所では、主枝や亜主枝の上側から発生した新梢を側枝として利用することができます。

5～6月にかけて新梢の基部付近をひねって曲げます。

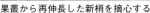

図4－6　捻枝の方法

側枝をつくりたい場合、捻枝する

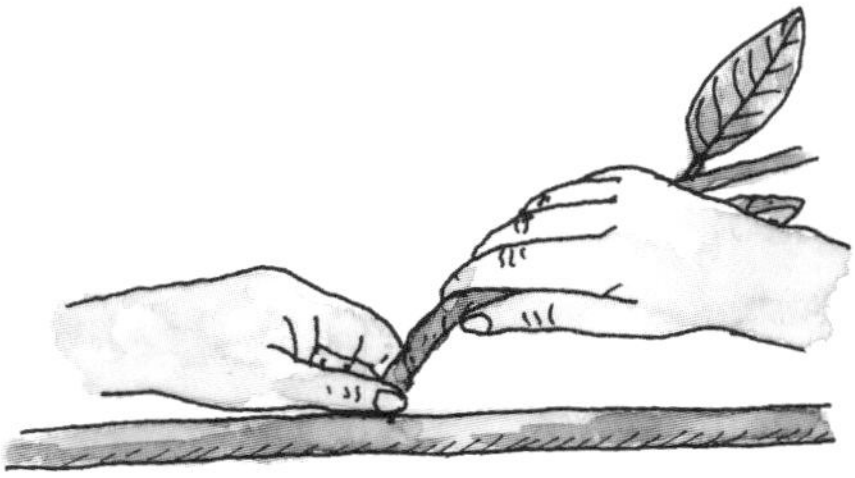

左手で新梢のつけ根を持ち、右手で枝をねじる

そのさい、新梢基部を動かないように手で押さえておかないと、基部から取れることがあります。捻枝の時期が遅れると捻枝できる部位が新梢の上方になります。

新梢誘引

新梢誘引は、伸長した新梢をひもや支柱を用いて目的とする方向へ誘引する作業です。

育成中の主枝や亜主枝の先端から発生した新梢は、随時、支柱などに誘引します。

それ以外の新梢は、6月中旬~7月上旬頃に誘引します。このことにより新梢の勢いを制御し、方向づけや腋花芽の着生を増加させることができます。誘引の目的によって実施方法が異なります。

新梢誘引

夏季剪定

夏季剪定は、棚面を明るくするため6月下旬~7月上旬頃に、過繁茂で暗くなった部分の新梢を剪除する作業です。芽かき、摘心、捻枝、新梢誘引をきちんとおこなっていれば、ほとんど必要ない作業です。

新梢の剪除によって成葉が減少するため、剪除しすぎると樹勢が低下するおそれがあります。

晴れた日に樹冠下の地表面を観察して、チラチラと木漏れ日がさす状態がちょうどよい明るさです。木漏れ日もささないほど暗い部分は、新梢を枝の少ない部分に誘引します。それでも暗い場合は、最低限の新梢を剪除します。

幼木の新梢管理

永久樹および第2次間伐樹

樹冠を拡大するために、主枝の先端

木漏れ日がさす園地

から発生した新梢を強く長く伸ばすような管理と、側枝を確保するための管理をおこないます。

　主枝では、先端から発生した新梢を、誘引時に設置した支柱にテープナーなどを用いて数十cm間隔で止めていきます。先端の新梢に続く数本の新梢は、先端の新梢と競合しないように4葉程度残して摘心します。

　2年生以上の部位から発生した新梢は、上側から発生した新梢についてはすでに芽かきで除去しているはずですが、残っている場合は早めに剪除します。ただし、周辺に葉が少なく主枝が日焼けするおそれのある部位では、摘心により葉を確保します。果叢から再伸長した新梢は、摘心します。

　横～下側から発生した新梢は、重ならない程度にできるだけ多く残します。強めの新梢は低めに誘引し、下がっている新梢は引き上げます。誘引方向は、主枝先に向かって主枝と45度（4本主枝）、または60度（3本主枝）開くようにします。

　側枝では、原則として先端の2芽から発生した新梢だけを伸長させます。ほかの芽から伸長する新梢は、芽かきや摘心をおこないますが、中果枝程度の長さで止まる新梢は放置します。

第1次間伐樹

　第1次間伐樹は、多くの側枝を確保するための管理をおこないます。

　骨格枝の上側から発生した新梢でも、空いている空間があれば側枝を確保するために新梢誘引をおこないます。側枝上から発生した新梢は、永久樹および第2次間伐樹と同様の方法で処理します。

若木の新梢管理

永久樹および第2次間伐樹

　樹冠を拡大するために、主枝と亜主枝の先端から発生した新梢を強く長く伸ばすような管理と、側枝の確保および更新するための管理をおこないます。さらに、間伐予定枝または暫定亜主枝では、亜主枝の生育を妨げないような管理をおこないます。

　主枝と亜主枝は、幼木の主枝と同じ管理をおこないます。

　側枝は、原則として幼木と同じ管理をします。古い側枝や花芽が少なくなった側枝では、側枝を更新するために、主枝、亜主枝や側枝基部付近の横～下側から発生した新梢をつぎのように誘引します。

　やや強めから中庸の新梢は、側枝と同じ方向で仰角30度前後に誘引します。この新梢は、翌年側枝や長い予備枝として使うことができます。中庸から弱い新梢は、側枝の方向と45度ずらして仰角30度前後に誘引します。この新梢は、翌年短い予備枝として使うことができます。

亜主枝に近い間伐予定枝または暫定亜主枝は、亜主枝や亜主枝から配置した側枝の生育を妨げないように、芽かきと摘心をおこないます。

第1次間伐樹

縮伐をはじめた第1次間伐樹では、徒長枝が乱立しないような管理をおこないます。

縮伐によって樹勢が強くなり、新梢が多発します。徒長枝化する新梢も増加しますので、芽かきを徹底しておこないます。また、花芽を確保するために再伸長する果叢葉はすべて摘心します。

成木の新梢管理

主枝と亜主枝先端部付近の強化、側枝間の枝勢の均衡、側枝上の花芽と葉数の確保、側枝更新用の予備枝の育成を目的に管理をおこないます。老木では樹勢を強化するための管理もおこないます。

主枝と亜主枝は、先端の立ち上がり部では、多くの新梢や果叢葉が発生して暗くなりやすいので、弱い新梢と果叢葉を切除して葉が密集しないようにします。

先端部付近では、先端部付近を強化するために横～やや上側から発生した新梢を、仰角30度よりやや高めに誘引します。中間部では、横～斜め下側から発生した新梢を、仰角30度前後に誘引します。基部付近では、斜め下～下側から発生した新梢を、仰角30度より低めに誘引します。誘引する方向は、若木と同様にします。

側枝の基部付近は、原則として横～斜め下側の潜芽から発生した新梢を、仰角30度前後に誘引します。側枝の性状が不良で早急に側枝を更新したい場合は、上側から発生した新梢も同様に誘引します。誘引の時期と方向は若木と同様におこないます。

側枝上の定芽から発生した新梢と果叢から再伸長した新梢は、原則として側枝の基部から中央部くらいまで摘心します。主枝や亜主枝の基部付近から配置した側枝では、枝勢が強くなりすぎないように先端2芽から発生した新梢を除きすべて摘心します。

老木は、着果負担のない予備枝の本数を側枝数の1・5～2倍程度設けると、樹勢を強化することができます。そこで、側枝1本につき少なくとも新梢1本を誘引します。誘引時期が早すぎると新梢の伸長が不良になります。

果実肥大・成熟期の生育と作業

仕上げ摘果と落果防止

仕上げ摘果

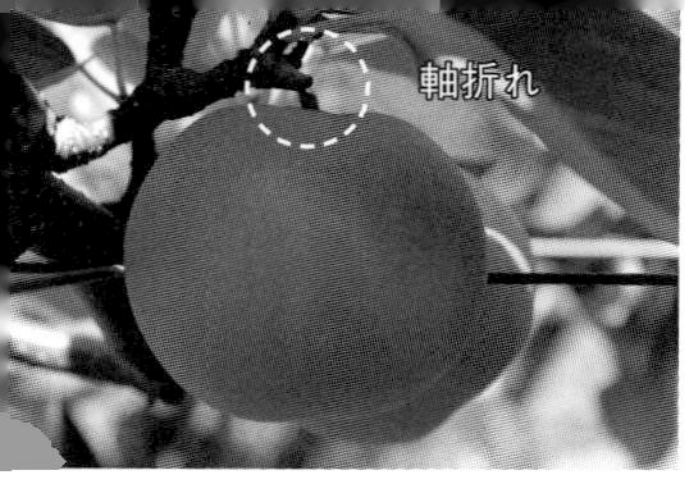

果実の軸折れが発生

変形果（豊水）

新梢の伸長が停止すると、果実が急激に肥大してきます。肥大に伴って、本摘果時にはわからなかった果実の条溝や変形がめだってきます。また、裂果や軸折れも発生します。

仕上げ摘果は、「幸水」などの裂果が発生する品種では裂果のピークが過ぎてから、「豊水」や「あきづき」などの軸折れが発生する品種では軸折れのピークが過ぎてからはじめます。

摘果する果実は、小果、条溝果、変形果、病傷害果などの欠点がある果実や、連続して着果している部分です。果実同士がぶつかっていると、ハマキムシ類やシンクイムシ類に加害されやすくなるだけでなく、1果を収穫すると隣の果実が落果することもあります。

仕上げ摘果で、目標着果数近くまで減らします。

なお、「幸水」の裂果には、生理的裂果と黒星病による裂果があります。生理的に裂果した果実は、裂果のピークを過ぎるまで樹上に残しておき、ピークが過ぎてから摘果します。黒星病で裂果した果実は、すぐに摘果して圃場外で処分します。

仕上げ摘果終了後も、発育不良などで商品価値が低い果実は、樹上選果で随時摘果します。

摘果した果実のうち、黒斑病や黒星病に罹病した果実やシンクイムシ類の被害果などの病害虫の被害が拡大するおそれのある果実や、腐敗しそうな果実は圃場外で処分します。

落果防止

風による落果や着果した枝が折れるのを防ぐために、枝の先端が棚線から離れている側枝は棚線に誘引し直します。中果枝に着果して枝が下がった果実は、枝をつり上げます。

収穫前に落果が発生する品種は、落果防止剤を散布します（147頁以降の植物成長調整剤を参照）。落果が発生しても落果する量が少ない品種は、とくに落果防止剤を散布する必要はありません。落果防止剤は、ほかの作物に薬害が発生するおそれがあるため、圃場外に飛散しないように注意して散布します。

果実の成分と食味

果実の主要成分

ナシの成熟果の主要な成分は、ほとんどが水分で、可食部の約88%を占めています。また、可食部100g当たりのカロリーは43㎉しかありません。

ナシの食味を左右する主な成分は、糖と有機酸です。

果実内の炭水化物は、成熟に伴ってデンプンが減少し、糖が増加していきます。そのため、早採りした果実は、デンプンのイモ臭さを感じる風味となります（**図4－7**）。

図4－7　果実の発育に伴う糖含量の変化

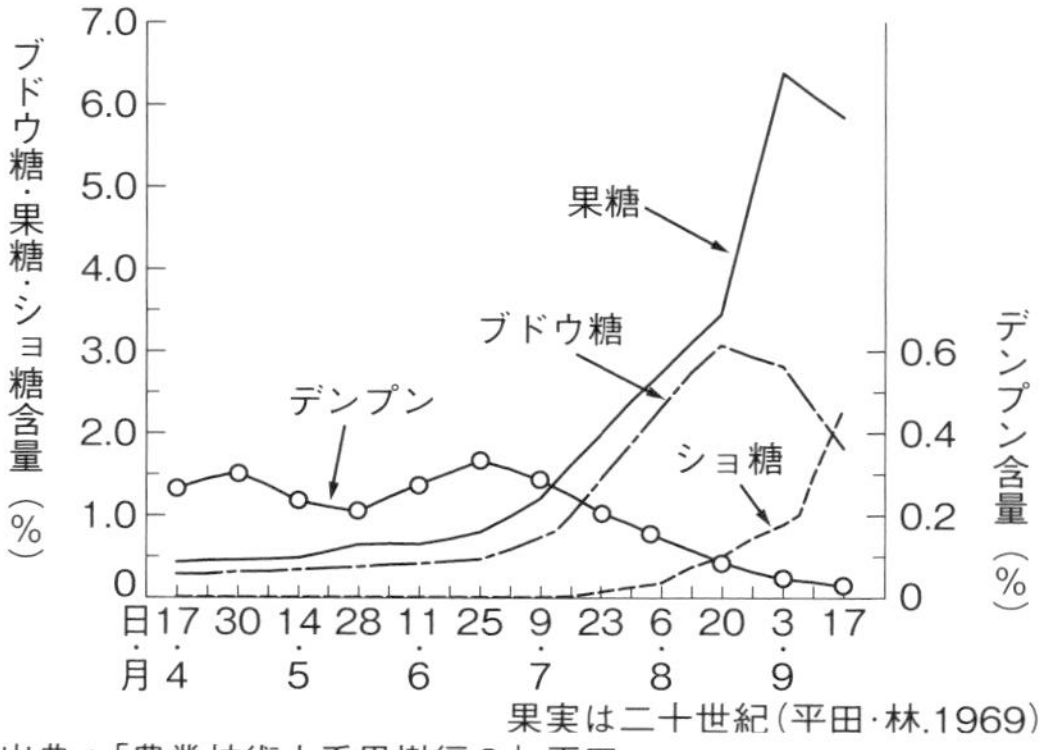

出典：「農業技術大系果樹編3」平田

果実に含まれる糖は、ショ糖、ブドウ糖および果糖の3種類です。含まれる糖の割合は品種によって異なりますが、「豊水」の成熟果ではショ糖が4%、ブドウ糖が2%、果糖が3%程度含まれています。また、糖アルコールのソルビトールも3%程度含まれています。

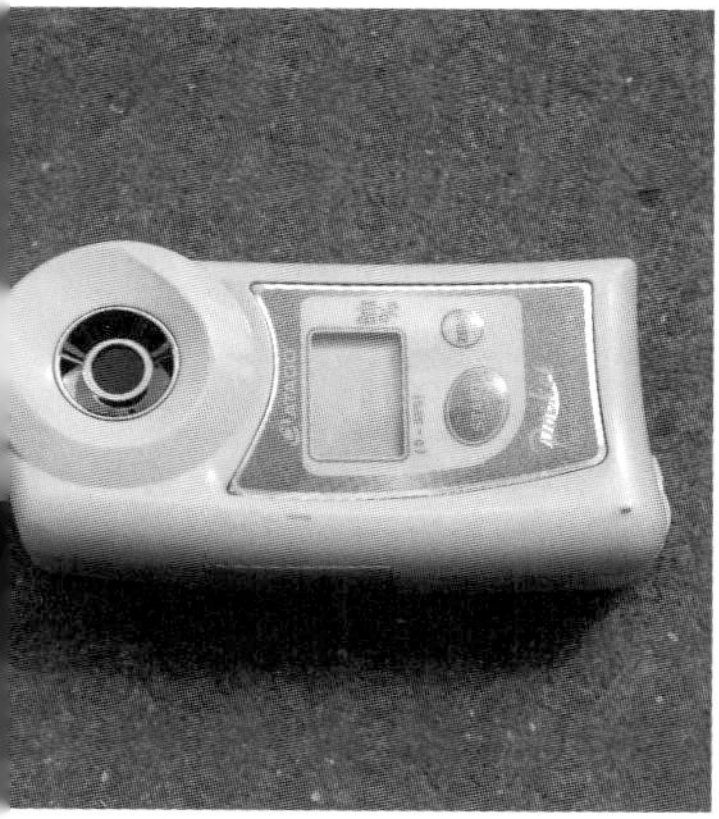

糖度計

糖の甘さと酸味

人が感じる糖の甘さは、糖の種類によって異なり、ショ糖を1・0とするとブドウ糖は0・6～0・7、果糖は1・2～1・5、ソルビトールは0・6～0・7です。同じ糖度の果実でも、果糖の割合が多い品種は甘く感じます。一方、ブドウ糖の割合が多い品種は、糖度のわりにさっぱりとした食味になります。

有機酸は、リンゴ酸、クエン酸および酒石酸が多く含まれ、とくにリンゴ酸とクエン酸が主体になっています。

成熟に伴って酸が減少していくため、酸の強い品種を早採りすると甘さよりも酸味が勝った食味になります。果心部の酸は果肉部より4～5倍多く含まれているため、果心部を食べると非常に酸っぱく感じます。
それ以外の主な成分は、可食部100g当たり食物繊維が0・9g、アミノ酸が150㎎（そのうちの約37%がアスパラギン酸）、カリウムが140㎎含まれています。

収穫の判断

カラーチャートの利用

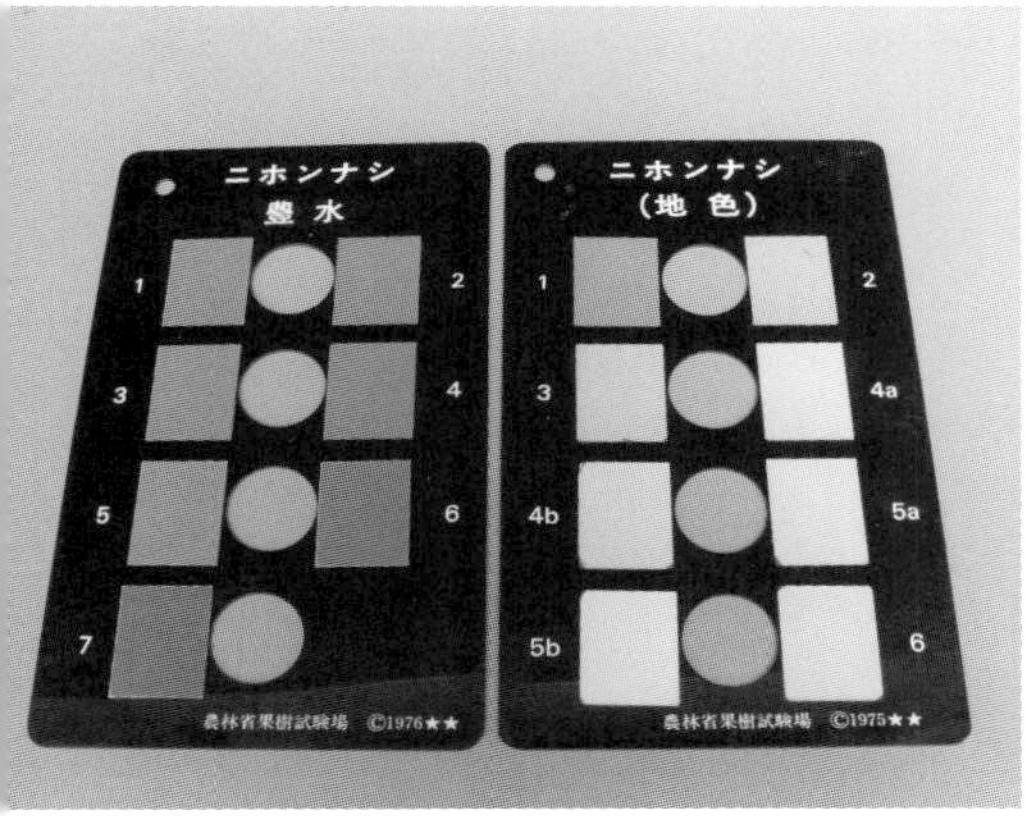

カラーチャート

ナシの収穫適期は、さまざまな指標により判断します。多くの品種は果皮色を基準にしています。果皮色を正確に判断するには、農林水産省果樹試験場（現、農研機構果樹茶業研究部門）や地方公設の研究機関が開発したカラーチャートを利用します。

農林水産省果樹試験場が開発したカラーチャートには、「新水」、「幸水」、「豊水」および「二十世紀」の表面色を測色する表面色用と、果皮表面のコルク層をはいで測色する地色用があります。地色用は、これらの品種以外にも使用することができます。なお、新水、幸水、豊水用カラーチャートは、有袋の果実には使用できません。

また、地方公設の研究機関が開発したカラーチャートには、「あきづき」や独自に育成した品種の表面色用があります。

果実の成熟程度を示す指標としては、表面色よりも地色のほうが果実間の変動が少なく安定性があります。しかし、地色は表皮をナイフではいで測定するため、多くの果実を測定するのは不可能です。

収穫適熟色の決定

そこで、収穫開始前にやや未熟と思われる果実を含めていくつかの果実を採り、室内や日陰の自然光下で、てい端部（尻の部分）における日向《ひなた》面と日陰面の間の表面色と地色を調査します（100頁の**図4-8**）。色票間の色調は0・5として判定します。

その後、果実を縦断して糖度、食味、果実生理障害の有無などを調査します。糖度は、果実の日向面と日陰面との間の中間着色部を縦方向に三日月形に切り取り、果皮と果心を除去した切片を絞って屈折糖度計で測定します。価格は高価ですが、非破壊分析計も何種類か市販されています。

これらの結果から、収穫に適した地

色の果実を選択し、その地色に対応する表面色を、収穫適熟色として決定します。

決定した色票値には幅が生じますが、収穫始頃は果色先行になるため高い値を、収穫後期は果肉先熟になるため低い値を基準にします。

果皮色だけでは収穫期を判断できない品種もあります。「新興」は満開後日数を、「新高」は甘味と果肉の軟化を、「晩三吉」は果肉の軟化を収穫開始期の指標とします。「王秋」は後期落果が発生しますが、落果が少ないため落果はじめを収穫開始の指標にすることができます。

図4－8　カラーチャートで測色する部位

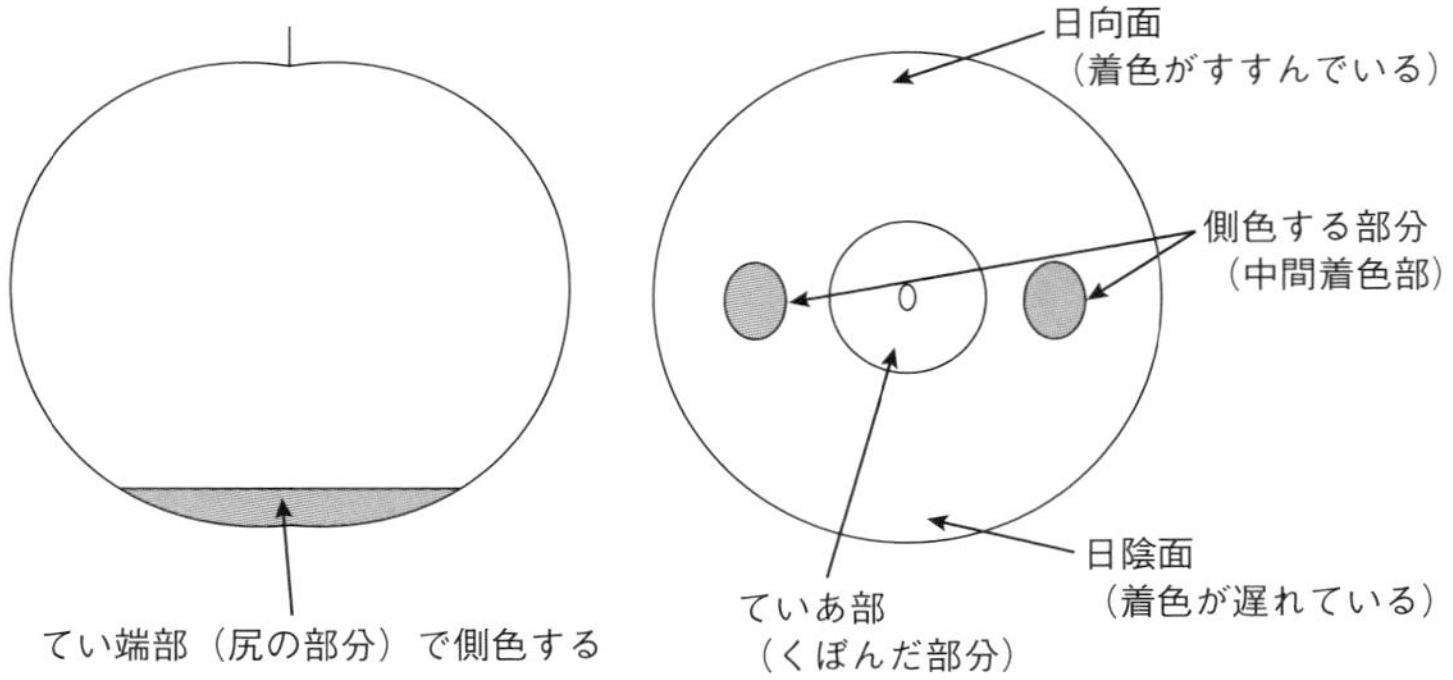

出典：「果樹栽培標準技術体系（ニホンナシの部）」（千葉県、千葉県農林水産技術会議）

流通期間と収穫適期

また、収穫適期は販売方法や流通方法によっても異なります。

早生や中生品種では、収穫してから消費者の元に届くまでの期間が長いほど青みのある色で、短いほど赤みのある色で収穫します。同じ期間の温度を、宅急便の低温流通などによって低く保つことができれば、さらに赤みの色で収穫することができます。

晩生品種は日持ちがよいので、販売方法や流通方法によって収穫適期を変える必要はありません。

主要品種の収穫適期

幸水

酸味が少なく、果肉が軟らかく、比較的早くから糖度が高くなるため早採りをしがちです。まだ未熟の果実は、デンプン臭を感じます。

収穫適期のカラーチャート値は、地色、表面色とも2・5〜3です（**図4－9**）。果実の外観は、果面の40〜50%が黄褐色に着色していますが、残りの部分にはまだ緑色が残っています。地色3の果実は、室温で5日程度日持ちします。

満開後日数を基準とした収穫期は、115〜134日頃です（**図4－10**）。

豊水

酸味が強いので早採りをすると食味が不良ですが、過熟になるとみつ症や

図４−９　地色と果実品質との関係（幸水）

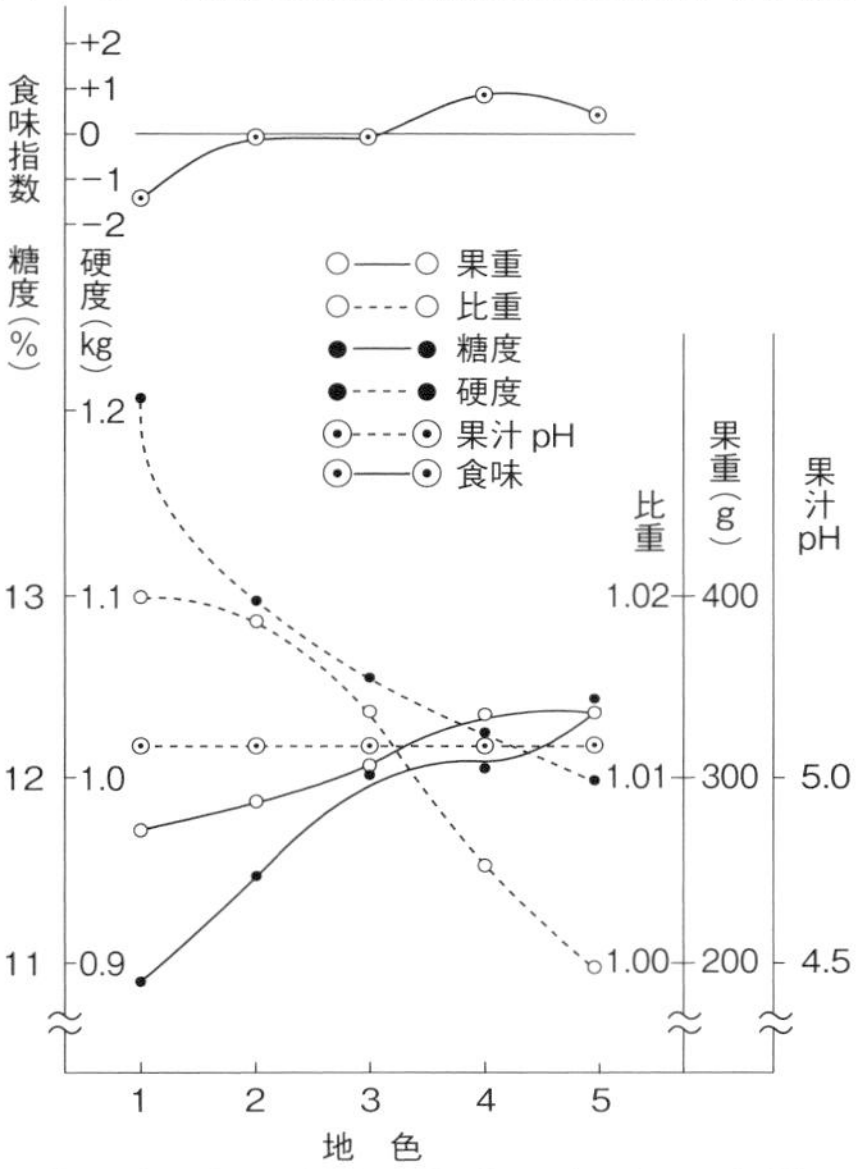

（'76〜'78 年の平均値、食味は'77〜'78 年の平均値）

注：長門ら、1982

図４−10　満開後日数と果実品質との関係（幸水）

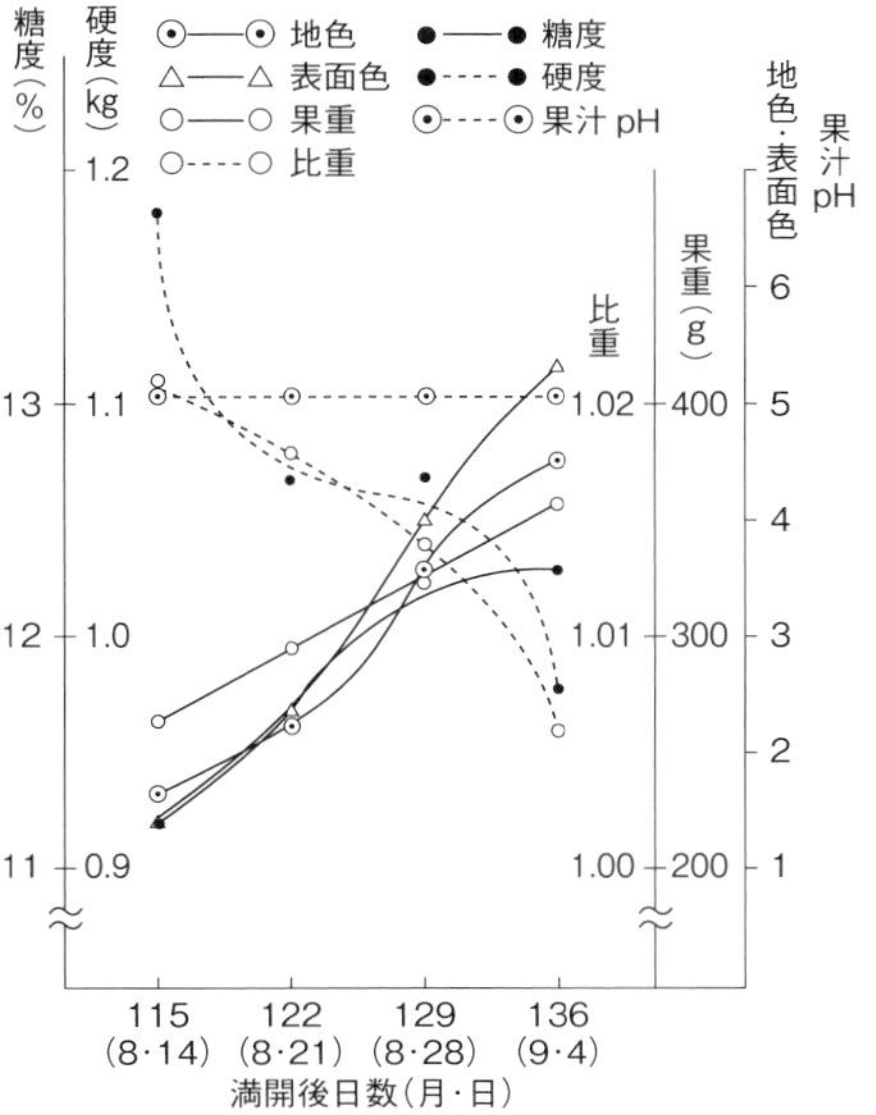

（'76〜'78 年の平均値）

注：長門ら、1982

幸水の着果

す入り果が発生しやすくなります。成熟期に入っても果実の肥大量が大きいので、早採りは収量の減少にもつながります。

　収穫適期のカラーチャート値は、地色では３〜４、表面色では４〜５です。果実の外観は、果面の60〜80％が赤褐色に着色し、残りの部分に緑色が残っている状態です。地色３の果実は室温で10日前後日持ちします。

「幸水」に続いて収穫するため、未熟果でも「幸水」より赤く着色して成熟しているように感じられますが、早採りしないように気をつけます。

　満開後日数を基準とした収穫期は、１３４〜１５６日頃です。

あきづき

　地方公設試が作成したあきづき用カラーチャート、または豊水用カラーチャートを用いて収穫適期を判断します。豊水用カラーチャートを用いる場合は、収穫開始時には2・5、収穫の盛りには2〜4を基準にします。果実の外観は果面全体が赤褐色に着色し、ていあ部に緑色がくっきり残った状態です。

　樹冠内部の果実は、赤みが薄くなるため収穫が遅れがちですが、収穫が遅れると果実生理障害が発生しやすくなります。

新高

　甘味と果肉の軟化を収穫始期の指標とする品種なので、食味が良好なことを確認してから収穫をはじめます。果皮色と糖度および果肉硬度との関係は認められていませんが、通常は着色の良好な果実から収穫します。8〜9月頃が高温のときは、ていあ部のひび割れや果肉がスポンジ状になる日焼け果の発生が多くなるため注意します。

収穫適期の豊水

二十世紀

　有袋栽培のため、外観から成熟期を判断することができません。そこで、日当たりのよい部分の果実品質を確認してから収穫をはじめます。

　具体的には、主枝の半分程度の長さより外側の外周部分、主幹から主枝の1／4程度の長さまでの内側部分、外周と内側の間の中間部分に分けます。外周部分の大玉から収穫をはじめ、70〜80％収穫したら外周部分の残りの果実と中間部分の大玉を収穫します。最後に中間部分の残りの果実と内側部分を収穫します。

大袋を外した二十世紀

収穫のポイント

収穫の順番

　収穫は、果実を横から上にひねるように持ち上げると果梗の基部から簡単に採ることができます（**図4－11**）。

　果実の成熟は、樹の外周の日当たりのよい部分に着果した果実が最も早く、樹冠内部の暗い部分に着果した果実が遅くなります。

　収穫は樹の外周部と中間部からはじめ、しだいに樹冠内部に移っていきます。

　収穫した果実は、有袋栽培ではその

まま、無袋栽培では果実同士で傷がつかないように軸切りばさみを用いて果梗を短く切り、収穫かごやコンテナに入れます。

1回目の収穫は直射光が当たり、日向面の着色が著しくすすんだ日焼け果が中心になります。日焼け果は、みつ症などの果実生理障害の発生が多くなります。また、果皮が黒ずんだものでは、その下の果肉がスポンジ状になっているため、選果のときに注意が必要です。

直射光の当たる果実は、日向面では赤みや黄色みが強くなり成熟がすすんでいるように感じますが、日陰面では着色がすすんでいません。日向面だけの果皮色だけで収穫を判断すると果実品質が伴っていない場合が多いので、かならず日陰面の着色も確認します。

一方、樹冠内側で日当たりの悪い部分の果実は、果皮が薄い色に着色するため、果皮色だけで判断すると採り遅

図4－11　収穫の方法

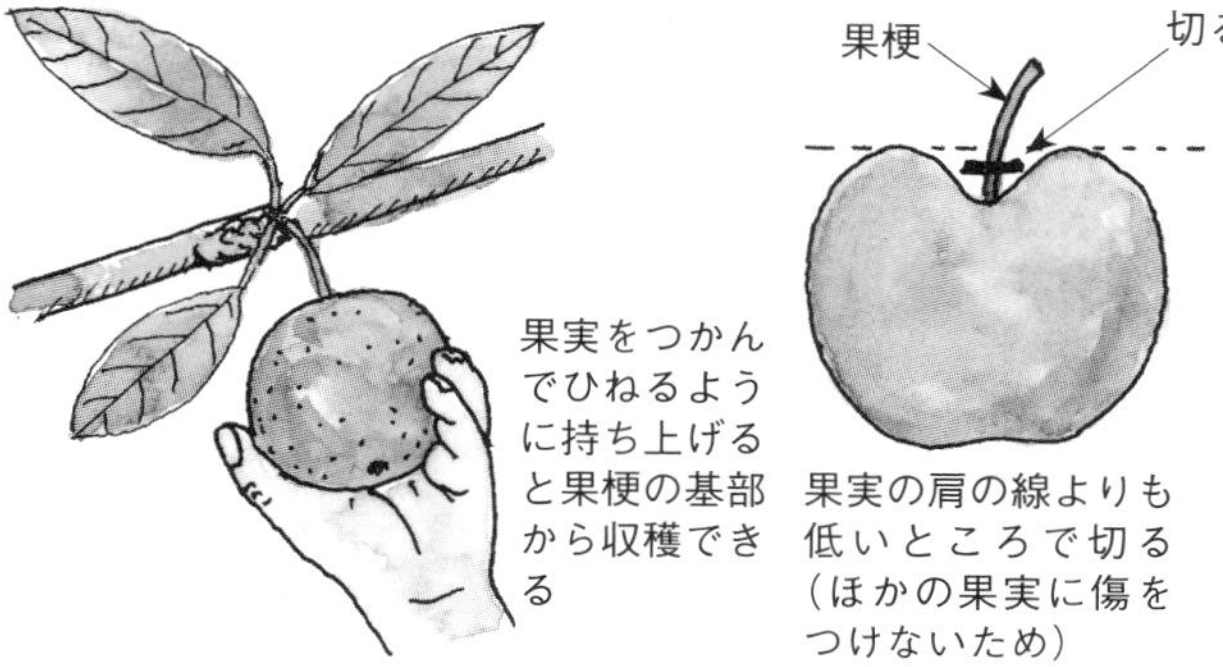
果実をつかんでひねるように持ち上げると果梗の基部から収穫できる
果梗
切る
果実の肩の線よりも低いところで切る（ほかの果実に傷をつけないため）

成熟果を収穫

果梗を切除する

果実を持ち上げて収穫

れになる場合があります。収穫最盛期より収穫があまり遅れないように注意します。

また、老木や樹勢が衰えた樹では収穫が早く、樹勢の強い樹では収穫が遅くなります。同じ品種でも、樹の状態と果実をよく観察して、収穫適期を外さないようにします。

石ナシとユズ肌以外の果実生理障害は、一般的に成熟がすすむほど生理障害の発生が増加し、症状も重くなります。生理障害の発生を完全に防ぐことはできませんが、生理障害が多発した年は、収穫適熟色よりやや早めに収穫します。

収穫の時期と間隔

果実温が高いほど果実の呼吸量が大きくなるため、日持ちが不良になります。そこで、収穫はまだ果実温が上がっていない早朝におこないます。

収穫する間隔は、早生品種、日持ちが短い品種、果肉に生理障害が発生する品種、果肉がふけやすい品種、後期落果が多い品種では、1~2日置きにおこないます。日持ちが中程度の品種では3~5日置きに、日持ちが長い品種では7~10日置きにおこなっても問題はありません。

収穫果の取り扱い

収穫は、収穫かごや収穫用コンテナを使うのが一般的です。しかし、収穫かごを用いて収穫すると、収穫かごからコンテナに果実を移し替えることが必要になります。果実の移動回数が多いほど、果実に傷がつく可能性が高くなり、収穫労力も増加します。できるだけ、台車などに載せた収穫用コンテナに直接入れます。

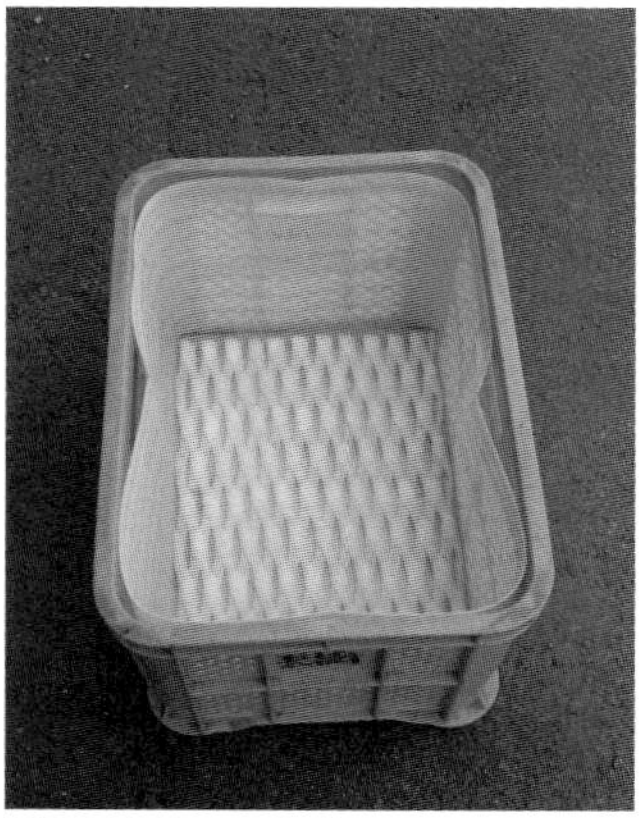
緩衝材を敷いた収穫用コンテナ

収穫用コンテナにはあらかじめ緩衝材を敷いておきます。果実が軟らかく傷つきやすい品種ではコンテナに内張り用シートなどの緩衝材を入れ、その上に緩衝材を敷き、さらに、収穫果実の一段ごとに緩衝材を中敷きして荷傷みを軽減します。逆に、緩衝材の上に内張り用シートを敷くと、運搬中に砂などにより擦り傷が発生しやすくなります。

果実の入ったコンテナを圃場に置いておく場合は、かならず日陰に置いておきます。トレーラーや軽トラックなどで運搬するときも、反射シートなどで覆いをかけて果実に直射光が当たらないように努めます。収穫後の果実に直射光が当たると、果実温が上がって最悪の場合は果実が黒変することもあります。

出荷規格と出荷基準

出荷規格

出荷規格は、主として都道府県単位で定められています。千葉県の規格を106頁の**表4−2**に示しました。

出荷規格には、品質区分と重量区分が定められています。

品質区分には、秀、優、良があり、秀が最も秀でた果実です。

重量区分は、5kgや10kgを標準とした玉数表示が一般的です。

台車にはコンテナ４個が載る

収穫台車（千葉県による開発）

選果と箱詰め

選果場をとおして出荷する場合は、収穫した果実を選果場に搬入することで、生産者の作業は終了します。その後は、専門の検査員が選果して、産地ごとに統一された10kgの段ボールなどに箱詰めされて市場に出荷されます。

個人で出荷、販売する場合は、選果と箱詰めに気をつけます。

選果で注意するのは、**表4−2**の注①に示した重欠点果です。とくに、みつ症と心腐れの果実が混入しないように、明るい場所で触感や香りにも注意を払って選果します。みつ症の重症果は、収穫後数日でアルコール臭が発生し、心腐れの被害果は、収穫の翌日にはていあ部から腐敗臭が発生し腐敗した果汁が吹き出してきます。

箱詰めは、販売方法や消費の多様化により、出荷の規格や容器なども多岐にわたっています。宅急便には2〜5kg段ボールや化粧箱などが使用され、庭先販売では手提げ箱やビニール袋なども使われています。

自園の作業場に運搬車でコンテナ入り果実を搬入

表4−2　ナシの標準出荷規格　千葉県の例

品質区分
秀：いずれの果実も形状が秀でたもので、さび・日焼け・薬害がめだたず、また異なる大きさ区分のもの・重欠点果・軽欠点果が混入しないもの
優：いずれの果実も形状が優良なもので、さび・日焼け・薬害がはなはだしくなく、また異なる大きさ区分のもの・重欠点果が混入せず、軽欠点果が著しく混入しないもの
良：いずれの果実も、形状・さび・日焼け・薬害が優に次ぐもので、また異なる大きさ区分のもの・重欠点果が混入せず、軽欠点果の混入程度が優に次ぎ商品性を有するもの

大きさの呼称区分			1果の基準重量（g）	内容量	容器	荷造り方法
幸水、豊水、二十世紀など		新高などの大玉系				
10kg	5kg	10kg				
		10	1,000	10kg	段ボール箱	・内装資材は清潔であって、かつ緩衝効果の良好なものを用いる
		12	834			
		14	715			
		16	625			
		18	556	5kg		・1箱内のトレーパックは同じ穴数のものを使用し、トレーパックの穴の大きさに適合する果実をトレーパックの穴数だけ詰めるものとする
20	10	20	500			
		22	455			
24	12		417			
28	14		358			
32	16		313			
36	18		278			
40	20		250			
44	22		228			

注：①重欠点果：異品種果・腐敗変質果・未熟果・病虫害果（被害が果肉に及んでいるもの）・傷害果（軽微なものは除く）・その他欠点程度がとくに著しいものをいう
②軽欠点果：外観（形状）不良果・軽微な傷害果・生理障害などその他欠点程度の軽微なものをいう
③大きさの呼称区分は、段ボール箱のトレーパック詰めの玉数表示を基準とした呼称とする
なお、規格を超える大玉のものについては、適宜玉数を表示し出荷することができる
資料：千葉県園芸作物標準出荷規格（青果物編）2009年３月

ナシ直売所大治園の正面
（千葉県市川市）

梨街道の標識が日本有数の伝統産地
（千葉県市川市）であることを示す

箱詰めの場合は、箱の下部に緩衝材を敷き、その上に果実を詰めたトレーパックやフルーツキャップで包んだ果実を入れ、さらにその上に緩衝材を入れて、果実が傷むのを防ぎます。トレーパックには穴の大きさに合った果実

ナシ搬入・選果・箱詰め

①続々搬入（JAいちかわ船橋経済センター選果場）

②重さ、大きさなどで選果

③箱詰めライン

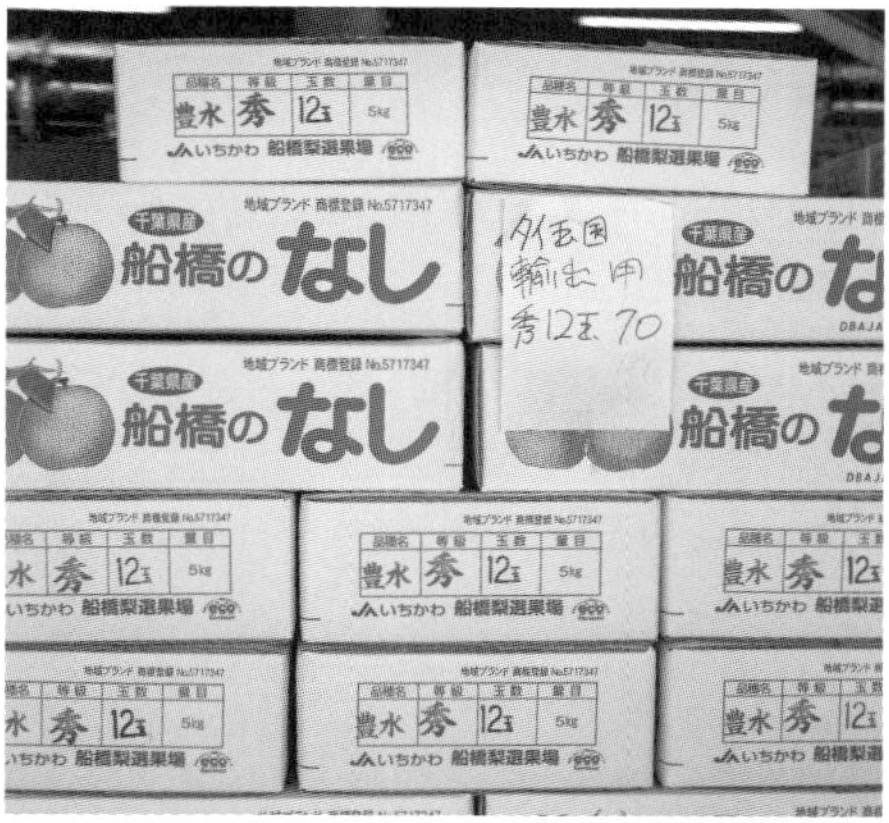

④「船橋のなし」の地域ブランド名で出荷

を詰めます。穴の大きさより小さいと、穴のなかで果実が動いて果実の側面に擦り傷がつきます。大きいと果実同士がぶつかって押し傷が生じます。

なお、一つの出荷容器内に異品種果が混入すると、出荷規格では重欠点果として扱われますが、個人で販売する場合は、消費者の要望に応じて2品種以上混ぜて販売する場合もあります。

鮮度保持と貯蔵

鮮度保持

収穫後の果実は、まだ呼吸をしています。呼吸によって糖や酸、重量が減少し、果肉が軟化します。呼吸を抑制するためには、果実温を下げることが有効で、温度が低いほど呼吸量が少なくなります。

収穫した果実は、できるだけ早く冷蔵庫に入庫します。果実を入れたコンテナや段ボールは、通風を妨げないように間隔を空けて積みます。穴のない段ボールは、果実温が下がりにくいので使用は控えます。

また、植物成長調整剤のスマートフレッシュ（1－メチルシクロプロペン［1－MCP］）は、燻蒸処理により「幸水」では日持ち性を4日程度向上させることができます。処理は各地域の販売店がおこないますので、処理を希望する場合は、販売店に問い合わせるようにします。

ハンカチ包装をして貯蔵

貯蔵

貯蔵には、収穫した果実からエチレンの発生が少なく日持ち性のよい、中晩生の品種が適しています。早生品種は、エチレンの発生が多く日持ち性が短いため、長期の貯蔵には適しません。また、一般的には酸味のある品種が貯蔵に適しています。

貯蔵する果実は、収穫適期よりやや早採りします。収穫後、傷害や病害虫の被害を受けた果実、生理障害が発生した果実を取り除き、健全果だけを貯蔵します。傷害などのある果実はエチレンの発生が多くなるため、貯蔵する果実に混入すると健全果まで日持ちが不良になります。

果実を貯蔵する収穫用コンテナには、0・03～0・05㎜厚のポリエチレンフィルムと緩衝材を敷いておきます。ポリエチレンフィルムはコンテナに果実を詰めた後に、上の部分を四方からたためる大きさにします。コンテナに果実を詰めるときは、1段ごとに緩衝材を敷くと、コンテナを移動するときに果実が傷みにくくなります。コンテナに果実を詰めたら、四方からフィルムを折りたたむハンカチ包装をおこない、2～3℃で貯蔵します。

冷気がコンテナに直接当たる場所は、果実が凍結するおそれがあるため、コンテナに新聞紙などで覆いをかけるか、その付近にはコンテナを置かないようにします。

これにより、「幸水」や「豊水」は1か月程度の貯蔵が可能です。ナシはセイヨウナシのように追熟しないため、長期貯蔵する場合は品質の低下に注意します。

果実をさらに長く貯蔵するには、0℃以下で貯蔵する氷温貯蔵が適しています。氷温貯蔵をおこなうには、特殊な施設や機材が必要になりますので、実施にあたっては（公社）氷温協会に問い合わせるようにします。

養分蓄積・休眠期の生育と作業

貯蔵養分の蓄積のために

果実の収穫後は、太枝や亜主枝、主枝、根などの貯蔵養分を蓄積する器官の炭水化物量が急激に増加します。また、新根の伸長がふたたび盛んになり、落葉期まで窒素などの無機成分を吸収し、これらの器官にも分配されます。

この時期に貯蔵養分の蓄積量が少ないと、耐寒性が低下して翌年の開花不良、枝や花芽の枯死、胴枯病、紫変色枝枯れ症の発生につながります。さらに、翌年の展葉や果実の細胞分裂にも悪影響を及ぼします。

縮間伐

圃場が過繁茂で暗い場合は、新梢管理が不適切だったか、間伐樹を縮間伐する時期になっているかのどちらかです。

後者の場合は、葉のあるうちに縮間伐をおこないます。縮伐する樹では、永久樹などのまだ樹冠を拡大する樹の影になっている枝を、基部の潜芽が残らないようにきれいに剪除します。側枝を数本しか配置できない間伐樹は伐採します。

縮間伐によって、樹冠を拡大する樹の葉に光がよく当たるようになって、枝葉が充実します。

土壌物理性の改善

土壌物理性を改善するために、10〜11月に樹の周囲に溝やたこつぼを掘ります。

溝はトレンチャーやバックホーで、たこつぼはホールディガーやオーガー（ら施状の刃で縦穴を掘る機械）で簡単に掘ることができますが、掘りすぎは樹勢を弱めるだけです。樹の周囲を数年かけて一周するように、計画をたてておこないます。埋め戻すときに完熟堆肥を施用します。土壌中で移動しにくい石灰やリン酸は、土壌分析に基づいた適正量を完熟堆肥と同時に施用します。

多目的防災網は、収穫が終了したら

降雪前に多目的防災網を収納する

なるべく早く収納します。遅くとも降雪前に収納しないと、棚がつぶされる危険性があります。

施肥と病害虫防除

礼肥と基肥の施用

収穫終了後に礼肥《れいごえ》を施用します。礼肥は、収穫直後から落葉までの短い間に効かせることが目的なので、速効性の化成肥料を用います。

基肥《もとごえ》と堆肥は、落葉後の生長が休止している休眠期に施用するのが一般的です。

基肥は、翌春の根が活動を開始する3月頃から収穫期前までの長期間、肥効が続くように施用します。そのため、有機質主体の肥料を用います。

堆肥は、土壌の物理性改善が主な目的ですが、肥料的な成分も含まれていますので、施肥量は堆肥分も含めて計算します。

基肥と堆肥を葉がある間に施用すると、窒素を吸収して枝の登熟《とうじゅく》（枝の内部に貯蔵養分が蓄積する過程）が不良になり、耐寒性が低下します。その結果、貯蔵養分が少ないときと同様に、低温が原因の病気や障害が発生する危険性が高くなります。

近年は、温暖化の影響からか落葉が遅くなっています。温暖な地域では、基肥と堆肥の施用時期を秋冬季から春先に変更する事例も見られはじめています。

病害虫防除

秋冬季の病害虫防除は、病原菌や害虫の越冬密度を低下させて、翌年の発生を減少させることを目的におこないます。

病気では、腋花芽の黒星病感染を防ぐために、10月中旬頃から80%落葉の間までに2~3回殺菌剤を散布します。黒星病が多発した園では3回散布します。さらに、圃場内だけでなく圃場周囲の水路や溝などにたまった落葉を処分します。胴枯病の病斑部は、病斑部と健全部の境界まで木質部に達しない程度に浅く削り、防除薬剤を塗布します。

害虫では、バンド誘殺、粗皮削り、誘引ひもの除去、マシン油乳剤の散布をおこないます。バンド誘殺は、9月頃に主幹や主枝、亜主枝などに新聞紙やこもなどを30㎝くらいの幅で巻き、12月以降にそれらを外して焼却します。ハダニ類の発生が多かった園では、誘引ひもをすべて交換します。さらに、越冬場所の一つである下草の除草をおこないます。

ナシマルカイガラムシは、多発すると枝が枯れるため、金ブラシでこすり落としてからマシン油乳剤を散布します。

第5章

土壌管理と施肥、灌水

草生栽培のナシ園

土壌管理のポイント

ナシは、根の生育が不良になると、樹勢が弱くなるばかりでなく果実生理障害の発生も増加します。また、耕土が浅いと、干害や湿害が発生しやすくなります。

根の生育を良好にするためには、土壌を軟らかくして保水性や通気性、排水性を高める物理性の改善をします。

有機物の施用と土壌の団粒化

土壌は、固相（土壌粒子）と液相（水）と気相（空気）の三相で構成されています。

土壌粒子がばらばらの状態を単粒構造、土壌粒子が集合して大きな粒子を形成した状態を団粒構造と呼んでいます。団粒が発達すると粒子間の孔隙《こうげき》（隙間）が増えるため、保水性や通気性、排水性が良好になり、土が軟らかくなります。また、団粒内部は、窒素などの養分を長期間保持することができ、保肥力が向上します。

団粒の形成には、有機物の投入が効果的です。土壌に投入された有機物は、土壌中のミミズなどの小動物や藻類、菌類などの微生物に利用されて分解されます。有機物の分解によって生成された腐植、ミミズなどが生成する粘着性物質によって土壌粒子が結合し、団粒構造が発達します。

施用する有機物は、稲わらやバーク堆肥、家畜糞堆肥などが用いられています。堆肥を施用する主な目的は土壌物理性の改善ですが、有機物には窒素、リン酸、カリなどの有効成分が含まれ、とくに家畜糞堆肥には多く含まれています。そのため、基肥を施用するときには、堆肥の成分量も考慮して施肥量を決定します。

家畜糞堆肥には石灰も含まれ、pHも高いので、大量に施用すると土壌のアルカリ化が進行します。

有機物は、完熟のものを施用します。未熟の有機物は、分解するときに土壌中の窒素を使うため、ナシが窒素飢餓になる可能性があります。また、未熟の有機物に木質が含まれている場合は、白紋羽病菌が繁殖するおそれがあります。

深耕による土壌物理性の改善

土壌の物理性の改善には、深耕も有効な手段です。深耕は、10～11月におこないます。12月以降の深耕は、春の根の活動がはじまる時期が遅れます。

全面的に深耕すると、断根する量が多くなって樹勢が衰えますので、部分的にトレンチャーやバックホーで溝を

図5－1　有機物の深耕施用方法

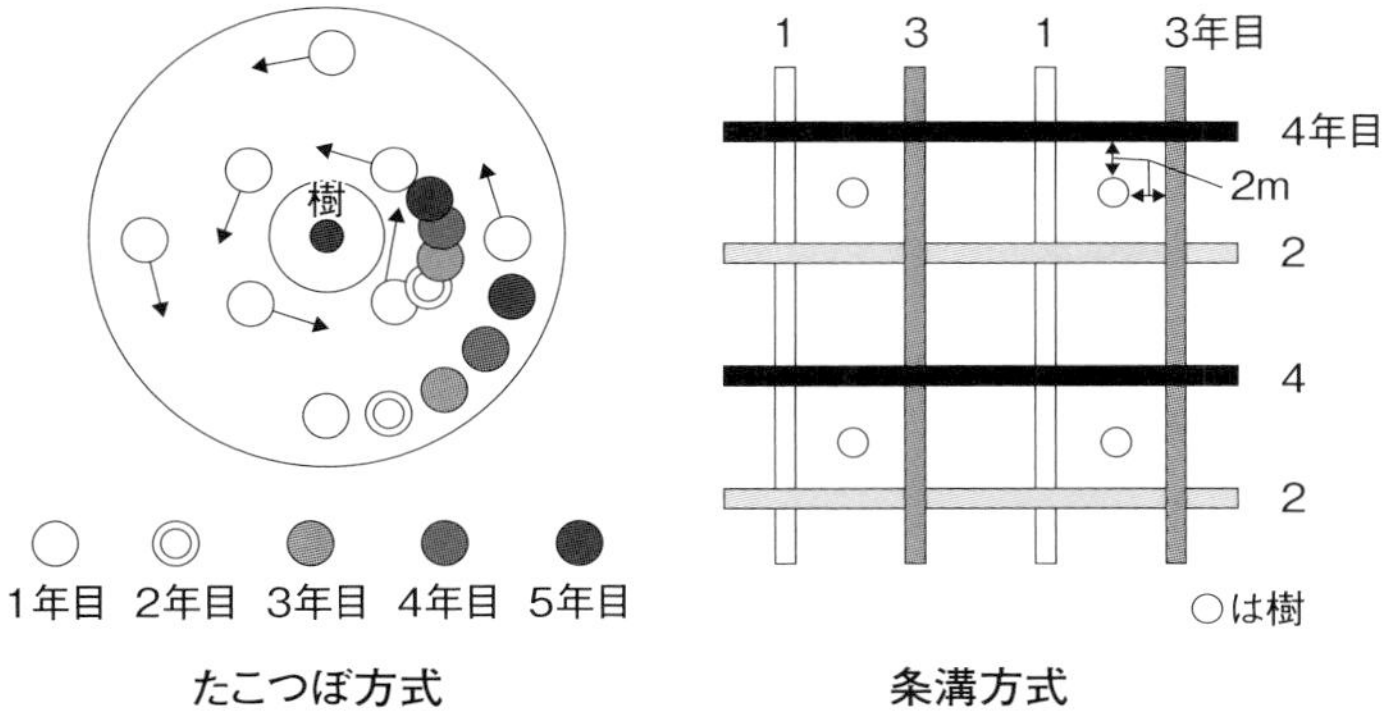

掘るか、ホールディガーやオーガーでたこつぼを掘ります。掘る位置は、太根の切断を避けるため主幹から2m以上離し、掘る深さは50cm程度にします。毎年掘る場所を変えて、数年かけて樹を1周します（**図5－1**）。

埋め戻すときに完熟した有機物を入れると、深耕の効果が高くなります。

土壌中で移動しにくい石灰やリン酸も同時に施用すると効果的です。既存のナシ園では、過剰になっている場合もありますので、土壌診断をおこなったうえで施用量を決定します。

なお、地下水位の高い園や排水不良の園では、たこつぼの部分に水がたまり根腐れが発生しやすいので、排水対策をしてからたこつぼを掘ります。

草生栽培の得失

草生栽培は、有機物の補給と土壌物理性の改善に有効な手段ですが、さまざまな得失があります。草生栽培を取り入れる場合は欠点を理解したうえで管理することが重要です。

なお、砂質土では、養水分の競合が顕著に現れるため、草生栽培はおこないません。

主な利点は以下のとおりです。

●黒ボク土では、乾燥重量で10a当たり600～1000kg程度の有機物が補給できます。根も土壌中に多く分布しますので、土壌物理性の改善効果も期待できます。

●草が表土を被覆するため、雨や風による土壌の浸食を軽減します。傾斜地ではとくに有効です。

●大型機械の走行による踏圧を軽減

図5－2　部分草生での無草生部設置方法

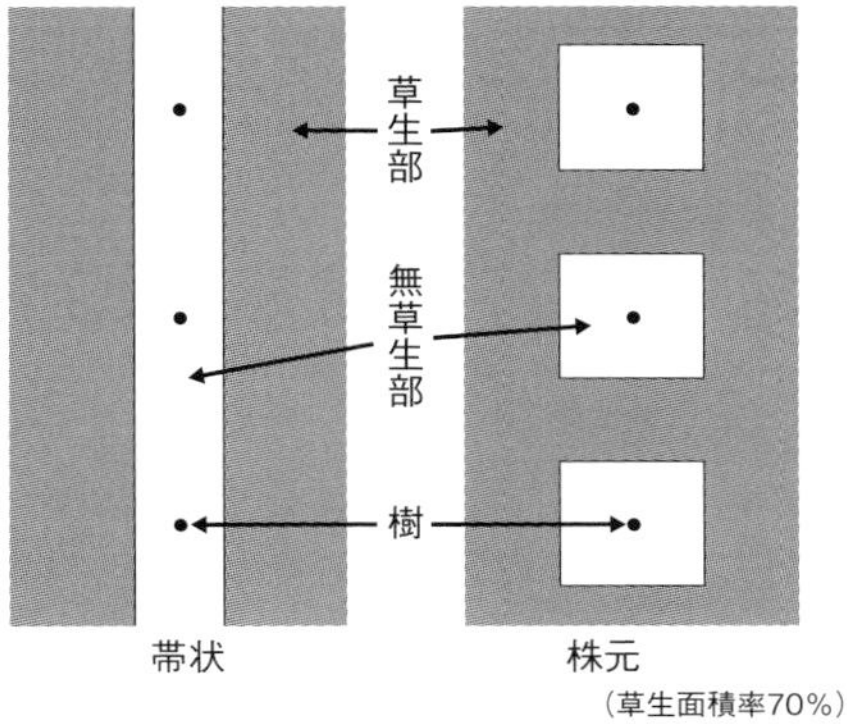

（草生面積率70%）

出典：「果樹栽培標準技術体系（ニホンナシの部）」（千葉県、千葉県農林水産技術会議）

します。

●疫病の発生を抑制します。

主な欠点は以下のとおりです。

●4～9月頃にかけて月1回程度の刈り取りが必要になります。また、草刈り機の購入が必要です。

●ナシと草との間で、春先～5月に養分、とくに窒素の競合が、梅雨明け後の高温乾燥時には水分の競合が発生します。養水分の競合を緩和するために、株元付近に3割程度の無草生部を設け、4月の追肥と適期の刈り取りをおこないます（**図5－2**）。

●病害虫が増加する可能性があります。冬季に草があると、黒星病防除のための落葉処分に手間がかかります。また、草生の機械刈りや無草生部の除草によってハダニ類がナシ樹に移動します。

●収穫期が清耕園より数日遅くなります。

施肥設計の基本と方法

施肥設計にあたって

高品質果実の安定生産や樹勢の維持には、適正量の肥料を適正な時期に施用する必要があります。

施用量は、土壌診断、樹齢、樹勢、堆肥の施用量や草生栽培の有無などから判断します。施用時期は、樹齢、土壌の種類、草生栽培の有無や落葉の早晩で決定します。

土壌診断

土壌試料の採取

土壌の化学性は、土壌診断により把握します。土壌診断では一般的にpH、可給態リン酸の量、交換性塩基（石灰、苦土、カリ）の量とバランスなどを調べることができます。土壌の化学性を簡単に変えることはむずかしいので、樹の生育が良好でも数年ごとに土壌診断をおこなうようにしましょう。

土壌試料は、基肥施用前に圃場内の数か所から採取します。採取方法については、土壌分析をおこなう農協や指導機関の指示に従ってください。

ナシの土壌化学性の診断基準は**表5－1**のとおりです。自園の診断結果がこの基準と異なっているときは、指導機関などと相談して施肥量を決めてください。

土壌pH

土壌pHは、土壌の酸性、アルカリ性を示す指標で1～14の値で示されます。7が中性で、7より小さいほど酸性が強く、大きいほどアルカリ性が強

表5－1　土壌化学性診断基準

土壌	交換性塩基(mg/100g)			塩基飽和度(％)	当量比		可給態P_2O_5 (mg/100g)	pH (H_2O)
	CaO	MgO	K_2O		CaO/MgO	MgO/K_2O		
火山灰土（黒ボク土）	250～350	25～50	25～60	40～60	7以下	2以上	20～50	5.5～6.0
非火山灰土（非黒ボク土）	150～250	25～50	20～40	40～60	6以下	2以上	20～50	5.5～6.0

※数値はいずれも作付け前（施肥前）の状態を示す

資料：千葉県主要農作物等施肥基準

くなります。

ナシに好適なpHは、5・5～6・0の弱酸性です。ナシは要素欠乏症や過剰症が発生しにくい果樹ですが、土壌pHが好適な範囲から酸性やアルカリ性に大きく傾くと、要素欠乏症や過剰症が発生する場合があります。

土壌pHが酸性のときは、炭酸カルシウムや苦土石灰などの石灰資材を施用します。アルカリ性のときは、石灰資材の使用を控え硫安、塩安などの生理的酸性肥料を用います。

リン酸（P_2O_5）

リン酸は、植物体内の核酸の構成成分で、エネルギー代謝にもかかわっています。開花・結実や果実の成熟にも関係しています。リン酸は、土壌中の鉄やアルミニウムと反応して土壌に固定されると、根から吸収できなくなります。とくに火山灰土壌では、施用されたリン酸の大部分は、土壌に固定されてしまいます。土壌に固定されずに根が吸収できる形態のリン酸を、可給態リン酸と呼んでいます。

リン酸を土壌に固定されにくくするためには、土壌pHを適正に保ち、堆肥などの有機物と混合して施用します。

石灰（カルシウム、CaO）

石灰は、細胞組織を強くしたり、根の生育を促進する働きがあります。植物体内で移動しにくいため、欠乏症は新梢の先端に発生します。土壌pHを上昇させる作用があります。

苦土（マグネシウム、MgO）

苦土は、植物の光合成に必要な葉緑素の構成成分の一つです。欠乏すると葉脈の間が黄色になり、ひどい場合は葉脈を残して全体的に黄化します。

カリ（カリウム、K_2O）

カリは、植物体を構成する成分では

なく、タンパク質や炭水化物の合成や移動、蓄積などにかかわっています。牛糞堆肥や稲わらの施用により、過剰になりやすい成分です。

当量比

当量比は、石灰、苦土、カリの割合を示したもので、石灰／苦土比、苦土／カリ比で表しています。

土壌中にこれらの成分が多くても、バランスが崩れると吸収しにくくなる成分が出てきます。たとえば、苦土、カリが多いと石灰の吸収が抑制されます。カリが多いと苦土の吸収が抑制されます。石灰、苦土が多いとカリの吸収が抑制されます。

要素欠乏症などの障害が発生した場合は、量だけではなくバランスにも注意してください。

樹勢と土壌診断に基づく施肥

適切な施肥のために

ナシの生育に必要な肥料成分が足りない場合は、施肥量を増やしていくにしたがって生育が良好になり収量も増加していきます。

しかし、さらに増やし続けていくと、どこかの時点で収量の増加が頭打ちになります。いっそう多く施用すると、収穫期の遅れ、果実の糖度低下や過剰症などが発生し、病気にも弱くなります。さらに、吸収しきれない肥料成分が下層に流亡して、地下水の汚染にもつながります。

既存のナシ園では、土壌分析に基づかない過剰な施肥や大量の堆肥の投入によって、土壌中のリン酸やカリの過剰、高pHなどの事例が見られています。

樹勢と土壌診断に基づいた適切な施肥をおこなえば、ナシの生育が良好になるばかりでなく肥料代の削減も可能になり、環境にやさしいナシ栽培をおこなうことができます。

ナシの養分吸収量

ナシの年間の養分吸収量は、品種や樹齢、収量などによって異なりますが、窒素が16～17kg程度、リン酸が6～7kg程度、カリが16～17kg程度です。

ナシの施肥基準（**表5－2**）は、これよりかなり多い量を施用するようになっています。これは、根の分布する密度が粗く、施肥の回数も少ないため、根に吸収されずに外部に流亡して

表５－２　幸水成木園の施肥基準

土壌　**火山灰土（黒ボク土）**
栽植密度　15～20本/10a
目標収量　3,000kg/10a
（kg /10a）

	施用時期		窒素	リン酸	カリ	対応
清耕栽培	基肥	11月下旬	11	8	7	高度化成、有機配合、有機質肥料
	追肥	５月上旬	3	─	─	単肥
		６月上旬	3	─	─	単肥
		９月上旬（秋肥）	6	12	5	高度化成
	計		23	20	12	
草生栽培	基肥	11月下旬	12	8	7	高度化成、有機配合、有機質肥料
	追肥	４月中旬	6	─	─	単肥
		９月上旬（秋肥）	8	12	5	高度化成
	計		26	20	12	

土壌　**第三系粘質土**
栽植密度　15～20本/10a
目標収量　3,000kg/10a
（kg /10a）

	施用時期		窒素	リン酸	カリ	対応
清耕栽培	基肥	11月下旬～12月上旬	11	6	7	高度化成、有機配合、有機質肥料
	追肥	５月上旬	3	─	─	単肥
		６月上旬	3	─	─	単肥
		９月上旬（秋肥）	6	4	5	高度化成
	計		23	10	12	
草生栽培	基肥	11月下旬～12月上旬	12	6	7	高度化成、有機配合、有機質肥料
	追肥	４月中旬	6	─	─	単肥
		９月上旬（秋肥）	8	4	5	高度化成
	計		26	10	12	

土壌　**海成砂質土、河成壌質土**
栽植密度　15～20本/10a
目標収量　3,000kg/10a
（kg /10a）

施用時期		窒素	リン酸	カリ	対応
基肥	11月下旬～12月上旬	7.5	4.5	6	低度化成、有機配合、有機質肥料
追肥	４月下旬（春肥）	5	3	3	低度化成、有機配合
	６月中旬（夏肥）	5	3	3	低度化成、有機配合
	９月上旬（秋肥）	7.5	4.5	5	低度化成、有機配合
計		25	15	17	

施用上の留意事項
(1) 施肥量の算定にあたっては有機質資材の肥料成分を考慮する
(2) 土壌診断に基づいて土壌の改善対策を実施する
(3) 資材の施用にあたっては土壌への重金属蓄積等に注意する
(4) 土壌pHを5.5～6.0に矯正する
(5) 肥料は、全量全面施用する。ただし、堆肥、有機物、リン酸質肥料、石灰などを溝または穴に施用する場合は、土とよく混和して埋め戻す
(6) 時期別施用配分は、窒素を主体とする。リン酸およびカリは、年間施用量が施肥基準量にほぼ一致する範囲内で適宜増減してよい
資料：千葉県主要農作物等施肥基準

いる肥料成分が多いことを示しています。

価格や労力を問題にしなければ、肥料成分の溶出を調節した被覆肥料の使用や、施肥回数を多くすることによって、根に効率よく吸収させ、施用量を削減することができます。

施肥の種類と時期

施肥は、基肥《もとごえ》と追肥《ついひ》がおこなわれています。追肥は、施肥する時期と目的によって春肥（初期生育を良好にするため）、夏肥（果実の肥大を良好にするため）、秋肥（収穫後の葉の光合成を高め、樹勢を回復するため。礼肥《れいごえ》ともいう）に分けられています。一般的には基肥と秋肥を中心におこなわれ、樹勢や草生栽培、土壌条件などによって4月中旬～6月中旬に追肥がおこなわれています。

バーク堆肥

基肥の施用

基肥は、通常落葉後の11月下旬～12月上旬に有機質主体の肥料を施用します。施用量は年間施肥量の半分近くに及びます。成木では全面に、幼木や若木では樹冠の範囲に施用します。

近年、暖地では花芽の枯死が発生し、北関東では紫変色枝枯れ症の発生が増加傾向にあります。これらの障害は、秋冬季の気温の上昇によってナシの花芽や枝の耐凍性がじゅうぶんに高まっていないことや、春先の気温が高く樹が活動しはじめた後に低温になることにより発生します。暖地はもとよりほかの地域においても落葉の遅い年は、基肥と堆肥の施用を3月に変更すると、低温が原因の障害の発生が少なくなります。

追肥の施用

追肥は、春肥と夏肥では窒素を主体とした速効性の化成肥料を、秋肥では三要素を含んだ速効性の高度化成を施用します。樹勢診断により樹勢が強いと判断した場合は、春肥と夏肥の施用量を削減するか中止します。樹勢が弱いと判断した場合は、適宜増量します。砂質土や砂壌土では窒素以外の肥料成分も流亡しやすいため、リン酸とカリも含んだ低度化成と有機配合肥料を施用します。追肥は樹勢に応じ増減させます。

有機質資材の投入

有機質資材は土壌の物理性改善を主な目的として使用しますが、資材のなかには肥料成分も含まれています（表

表5－3　堆肥の肥料成分など（現物中）

堆肥名		水分（%）	窒素全量（%）	リン酸全量（%）	カリ全量（%）	石灰全量（%）	苦土全量（%）	pH
牛	糞主体	32.9	1.76	1.77	2.80	2.94	1.33	8.96
	副資材入	43.3	1.17	1.28	1.86	1.91	0.81	8.74
豚	糞主体	29.4	3.13	5.37	2.02	4.92	1.63	8.19
	副資材入	39.6	1.90	3.35	1.65	3.22	1.11	8.29
採卵鶏	糞主体	20.2	2.39	5.37	3.42	15.9	1.50	9.05
	副資材入	24.3	2.24	3.86	2.22	12.7	1.12	8.63
養鶏		22.4	3.93	2.93	2.56	3.47	1.00	8.30
バーク堆肥		60前後	0.62	0.35	0.22			
稲わら堆肥		70前後	0.5	0.2	0.6			

資料：千葉県主要農作物等施肥基準

5－3）。したがって、施肥基準に示した基肥の数値は、肥料と有機質資材から補給される施肥成分の合計値とします。とくに家畜糞堆肥は、肥料成分の含有率が高いため、注意が必要です。

たとえば、牛糞堆肥（糞主体）を10a当たり1t施用すると、窒素17・6kg、リン酸17・7kg、カリ28・0kg、石灰29・4kg、苦土13・3kgが土壌に投入されます。投入された有機質資材の肥料としての効果は、通常は化学肥料よりも低くなります。その低くなった割合を、肥効率《ひこうりつ》と呼びます。肥効率は、土壌や肥料成分割合で異なりますが、窒素は50％程度、リン酸は80％、カリ、石灰および苦土は90％とします。先ほど示した牛糞堆肥の肥料成分投入量と肥効率をかけ合わせると、窒素8・8kg、リン酸14・2kg、カリ25・2kg、石灰26・5kg、苦土12・0kgをナシに施用したことになります。これらの値を基肥の量と比較して、1成分でも過剰とならないように堆肥の施用量を決定します。不足する成分は単肥などを施用します。

完熟の有機物

なお、牛糞堆肥ではカリ分が過剰に、豚糞堆肥ではリン酸分が過剰に、鶏糞堆肥ではリン酸と石灰分が過剰になりやすくなります。

土壌物理性改善のために有機質資材を大量に投入したい場合は、バーク堆肥や稲わら堆肥など肥料成分の少ない資材が適しています。このときも、堆肥の肥料成分は、施肥量の計算に加えます。

灌水の方法と時期の目安

ナシは、耐干性が弱く、水分の要求量が多い樹種です。

収穫前の適度な乾燥によって、糖度が高くなり品質が良好になります。しかし過度の乾燥が続くと果実の肥大が抑制されて小玉傾向になり、果肉の硬い品種では肉質がきわめて不良になります。さらに、石ナシ、ユズ肌、日焼けなどの障害が発生する危険性が高くなります。そのため、高温乾燥時は定期的な灌水が必要になります。

一方、耐湿性はあまり強くありませんので、圃場が冠水しないような排水対策も必要です。

灌水の方法

圃場に水源がある場合は、加圧ポンプなどを利用してスプリンクラーで灌水する方法が最も優れています。ほかの灌水方法よりも均一に散水することができます。水量をじゅうぶんに得られないときは、いくつかのブロックに分けて順番に灌水します。スプリンクラーは地表面に設置します。果実に水が当たると、水に含まれる鉄や石灰分、棚線のさびなどによって果実が汚れることがあるため、果実や葉に直接水が当たらないように散水角度を調整します。

ホースでの灌水は、１樹ごとに主幹から２ｍ前後の位置に同心円状の浅い溝を掘って灌水するか、畝間に水を流して灌水します。畝間灌水は、場所による乾湿の差が大きくなります。

圃場に水源がない場合は、スピードスプレーヤやタンクで水を運び、１樹ごとに灌水します。

灌水の時期と灌水量

灌水を開始する目安は、pFメータ（テンシオメータ）の値から判断するのが最も適切です。しかし、pFメータは水の補給などの管理に手間がかかり、機械走行や除草作業の障害になるため、圃場に設置するのは現実的には困難です。実用的には降雨のない期間や土壌の状況から判断します。

火山灰土や壌土、埴《しょく》壌土では10～15日間、砂質土では5～7日間降雨がなかったら灌水をはじめます。また、土壌表面が乾燥してきたら灌水をはじめます。土壌がひび割れると細根が切断されてしまいます。１回の灌水量は、火山灰土や壌土、埴壌土では20～30㎜（10ａ当たり20～30ｔ）、砂質土では15㎜（10ａ当たり15ｔ）程度とします。１樹ごとに灌水する場合は１樹当たり２００ℓ程度とします。

第6章

整枝剪定の基本と高接ぎ更新

成木の側枝の配置

整枝剪定の目的と基本

整枝剪定の目的

整枝と剪定の作業は、厳密に分けることはできません。一般的には、骨格枝を育成しながら樹形を整えることを整枝と呼び、枝を切る作業を剪定と呼んでいます。

左列は剪定後、右列は剪定前

苗木や幼木では、整枝をしながら剪定をおこない、骨格枝ができあがった成木では、ほぼ剪定だけをおこないます。

果樹栽培では、高品質の果実を安定的に生産することが重要です。そのためには、年間をとおしての管理作業が必要です。整枝剪定はその最初の作業で、通常は落葉後から3月までの間におこないます。

ナシは本来高木になりますが、棚栽培では整枝剪定と誘引によって、1・8m前後の高さに収まるように枝を配置しています。そのため、樹が上に伸びようとして、生育期には樹のいたるところから新梢が発生します。

成木で1年間剪定をおこなわないと、主幹周辺や太い枝の上部から強大な新梢が多発して樹冠下が真っ暗になり、樹冠内の風通しが悪くなります。その結果、果実品質が不良になり、病害虫が多発し、暗い部分の枝が枯れて翌年の花芽が不足し、樹の先端部が衰弱してきます。

立ち木栽培でも、太い枝や横方向に伸びた枝から新梢が多発するため、剪定を毎年おこなわないと棚栽培と同様の状況に陥ります。

整枝剪定は、このような状況に陥らないようにするための作業です。毎年適切におこなうと、高品質果実の生産、生産性の維持と隔年結果の防止、病害虫防除、樹勢の維持などがはかれます。

整枝剪定の方法は、土壌条件、気象条件、品種、樹齢、樹勢などで異なります。さらに、人によって切り方が違うため、たいへんむずかしく感じます。しかし、新梢の伸長特性や花芽着生の良否、短果枝維持の難易などの花芽の着生の特性を理解すると、整枝剪定のみならず誘引もまちがわずにできるようになります。

新梢の伸長特性

新梢の伸長特性は、1年生枝と樹全体とに分けて考えます。

1年生枝では、

①苗木のように垂直な状態では、**図6－1**のように先端の芽ほどまっすぐ強く伸び、下の芽ほど広がって弱く伸び、基部近くの芽は活動しません（頂部優勢）。

②斜めにするほど先端から発生する新梢が弱くなり、下の芽が活動します。

③骨格枝と同じ方向だと発生する新梢が強くなり、逆方向だと発生する新梢が弱くなります。

④芽数が少ないほど、強い新梢が発生します。

樹全体では、

⑤根に近い新梢ほど強く伸びます。

⑥上側から発生する新梢ほど強く伸びます（**図6－2**）。

⑦太い部位ほど強い新梢が発生します。

⑧高い位置ほど強い新梢が発生します。

図6－1　頂部優勢

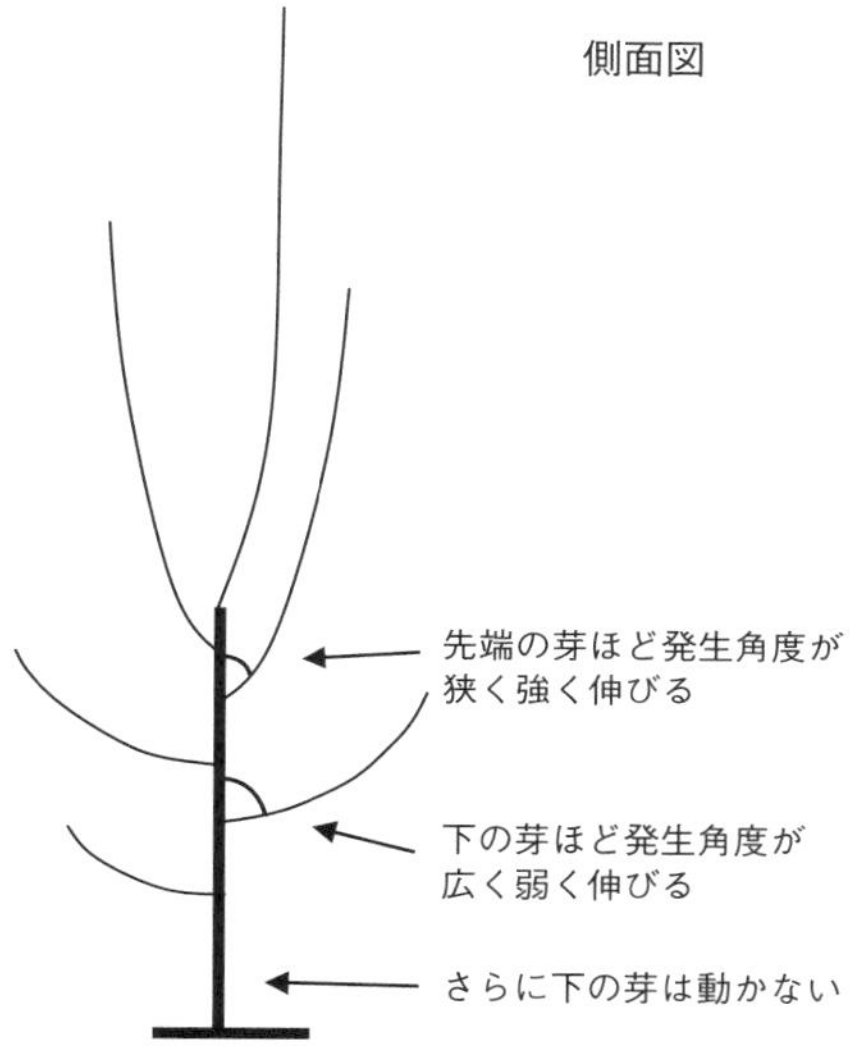
側面図
先端の芽ほど発生角度が狭く強く伸びる
下の芽ほど発生角度が広く弱く伸びる
さらに下の芽は動かない

図6－2　枝の発生角度による新梢の伸長の違い

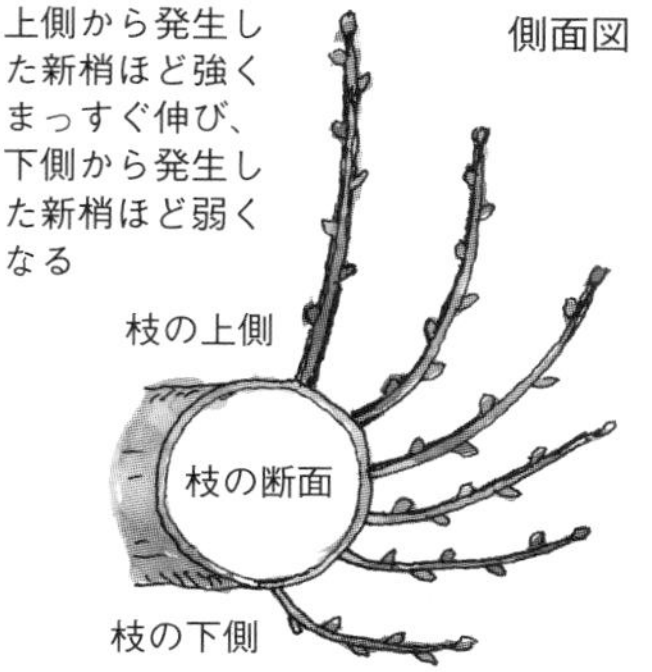
側面図
上側から発生した新梢ほど強くまっすぐ伸び、下側から発生した新梢ほど弱くなる
枝の上側
枝の断面
枝の下側

骨格枝と整枝の基本

亜主枝を設ける理由

主幹、主枝、亜主枝を骨格枝と呼び、通常は一度育成したら最後まで同じ枝を使用し続けます。

3本主枝や4本主枝では、1主枝に1～2本の亜主枝を設けるのが一般的です。亜主枝を設ける理由は、一つには側枝を配置する位置を根から離して、側枝の勢いを抑え

表6−1　亜主枝間隔と主幹から第1、第2亜主枝までの距離との関係（cm）

主枝数	主幹から第1亜主枝までの距離（A）＼亜主枝間隔（L）	主幹から第2亜主枝までの距離（B） 150	160	170	180	190	200
4	80	132	146	160			
	90	122	136	150	165	179	
	100			140	155	169	183
	110				145	159	173
	120					149	163
3	60	113	125	136			
	70	103	115	126	138	149	
	80			116	128	139	151
	90				118	129	141
	100						131

AとBは水平距離
出典：「農業技術大系果樹編3」吉岡

図6−3　亜主枝を配置する距離と亜主枝間隔

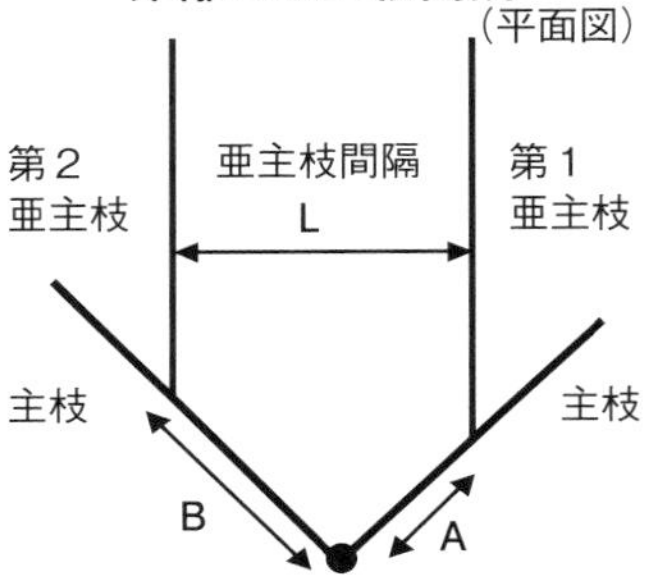

注：A、B、Lは表6−1のA、B、Lと一致する

るため、もう一つは樹冠を拡大するためです。

「樹冠を拡大するため」というのは、剪定とも関連しています。ナシの側枝の古い部分は、短果枝が減少したり、短果枝の花芽の性状が不良になったりするため、着果量が少なくなります。側枝を長い期間使うと、側枝の先端部近辺しか着果しない、生産性が低い側枝になります。

そのため、通常2〜5年程度で古い側枝を新しい側枝に更新します。側枝の長さは、2m前後なので、側枝更新をきちんとおこなっていれば、骨格枝の片側2m、両側4mの範囲に結果部位が形成されます。

骨格枝が主枝だけの場合、3本主枝では3方向に、4本主枝では4方向に直線的にしか結果部位が広がりません。しかし、1本の主枝から2本の亜主枝をつくると、3本主枝では9方向に、4本主枝では12方向に結果部位を広げることができます。

亜主枝の配置、間隔

亜主枝は、主幹側から第1亜主枝、第2亜主枝と呼びます。亜主枝を配置する方向は、すべての主枝および圃場内のすべての樹で統一します。

たとえば、主幹に向かって第1亜主枝を左側に、第2亜主枝を右側に配置する場合は、すべての主枝および圃場内のすべての樹でも第1亜主枝を左側に、第2亜主枝を右側に配置します。亜主枝を配置する方向が異なる主枝が混在すると、亜主枝間隔が狭い部分と広い部分ができて、側枝の取り扱いがむずかしくなります。

亜主枝間隔は品種や土壌によって異なりますが、通常は1・8〜2m程度は必要です（**表6−1、図6−3**）。

主枝と亜主枝は、できるだけまっすぐに伸ばし、基部から先端部までなだらかに上がるように育成します。途中

1年生枝は芽の直上で45度に切る

図6－4　間引き剪定と切り返し剪定

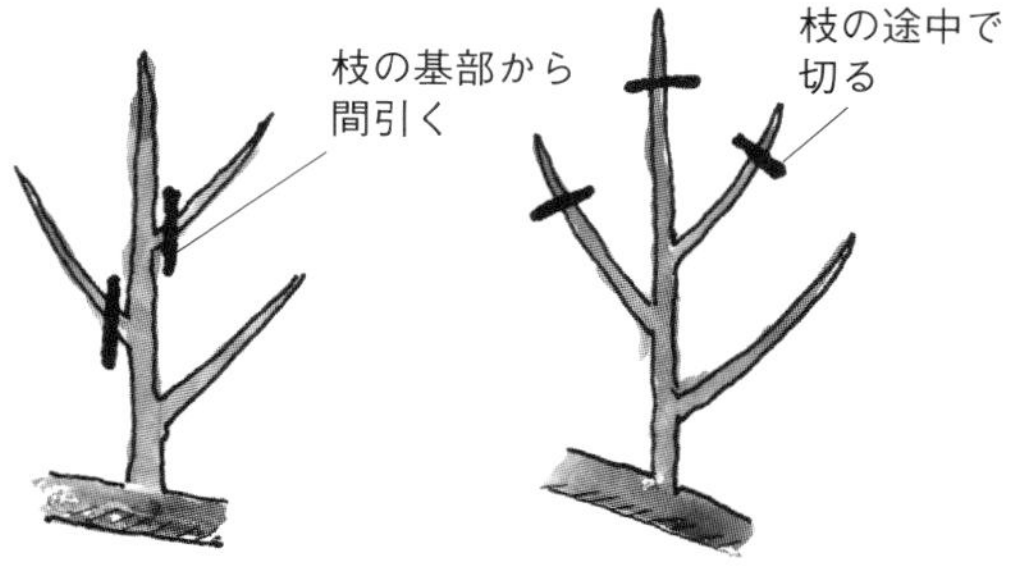

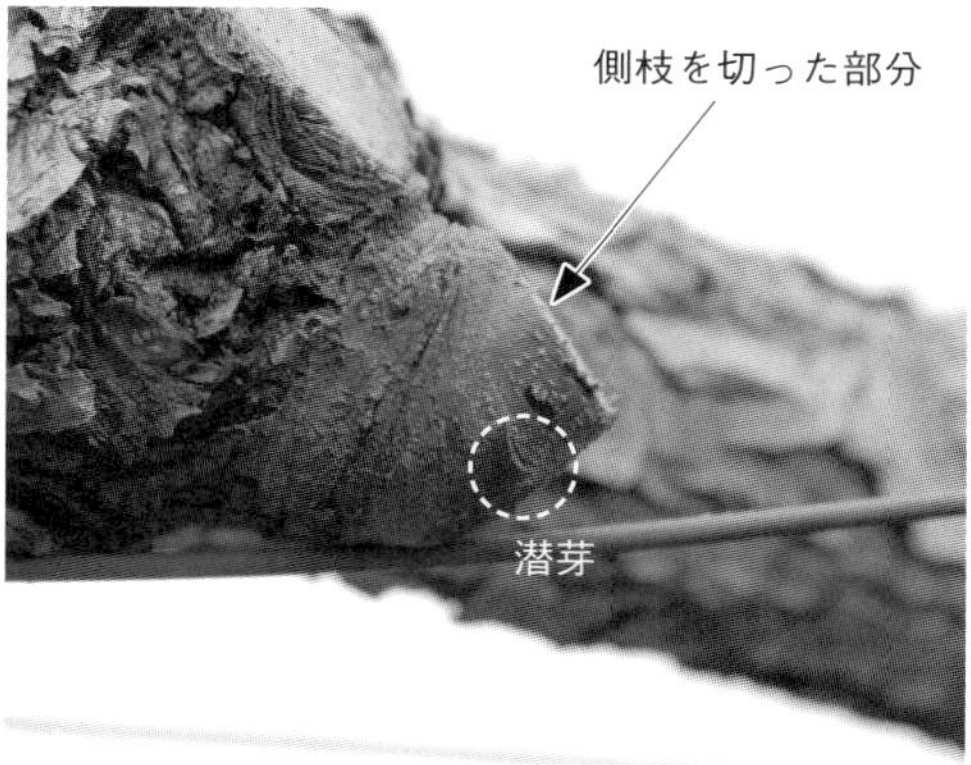

太い側枝を切るときは上の芽を残さず、
下の潜芽が残るように斜めに切る

の部分が高くなると、そこから強い新梢が発生して、先端部が弱るおそれが生じます（⑧の特性による＝123頁の新梢の伸長特性の番号、以下同じ）。

主枝から亜主枝を配置する場合は、通常主枝の斜め下～下側から発生した枝を使います。横～上側から発生した枝を使うと、主枝が負け枝になるおそれがあります（⑤、⑥）。また、第2亜主枝は、主枝が負け枝にならないように、第1亜主枝から40cm以上離した位置から配置します。

剪定の基本

間引き剪定と切り返し剪定

剪定には、間引き剪定と切り返し（切り戻し、切り上げともいう）剪定の2種類（**図6－4**）があります。間引き剪定は枝を基部から切除し、切り返し剪定は枝の途中で切ります。

枝を切る位置は、1年生枝の切り返し剪定では、芽の直上で斜め45度に切ります。側枝を間引くときは、枝の基部付近の横～下側にある潜芽の1cm先で、上側の芽が残らないように斜めに切ります。上側の潜芽を残すと強勢になって徒長枝になりやすく（⑥）、新梢誘引時に枝が取れたり、枝のまんなかが高く基部と先端が低い鍋弦《なべづる》形になりやすくなります。

1年生枝を切り返す長さは、強勢な枝は弱く（枝を長く残す）切り、弱い枝は強く（枝を短く残す）切ります（④）。また、同じ勢力の枝でも根に近い枝は弱く、根から遠い枝は強く切ります（⑤）。このように、切る長さは枝の強弱や発生位置などによって調整します。

剪定の良否の判断

土壌条件や樹勢、品種などによっても切り方が異なりますので、翌シーズンの新梢の伸長量を確認して切り方が適切だったのか判断します。

側枝では、1年生枝先端部から1m以上の長さの新梢が1・5～2本程度発生し、それより基部側の芽の多くが短果枝になるのが、理想的な状態です。

なお、中庸な勢いの1年生枝を使う場合は、多くの場合充実した部分で切り返します。慣れないうちは、充実した部分を判断することはむずかしいのですが、枝の先端を持って曲げたときに、頂点になった芽の位置で切るとほとんどまちがいはありません。

剪定の順番

剪定は、大きな部分からはじめます。剪定道具を使う順番は、まずのこぎりで間伐予定枝や側枝、徒長枝などの太枝を切除し、つぎに剪定ばさみで不要な1年生枝を切除し、側枝先端を切り返します。

のこぎりを使うときは、樹全体をまわって太枝を切除し、はさみを使うときは骨格枝の先端部から基部に向かって作業をすすめます。

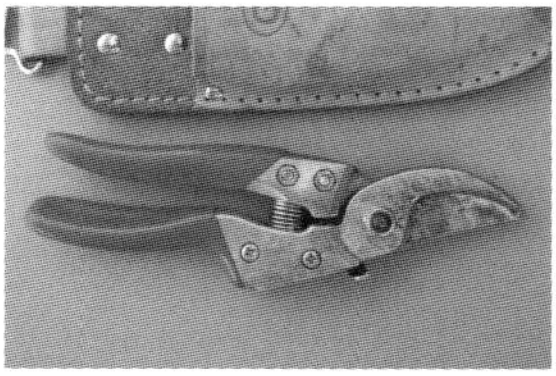

剪定ばさみ

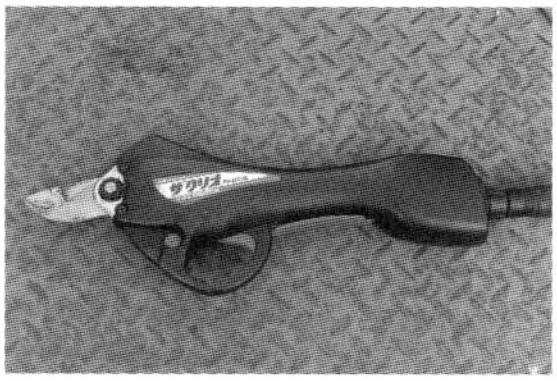

電動ばさみ

太枝を切除したときは、切り口にトップジンMペーストなどの保護剤を塗布します。

剪定道具の使い方

のこぎりと剪定ばさみを使うときは、かならず手袋をはめます。また、刃物の前に手を置かないように注意します。

のこぎりとはさみを使う前には、誘引ひもを外しておきます。

上側から発生した枝を切除するときは、台に乗るか肘を高く上げるかして、枝の基部、とくに枝の反対側が残らないように切ります。

のこぎりで太枝を切る場合は、裏側（下側）からのこぎりで切り込みを入れておくと、枝が裂けるのを防ぐことができます。

剪定ばさみは、切り刃を枝の残る部

側枝の誘引

分に向け、受け刃を切除する部分に向けて使うと、潜芽が残りにくくなります。剪定ばさみで太い枝を切除する時は、切除する枝をはさみを持たないほうの手で受け刃のほうに軽く押しながら切ります。

誘引のポイント

棚栽培では、整枝剪定をおこなった後の枝を棚に縛る誘引が必須の作業になります。

骨格枝は、先端から強い新梢が発生するように高い位置に誘引します(⑧)。

側枝は、骨格枝先端より高くならないように誘引します。一般的には、2年生以上の部分を棚につけ、1年生枝の先端を10~20度上がるように誘引します。

頂部優勢が弱い「豊水」などの品種は、先端をやや高めにして新梢が多発するのを抑制し、頂部優勢が強い「新水」などの品種は、先端を棚につけて基部の芽まで活動させます(①、②)。基部が棚より高い場合は、枝に傷を入れひねって棚づけします。先端より高い部分があると、そこから強勢な新梢が発生しやすくなります(⑧)。

誘引した後の側枝の形は、船底形が理想的な姿で、鍋弦形が最悪の姿です。

側枝の誘引方向は、骨格枝の先端方向にたいして、主枝、亜主枝の基部に

誘引のコツ

枝の基部に縦に傷を入れる

傷を入れた部分をひねって曲げる

傷が開かないようにテープを巻く

花芽整理

花芽整理前（豊水）

剪定ばさみで花芽整理。上向きの短果枝を切除

花芽整理後

鍋弦形誘引の湾曲部分から発生した徒長枝

近い側枝ほど誘引角度を広くし、先端の側枝ほど狭くします（③、⑤）。

長果枝部分は、強勢な新梢の発生を防ぐために、誘引時に基部付近の上側の葉芽を手でこすってかき落としておきます。

なお、側枝を棚づけする場合は、原則として基部と先端付近の2か所をひもで縛ります。縛る箇所が多いほど、縛る時間とひもを切る時間が増加します。

花芽整理の基本

剪定後花芽が活動する前に、剪定ばさみで短果枝を切除する花芽整理をおこないます。この作業は花を整理する最初の作業で、最も効率的に花数を削減することができます。

側枝の2年生以上の部位にある果台には、2個以上の短果枝が着生することがあります。

花芽に副芽を持つ品種（短果枝の維持が良好な品種）では、果台に着生した短果枝のなかから横向き～斜め上向きの短果枝を1本残し、他の短果枝を基部から切除します。

副芽が少ない品種（短果枝の維持が不良な品種）では、果台上の短果枝を2～3本残し、ほかの短果枝は基部から切除します。残した短果枝の花芽は、花芽摘除で1果台当たり1個に整理します。

幼木の整枝剪定

棚仕立て

2～4本主枝の折衷式整枝では、主枝の伸長と主枝先の強化、側枝の確保を目的に整枝剪定をおこないます。

1年生苗木を植えつけた場合は、大苗と同様に管理すると主枝の伸長が良好になり、しかもまっすぐに育成できますので、第3章の「大苗育成のポイント」と同じ方法で2～3年間管理します。改植園では、棚づけ時に主枝が棚線を潜りやすいように小張り線を主幹側に寄せておきます。

主枝がじゅうぶんに生育して、新梢が上棚に到達するようであれば、新梢先端が網に触れない程度に主枝を斜めに倒します。生育が良好な主枝は、落葉後に主枝を棚づけして剪定しますが、生育が不良な主枝は、さらに1年間直立に育成して翌年棚づけします。その方法は「大苗の植えつけ方と管理」を参照してください。

主枝先の取り扱い

主枝を棚づけ後、目標位置に達するまでは、主枝先の1年生枝を強めに切り返し、高く誘引します。

毎年同じ強さの切り方をしていても、主枝が長くなるに従い主枝先端から発生する新梢の伸びが不良になってきますので、主枝が長くなるほど強めに剪定します。主枝先が短果枝で止まった場合は、強い1年生枝が発生している部位まで切り返して、主枝先を育成し直します。

主枝が目標位置に到達したら、主枝先の1年生枝を強く切り返します。

1年後は、その枝から発生した強い1年生枝を、2～3芽を残して強く切り返します。

2年後は、前年強く切り返した枝から発生した1年生枝数本を、2～3芽を残して強く切り返し、残りの1年生枝は切除します。

3年後は、強勢な1年生枝が発生した、30㎝程度の高さの立ち上がり部が数か所できあがっています。このなかから、隣接樹の枝先より50㎝程度内側の立ち上がり部を1～2か所残します。この立ち上がり部が主枝先端になるように、他の立ち上がり部を基部から切除するか、主枝を切り返して除去します（130頁の**図6－5**）。

主枝先が強くなったら、立ち上がり部を1か所に整理します。

立ち上がり部には、毎年2～3芽を残して強く切り返した数本の強勢な1年生枝を配置します。立ち上がり部が高くなりすぎたときは、下側の分岐部まで切り下げます。
主枝の側面に、亜主枝を配置する位置の目印をペンキなどでつけておきます。これにより、亜主枝を配置しはじめた時期の枝の管理がまちがいにくくなります。

側枝の取り扱い

側枝は、原則として枝分かれさせずに1本棒で使用します。側枝を枝分かれさせて複数本の結果枝をつけると、主枝が負け枝になりやすくなります。また、その側枝を更新したときに側枝のない空間が生じる可能性が高くなります。枝が分岐した側枝は、基部が太りやすく、先端が弱りやすいため、長く使うことができません。

側枝から発生している1年生枝は、原則として先端から発生したものと予備枝に使えるものだけを残し、それ以外のものは切除します。

側枝は、35～40cm間隔で主枝先端方向と45度（4本主枝）、または60度（3本主枝）開いた方向に配置します。主枝先付近に発生した1年生枝を側枝として残す場合は、主枝との誘引角度を広く取り水平に誘引します。

主枝から側枝を取る位置は、根からの距離によって変えます。主枝の基部では主枝の下～斜め下から、中間部では斜め下～横から、先端部では横から発生した枝を使用します。

側枝先端の1年生枝は充実した部分で切り返し、側枝先端が主枝先より高くならないように誘引します。

主枝先に立ち上がり部ができる前に予備枝を配置する場合は、弱い1年生枝では20～30cm程度の長さで切り返しても問題ありません。中庸の勢力の1年生枝を強く切ると、主枝を負かすお

図6−5　主枝先の立ち上がり部のつくり方

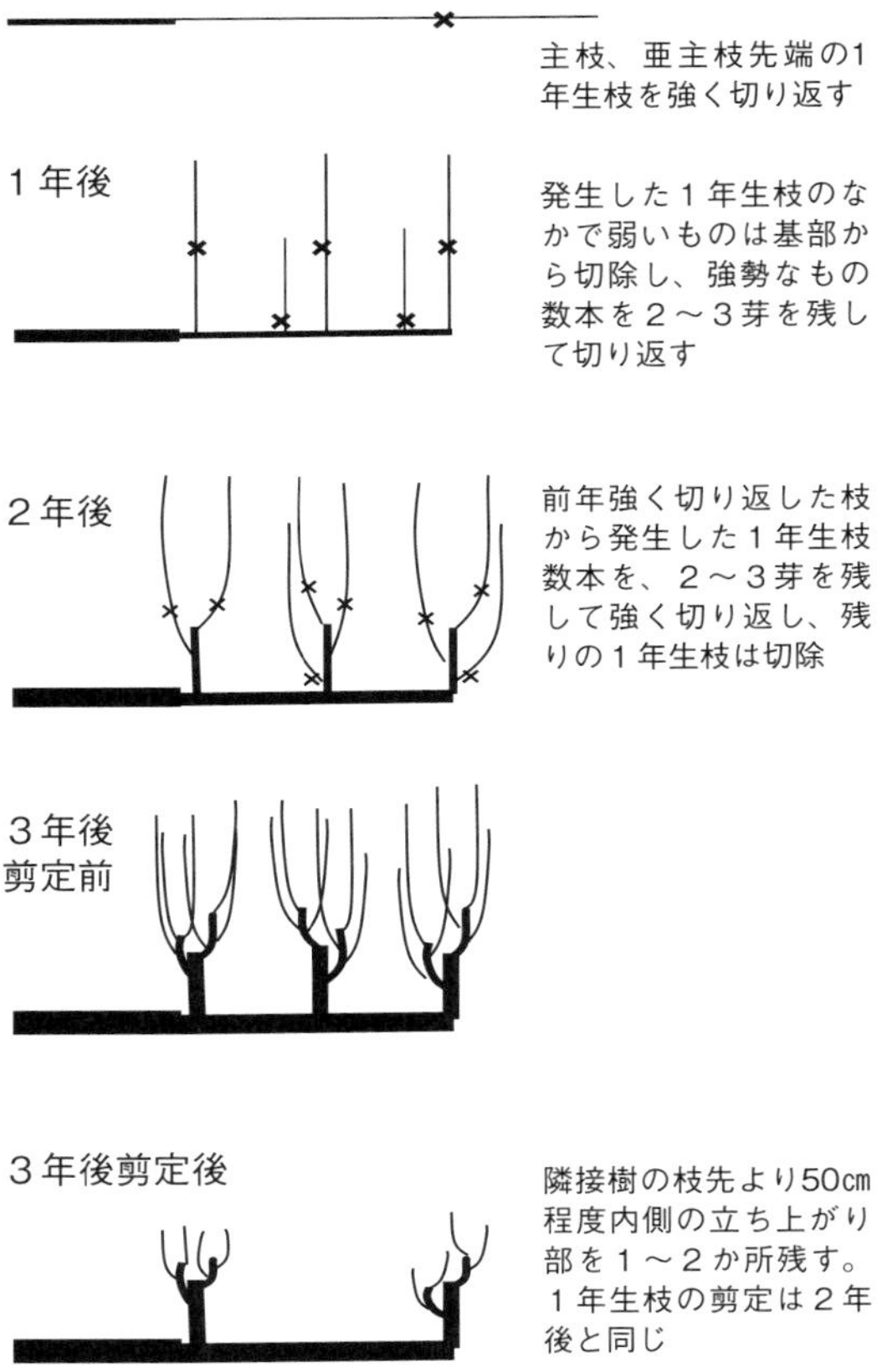

主枝、亜主枝先端の1年生枝を強く切り返す
1年後
発生した1年生枝のなかで弱いものは基部から切除し、強勢なもの数本を2～3芽を残して切り返す
2年後
前年強く切り返した枝から発生した1年生枝数本を、2～3芽を残して強く切り返し、残りの1年生枝は切除
3年後
剪定前
3年後剪定後
隣接樹の枝先より50cm程度内側の立ち上がり部を1～2か所残す。1年生枝の剪定は2年後と同じ

それがありますので、側枝と同様の強さで切り返します。

立ち木仕立て

変則主幹形の植えつけ1年後の剪定

図6－6　立ち木仕立ての主枝の取り方

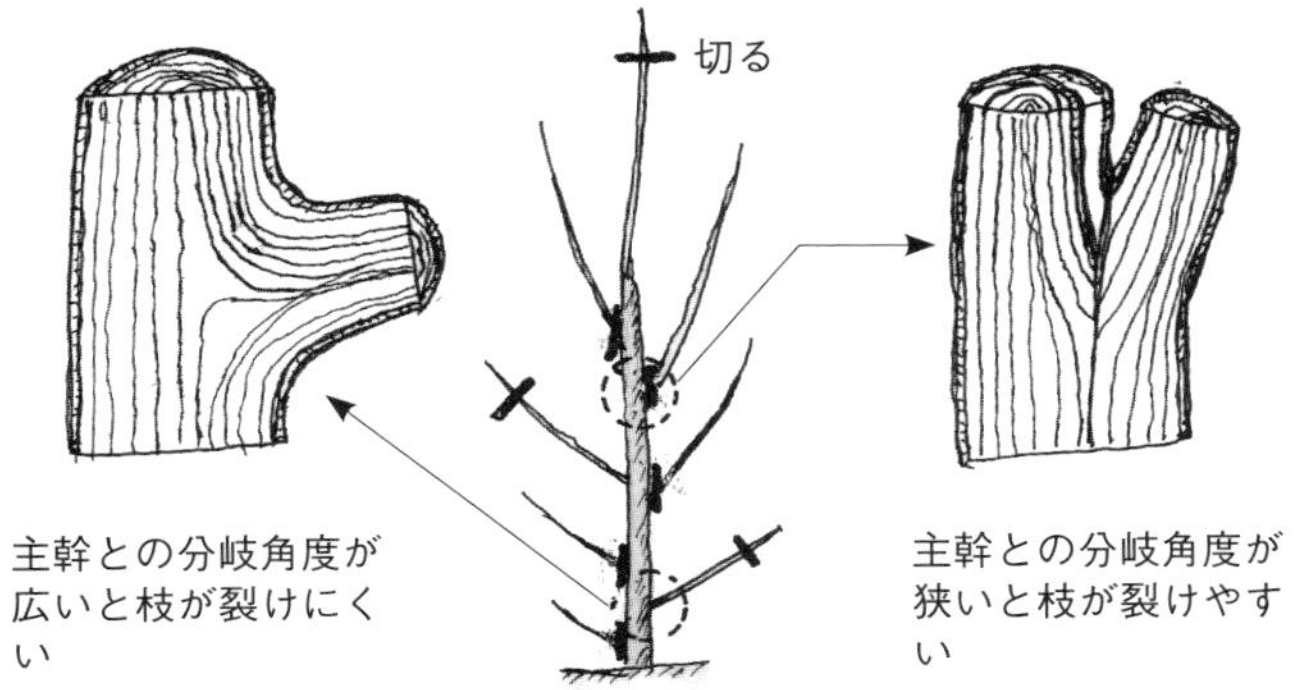
切る
主幹との分岐角度が広いと枝が裂けにくい
主幹との分岐角度が狭いと枝が裂けやすい

出典：「図解 落葉果樹の整枝せん定」（誠文堂新光社）

は、主幹の先端から発生した1年生枝を、主幹の延長枝として充実した部位で切り返します。その枝の直下にある主幹の先端方向にたいして発生角度の狭い1年生枝を、2本程度基部から切除します。

さらに下にある発生角度の広い1年生枝は、上下に重ならない枝を数本残し、それらを充実した部位で切り返して主枝候補とします。発生角度の狭い枝を主枝にすると、枝が太くなったときに基部から裂けやすくなります（**図6－6**）。

図6－7　切り返す芽の方向と新梢の伸長する方向

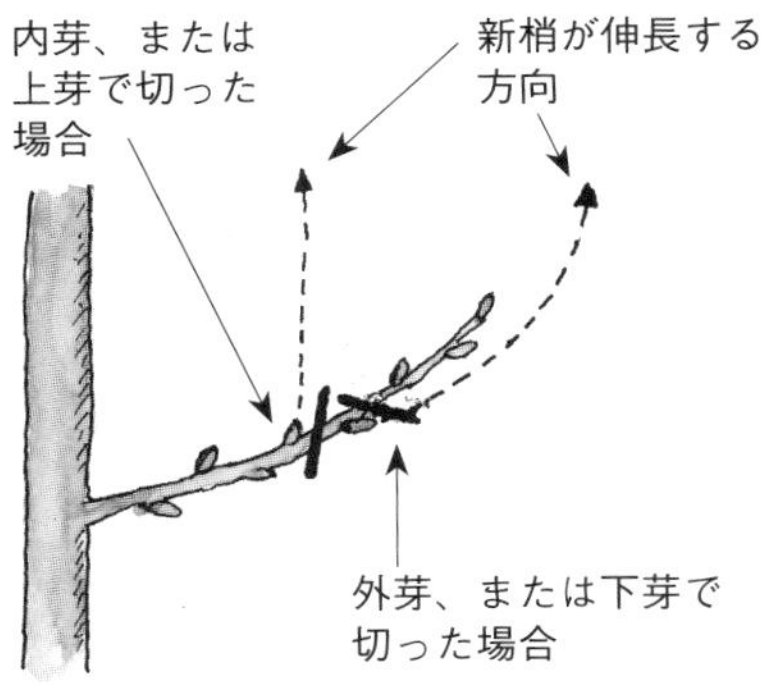
内芽、または上芽で切った場合
新梢が伸長する方向
外芽、または下芽で切った場合

翌年以降も、同様の方法で主枝候補枝の剪定をおこない、数年間で主枝にする枝を決定します。主枝数は3～4本程度とし、上下に重ならないように配置します。主幹から発生している主枝以外の枝は、基部から切除します。

側枝は、主枝の横～やや斜め下側から発生した中庸な勢力の枝を用い、35～40㎝の間隔で配置します。側枝先端は、充実した部位で切り返します。主枝の上側から発生した枝は、強勢になり主枝先を負かすおそれがありますので、すべて基部から切除します。

なお、1年生枝を外芽や下芽で切り返すと新梢は横ないし斜め上方向に伸長し、内芽や上芽で切り返すと新梢は上方向に伸長します。枝を広げる場合は外芽や下芽で、枝を高くする場合は内芽や上芽で切り返します（**図6－7**）。

若木の整枝剪定

棚仕立て

若木期は、亜主枝の育成を中心に整枝剪定をおこないます。この時期は、主枝から配置している側枝（間伐予定枝）や暫定亜主枝と亜主枝から配置する側枝が交差するため、管理がむずかしくなります。また、永久樹と間伐樹が重なり合う時期でもあります。

樹形が完成したときの枝の配置を想像し、樹と枝の重要度を考えながら整枝剪定をおこないます（68頁参照）。

暫定亜主枝および亜主枝の育成

永久樹と第2次間伐樹では、主枝より数年若い枝を使って亜主枝を育成します。第1次間伐樹は、亜主枝を育成せずに側枝を多く配置して初期収量を確保します。

先述したように、亜主枝をつくる目的の一つが、「樹冠を拡大するため」です。亜主枝の育成が遅れた場合、主枝から配置した側枝だけではいつまで経っても樹冠が拡大しません。

そこで、本来亜主枝を配置すべき位置と違っていても、暫定亜主枝を設けることがあります（**図6－8**）。暫定亜主枝の育成方法は、以下の第1亜主枝の育成方法と同じです。

第1亜主枝は、幼木期に主枝の側面にペンキなどで印をつけた位置の下〜斜め下側から発生した枝を使用します。適切な枝がない場合は、一芽《ひとめ》腹接《はらつ》ぎなど高接ぎして亜主枝を育成します。

第1亜主枝は、主枝先の立ち上がり部が完成してから育成するのが望ましいのですが、亜主枝を配置する時期が遅れると、側枝が長大化したり、樹冠の拡大が遅れるなどの弊害も出てきます。とくに主枝の棚下部から配置した側枝は、仰角が大きくなるため、強勢になって徒長枝が発生しやすくなります。このような側枝では、新梢管理をきちんとおこなわないと、主枝先の伸長を抑制する可能性があります。

主枝先の立ち上がり部が完成する前

図6－8　亜主枝の育成と暫定亜主枝の切除方法

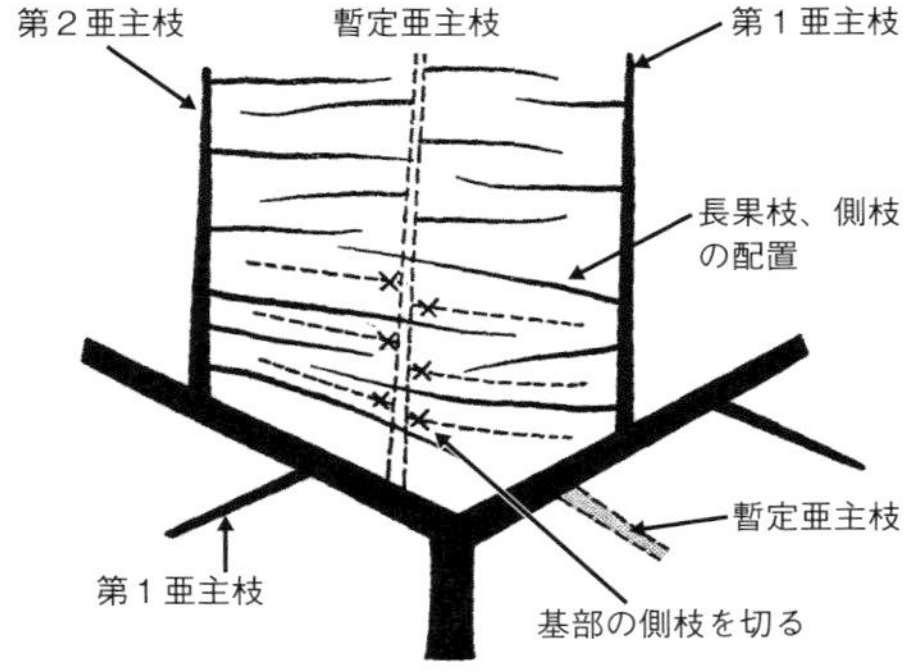

出典：「農業技術大系果樹編３」渡辺

に、第1亜主枝の育成をはじめる場合は、第1亜主枝から配置する側枝の数が第1亜主枝の分枝部より先の主枝と第2亜主枝から配置する側枝の数より少なくなるように調整して、主枝が負け枝になるのを防ぎます。

第1亜主枝先端の剪定は、主枝先端よりやや弱めに切り返します。誘引は、基部ができるだけ水平になり、先端が上がるようにおこないます。誘引の方向は、他の側枝と同様に主枝にたいして45度、または60度です。

第2亜主枝は、主枝の斜め下〜横側から発生した枝を用い、第1亜主枝と同様に育成します。第1、第2亜主枝とも目標位置に達したら、主枝先と同様の方法で立ち上がり部を育成します。

側枝の配置と間伐予定枝の切除

亜主枝から発生した側枝は、原則として向かい合う亜主枝の間では亜主枝と90度に、主枝方向では主枝と平行に配置します。亜主枝の基部付近から発生した側枝は、主幹方向に返し枝として配置します。いずれの側枝も、間伐予定枝の上に重ねます（図6ー9）。

図6ー9　亜主枝の育成と間伐予定枝の切除方法

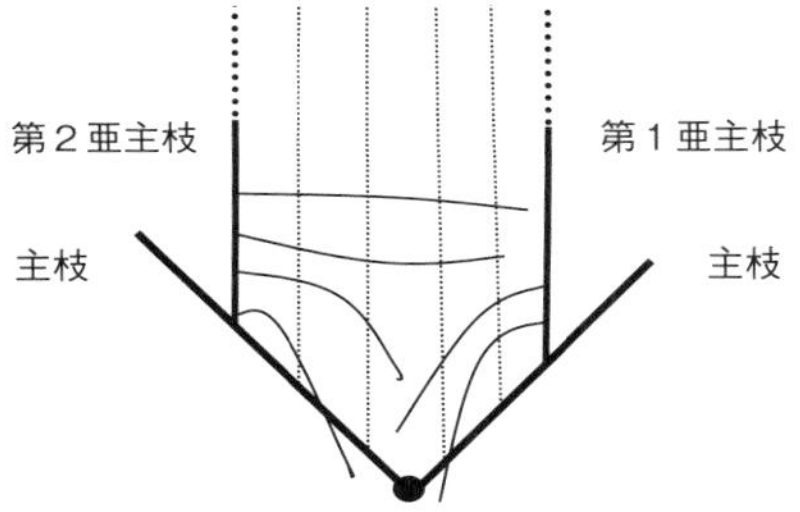

（平面図）

（暫定亜主枝を設けない場合）

・側枝は間伐予定枝の上に誘引する
・側枝と間伐予定枝が重なる部位は間伐予定枝の短果枝を基部から切除し、発生する新梢は、すべて芽かきする
・間伐予定枝は先端部分で収穫し、着果数が少なくなったら基部から切除する

……亜主枝を延長する部分
――側枝
………間伐予定枝

間伐予定枝上の果台と1年生枝は、亜主枝から配置した側枝と重なる部位近くのものをすべて切除します。間伐予定枝は、着果させる部位が少なくなった時点で、下側の潜芽も残らないように基部から切除します。

主枝と亜主枝から配置する側枝は、原則として亜主枝間では対面する亜主枝を越えない範囲の長さに、主枝から配置する側枝は、隣接樹の側枝先と重ならない範囲の長さに収めます（図6ー10）。側枝がこれらの長さより短い場合は、側枝先端の1年生枝を横芽で切り返して側枝の延長をはかります。目標の長さに達した場合は、側枝先端の1年生枝を上芽で切り返します。

翌年以降も側枝を使う場合は、側枝先端から発生した1年生枝を数芽で切り返します。

亜主枝から育成する予備枝は、亜主枝先に立ち上がり部ができるまでは、主枝から予備枝を育成するときと同様に扱います。

暫定亜主枝の取り扱い

亜主枝から配置する側枝と暫定亜主枝から配置してある側枝が重なったら、暫定亜主枝から配置してある側枝を、下側の潜芽も残らないように基部から切除します。

暫定亜主枝から配置してある側枝が数本になったら、暫定亜主枝を下側の潜芽も残らないように基部から切除します。その時点では、暫定亜主枝がかなり太くなっています。大きい切り口をつくらないように、切除する1年前に切除する部位をのこぎりで、直径の半分くらいまで、くさび形に切り込みを入れておきます。

図６−10　主枝、亜主枝と側枝の配置例

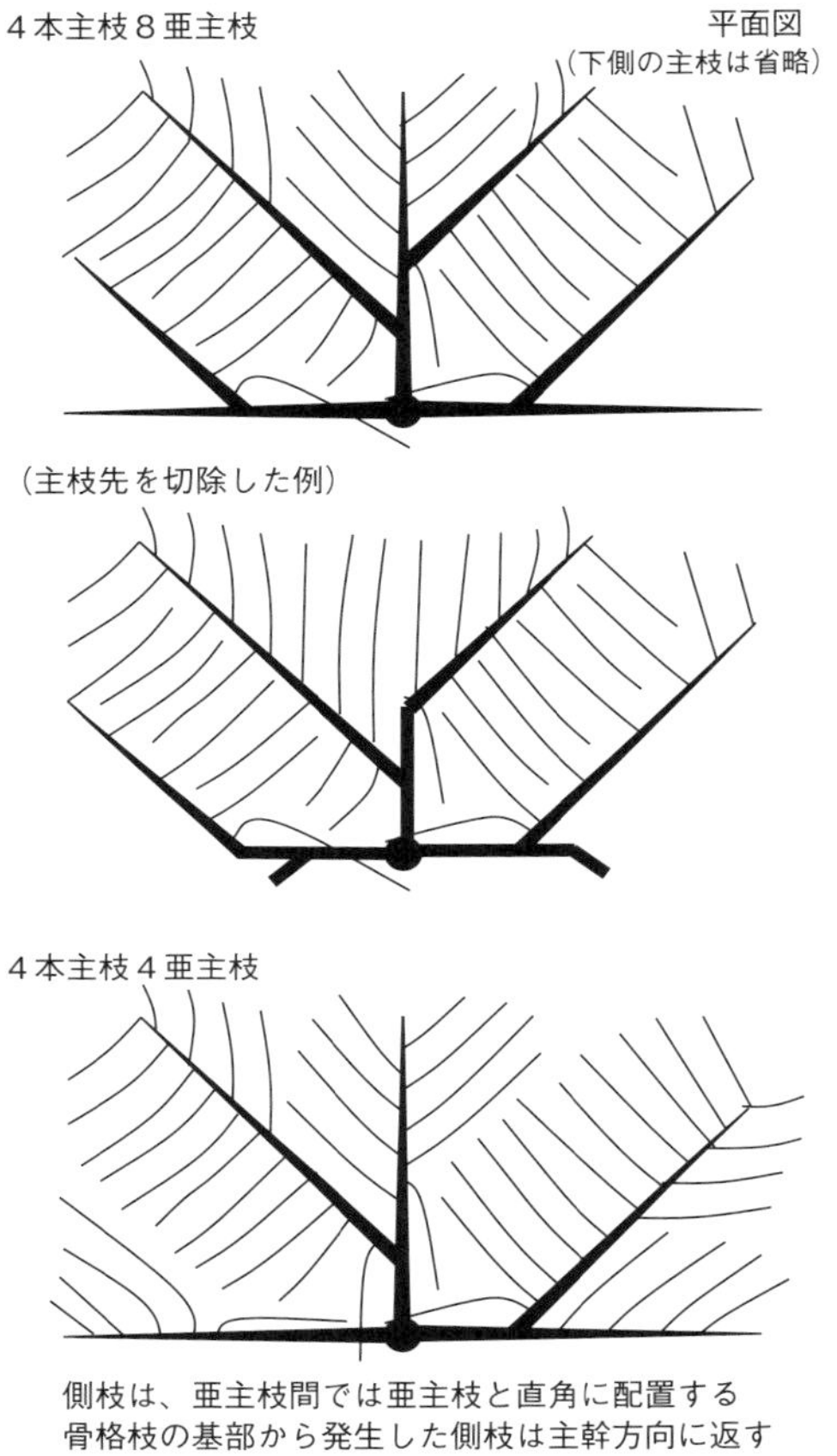
４本主枝８亜主枝
平面図
（下側の主枝は省略）
（主枝先を切除した例）
４本主枝４亜主枝
側枝は、亜主枝間では亜主枝と直角に配置する
骨格枝の基部から発生した側枝は主幹方向に返す

間伐樹の取り扱い

隣接樹と枝が重なりだす前に、間伐樹の縮伐を開始します。

第1次間伐樹から配置した主枝や側枝は、永久樹と第2次間伐樹の枝先から1m以上離れるように切り返します。第2次間伐樹から配置した主枝や亜主枝、側枝は、永久樹の枝先から1m以上離れるように切り返します。切り返した後の間伐樹の側枝は、できるだけ主幹方向に返し、枝勢を弱めます。

間伐樹は、側枝が数本になった時点で伐採します。

立ち木仕立て

主枝が目標位置に到達したら、主枝先端の1年生枝を数芽を残して上芽で強く切り返します。翌年はそこから強勢な1年生枝が数本発生しますので、上向きの1年生枝1本を数芽で切り返し、残りの枝は基部から切除します。翌年は、数芽で切り返した枝から強勢な1年生枝が数本発生しますので、下部の強勢な枝を数芽で切り返し、その枝より上部は切除します。主枝先端は、毎年同じ方法で剪定します。

樹が高くなって管理が困難になってきたら、樹を切り下げます。切り下げる前の樹形は主幹形ですが、切り下げによって変則主幹形に移行します。

切り下げは、主幹と主枝の分岐部で主幹を切除しておこないます。枝が分岐していない部位では切り下げません。残す主枝の反対側が低くなるように、斜め45度に切ります。管理しやすい高さまで切り下げますが、樹が高い場合は数年かけて徐々に樹高を下げていきます。

生育期には、切り下げた切り口から新梢が多発します。弱い新梢は数本残しても問題ありませんが、強勢な新梢はかならず芽かきします。側枝は、幼木期と同様に剪定します。

成木の整枝剪定

棚仕立て

盛果期は、側枝の更新を中心に整枝剪定をおこないます。老木化した樹では、樹勢の強化をはかります。

側枝の種類と特徴

側枝には、骨格枝から発生した1年生枝の側枝（直接枝）、予備枝から育成した側枝、短果枝中心の側枝の3種類があります。

直接枝（新高）

1年生枝の側枝

直接枝では、すべての果実が長果枝に着果します。果実は大きくなるものの、熟期が遅れ、糖度が低く、果形が乱れやすくなります。

枝は鍋鉉形になりやすく太りも早いため、早期に側枝を更新する必要があります。また、潜芽から発生した枝のため、腋花芽の着生が不良になる場合があります。さらに、側枝としてある程度の長さが必要なため、強勢な枝を用います。そのため、枝の登熟が不良な場合が多く、寒害や凍害を受けやすくなります。

予備枝から育成した側枝

予備枝から育成した側枝では、ほとんどの果実が長果枝に着果します。長果枝部と骨格枝との間に設けた予備枝がクッションの役割を果たすため、枝が落ち着きます。そのため、果実品質は直接枝より良好になり、側枝の基部が太らなければ、長い間使うことができます。

また、予備枝をひねれば棚づけが容易で、船底形に誘引しやすくなります。さらに、長果枝部は予備枝の定芽から発生しているため、腋花芽の着生が良好になります。枝の登熟は良好で、直接枝よりも寒害や凍害を受けにくくなります。

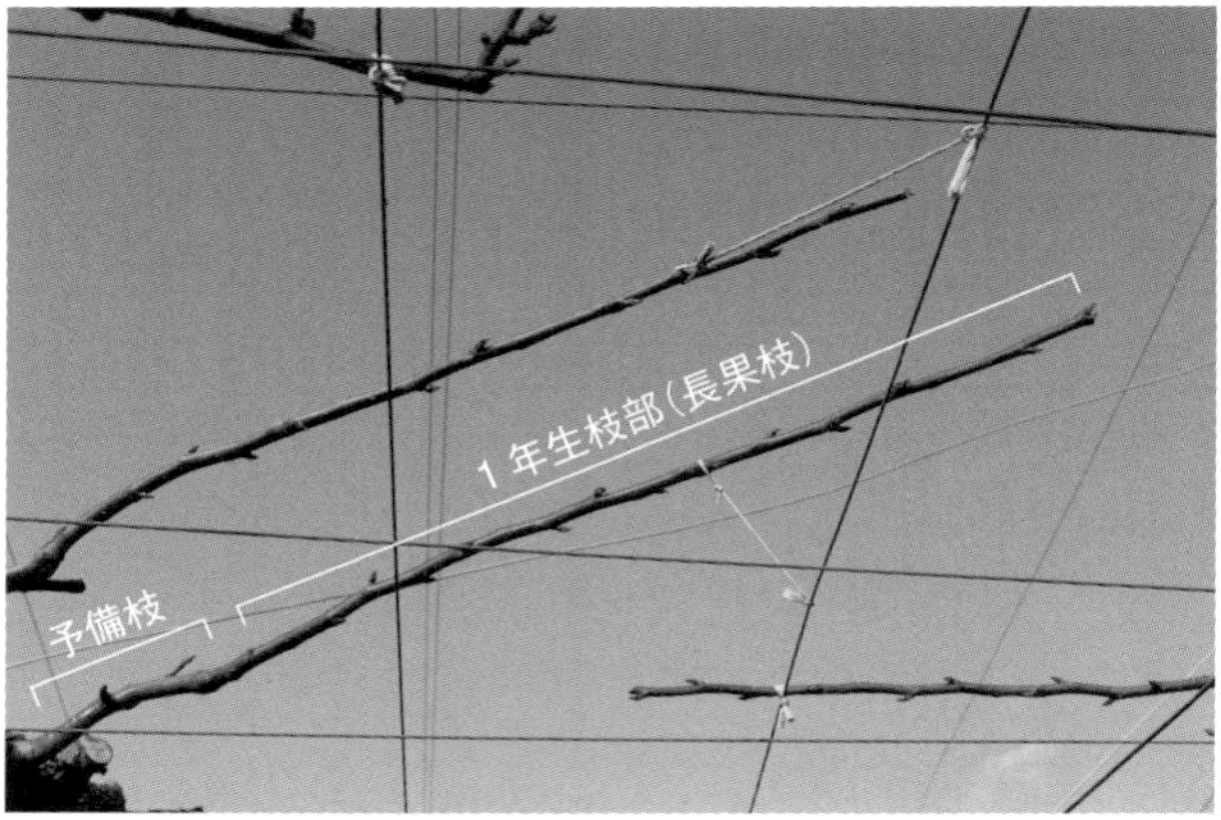

予備枝から育成した側枝（幸水）

短果枝中心の側枝

短果枝中心の側枝は2年生以上の枝で、ほとんどの果実が短果枝に着果します。果実はやや小さいものの、熟期が早く、糖度が高く、果形が良好になります。側枝が太くなると、徒長枝が発生しやすくなり果台も減少します。長期間使用すると、徒長枝が乱立する強勢な側枝または弱い短果枝が着生する弱勢な側枝になり、花芽も減少します。寒害や凍害にたいしては、最も強い側枝です。

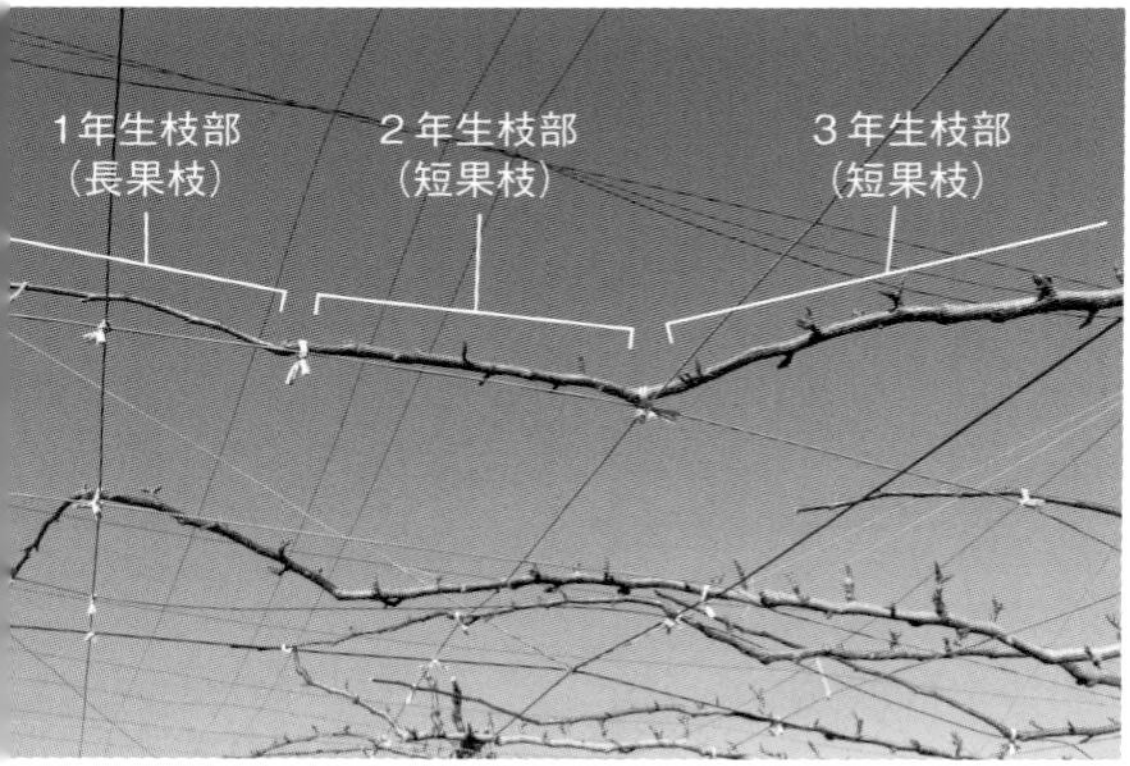

3年生の側枝（豊水）

短果枝中心の側枝を長期間使用すると、前述したような問題が生じてきます。そのため、側枝更新を定期的におこなう必要があります。更新するための枝は、原則として予備枝から育成します。

直接枝を利用するのは折れた側枝、徒長枝が発生して先端が弱った側枝、病害虫の被害を受けた側枝など、問題の大きい側枝の更新に限定します。

側枝の更新間隔

側枝の更新間隔は、「幸水」や「あきづき」などの短果枝の維持が不良な

予備枝

品種では3年程度、「新高」や「二十世紀」などの短果枝の維持が良好な品種では5年程度を目安にします。

3年間隔の更新では毎年33％の、5年では毎年20％の更新用の側枝が必要になりますが、更新のための予備枝は、少なくとも50％以上の側枝に設けます。

予備枝から良好な側枝が多数育成できたとしても、更新する側枝数は更新の目安を守るようにします。一度に多くの側枝を更新すると、更新した側枝が同じ枝齢になるため、数年後にはふたたび多くの側枝を更新する必要が生じてきます。良好な更新用の側枝が多数育成できても、切除する勇気が必要です。

予備枝の育成

主として、潜芽から発生した1年生枝を短く切り返した枝を、予備枝と呼んでいます。予備枝を1～2年育成すると側枝として使える枝になります。

予備枝育成の留意点

予備枝の育成は、以下の点を覚えておくとわかりやすくなります。

●直立した新梢を6月に斜めに誘引すると、腋花芽の着生が良好になる。

●長い1年生枝は、斜めに誘引しておくと、1年生枝の基部近くまで短果枝が着生しやすくなるが、上側の芽は伸長しやすい。

●短い予備枝は、側枝の方向と45度以上開いて誘引しないと棚づけが困難になる。長い予備枝は、側枝と同じ方向に誘引しても容易に棚づけできる。

●予備枝の途中から強勢な枝が発生すると、その予備枝はほぼ利用できない。

土壌や気象条件、樹の栄養状態などによっても花芽の着生量が違ってきますので、状況に応じて予備枝の育成方法を選択します。また、収穫が長果枝中心か、短果枝中心かによっても予備枝の育成方法が異なります。

一般的に長果枝を育成するのは、果実のそろいと形状が良好な品種、短果枝の維持が不良な品種です。短果枝を育成するのは、果実のそろいと形状が不良な品種、外観を重視する品種、腋花芽の着生が不良な品種です。

長果枝中心の育成方法

長果枝を育成する場合は、1年生枝

を20㎝程度の長さを残して上芽で切り返し、側枝の方向と45度ずらして水平に誘引します。摘心などの新梢管理をできない場合は、先端の1～2芽以外の芽を手でこすってかいておきます。

翌シーズンは、先端から発生した新梢を直立に生育させます。それ以外の芽から発生する新梢は、芽かきするか、5月中旬頃に3葉程度残して摘心します。腋花芽の着生が良好な園や品種では、これで更新用の側枝が完成します。

腋花芽の着生が不良な園や品種では、直立に生育させた新梢を、6月に側枝と同じ方向に仰角20度程度に誘引します。これで更新用の側枝が完成します。

これらの方法で腋花芽が着生しない場合や、側枝としては長さが短かすぎる枝では、予備枝から育成した1年生枝を30～40％の長さを残して切り返し、直立に誘引し直します。翌シーズンの6月に1年生枝部をひねり、側枝と同じ方向に仰角20度程度に誘引します。これで更新用の側枝が完成します。

短果枝中心の育成方法

短果枝を育成する場合は、中庸な勢力の1年生枝を60㎝程度の長さに切り、側枝と同じ方向で仰角30度程度に誘引します。誘引の角度は、頂部優勢性の弱い品種では高めに、強い品種では低めにします。誘引するときに、予備枝の基部近辺の上側を手でこすって芽をかいておきます。翌シーズンは、予備枝先端から発生した新梢を伸ばし、それ以外の伸長した新梢は摘心します。これで更新用の側枝が完成します。

新梢の発生方法

予備枝を育成するためには、骨格枝や側枝の基部付近から新梢が発生している必要があります。潜芽の1㎝先の位置に、のこぎりで木質部まで達する

芽傷処理

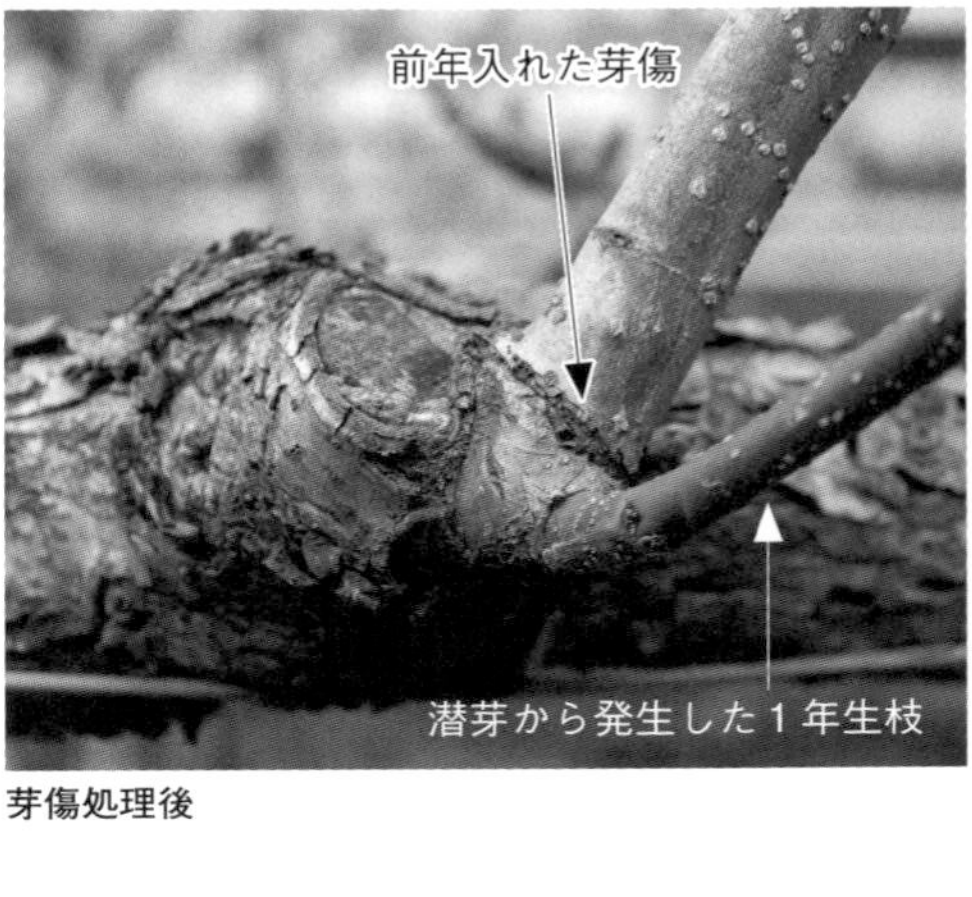

芽傷処理後

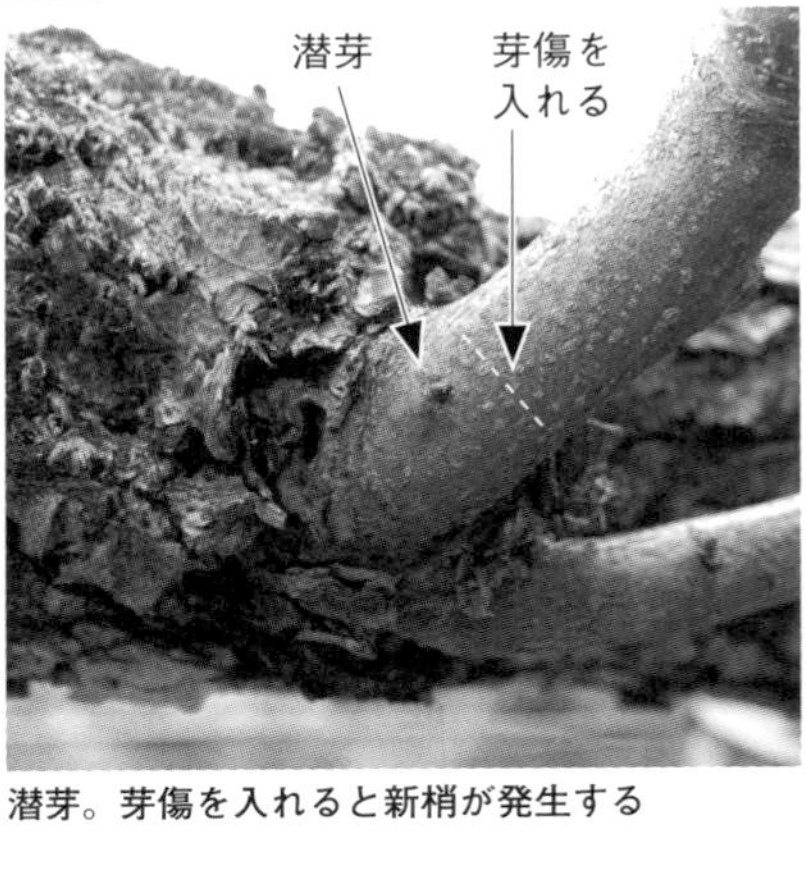

潜芽。芽傷を入れると新梢が発生する

ように芽傷を入れると、その潜芽から新梢が発生する確率が高くなります。

　骨格枝や側枝の古い部分では、芽傷を入れても新梢が発生しない場合があります。そのときは一芽腹接ぎなどをおこなって新梢を確保します。

　側枝を更新するときは、古い側枝を横～下側にある潜芽の1㎝先で切除します。

老木は樹勢を強化する必要がある

老木の樹勢強化

ナシは老木化してくると、新梢の長さが短くなり、果実が小玉になり、収穫量が減小してきます。このような症状を若木の状態まで改善するのは困難ですが、栽培管理によって老木化の進行を抑制することができます。

　主な方法は、葉数を増やす、着果負担を減らす、管理作業を早くおこなう、樹冠を縮少する、剪定強度を強くするなどです。

　そのなかで最も簡単なのは、予備枝を側枝数の1・5～2倍程度設ける方法です。予備枝を増やすことによって葉の量が増加します。さらに、予備枝は着果負担がないため強勢な新梢が発生しやすくなります。

立ち木仕立て

　主枝の先端付近が下がって低くなった場合は、つぎの方法で主枝先を高く育成し直します。

　主枝の高い位置から発生した強勢な1年生枝をやや強めに切り返し、低くなった主枝の斜め上方向に誘引しておきます。翌年の剪定時には、その枝から強勢な1年生枝が何本か発生しています。

　先端の1年生枝は、主枝延長枝としてやや強めに切り返します。横～斜め下側から発生している1年生枝は、充実した部分で切り返して側枝として配置します。上側から発生している1年生枝は、基部から切除します。育成した枝が大きくなったら、低くなった主枝を育成した枝の分岐部で切除して、主枝を更新します。

　側枝は、幼木期と同様に剪定します。古くなった側枝は、新しい1年生枝に随時更新します。

高接ぎ更新のポイント

品種を更新する方法には、改植と高接ぎ更新があります。

改植する場合は、圃場の準備や苗木の植えつけおよび管理に多大の労力が必要で、収穫量も長期間激減します。高接ぎ更新では、更新の方法によっては既存品種の収量をそれほど減少させずに、高接ぎ2年目から新しい品種を結実させることができます。

品種更新は、老木や樹勢の衰えた樹では改植で、若木や樹勢の強い成木では高接ぎでおこなうのが一般的です。

接ぎ木による品種更新

高接ぎによる更新方法

高接ぎ更新の方法には、一挙更新と漸次《ぜんじ》更新があります。

一挙更新

既存の樹の主枝、亜主枝、側枝を一挙に切り落とし、そこに新しい品種の穂木を接ぐ方法です。一時的に収穫は皆無になりますが、短期間で品種を更新することができます。

接ぎ木する部位は、樹の大きさによって変えます。

側枝数が少ない幼木では、主枝の基部を20㎝程度残して切除し、そこに剝《は》ぎ接《つ》ぎをします。

亜主枝を育成中で主枝から配置している側枝数が多い樹では、主枝から配置している側枝と亜主枝の基部を短く残して切除して、剝ぎ接ぎや切り接ぎをします。さらに、主枝先端部を切除して、そこに剝ぎ接ぎをします。

成木では、すべての側枝の基部を短く残して切除し、そこに切り接ぎや剝ぎ接ぎをします。さらに、主枝と亜主枝の基部に、腹《はら》接《つ》ぎまたは一芽《ひとめ》腹接ぎをして、将来の主枝や亜主枝として育成します。

育成している主枝や亜主枝から側枝を配置できたら、その側枝の近辺の中間台（高接ぎされた既存の樹）の側枝を基部から切除します。中間台の側枝が数本まで減少したら、中間台を接ぎ木した部位で斜めに切除します。

漸次更新

中間台の主枝や亜主枝の基部に腹接ぎまたは一芽腹接ぎをして、将来の主枝や亜主枝として育成します。その後の剪定方法は、前述した成木の一挙更新における主枝や亜主枝の基部に腹接ぎまたは一芽腹接ぎをしたときと同様におこないます。

漸次更新は1本の樹のなかで異なる品種が混在しますので、収穫時に異品種が混入しないように注意します。

接ぎ木の方法と時期

接ぎ木の方法

高接ぎ更新では、切り接ぎ、剝ぎ接ぎ、腹接ぎ、一芽腹接ぎをおこないます。接ぎ木の方法は、高接ぎ更新方法、中間台の太さや接ぎ木する時期に応じて選択します。

図6－11　切り接ぎの方法

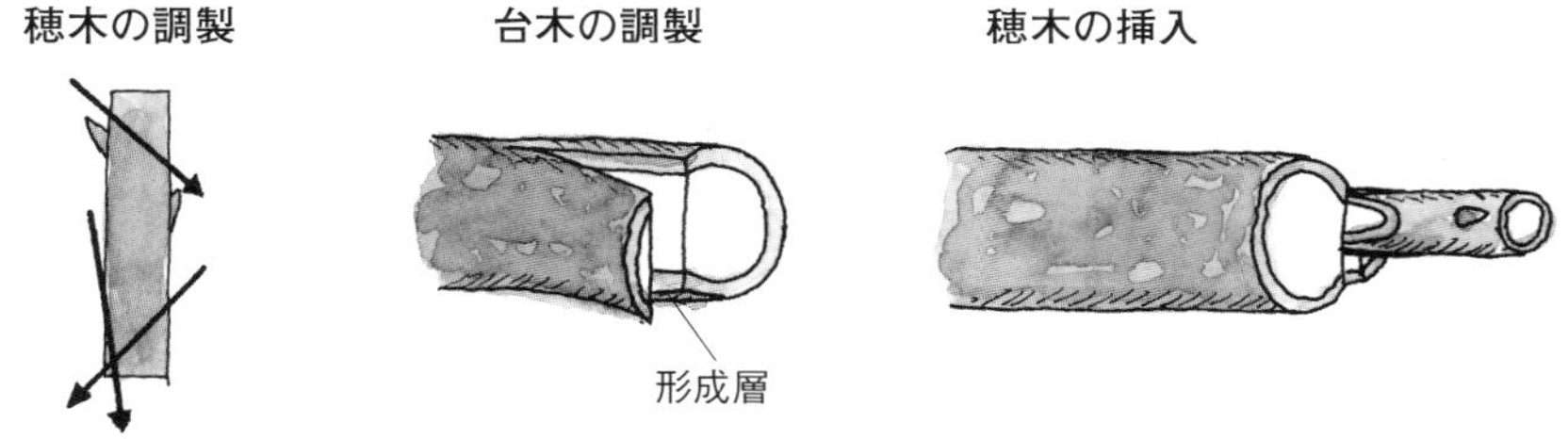

・上の矢印は剪定ばさみで切り、下の2本の矢印は小刀で削る
・台木に穂木を挿入したときに、先端の芽が伸ばしたい方向になるように、穂木を調製する

・台木を切除する
・小刀の平らな面を内側にして、切断面が平らになるように切り込みを入れる

・穂木の切断面が少し見えるように穂木を挿入する
・穂木と台木の形成層を合わせる（穂木が細いときは、形成層の片側だけ合わせる）
・穂木が動かないようにビニールテープを巻く
・穂木と台木の露出している切断面に保護剤を塗布する

切り接ぎ

切り接ぎは、接ぎ木に最も多く用いられる方法です。直径数cmまでの細い枝を対象にします。穂木から発生する新梢を誘引しやすいように、できるだけ横向きの枝に接ぎ木します。

中間台の枝の基部を、10cm程度残して切除します。残した枝の切断面から基部方向に接ぎ木ナイフで縦に切り込みを入れ、そこに調製した穂木を挿し込みます。穂木は、1～数芽の長さとし、先端の芽が横向きで伸ばしたい方向になるように削ります（**図6－11**）。

切り接ぎ

剝ぎ接ぎ

剝ぎ接ぎは、太い枝を対象にします。切り接ぎと同様に、できるだけ横向きの枝に接ぎ木します。

中間台の枝の基部を10cm程度残して切除し、そこに接ぎ木ナイフで樹皮に穂木と同じ幅の切り込みを入れます。その樹皮を持ち上げて、そこに調製した穂木を挿し込みます。穂木は、1~数芽の長さとし、先端の芽が横向きで伸ばしたい方向になるように削ります（**図6－12**）。

図6－12　剝ぎ接ぎの方法

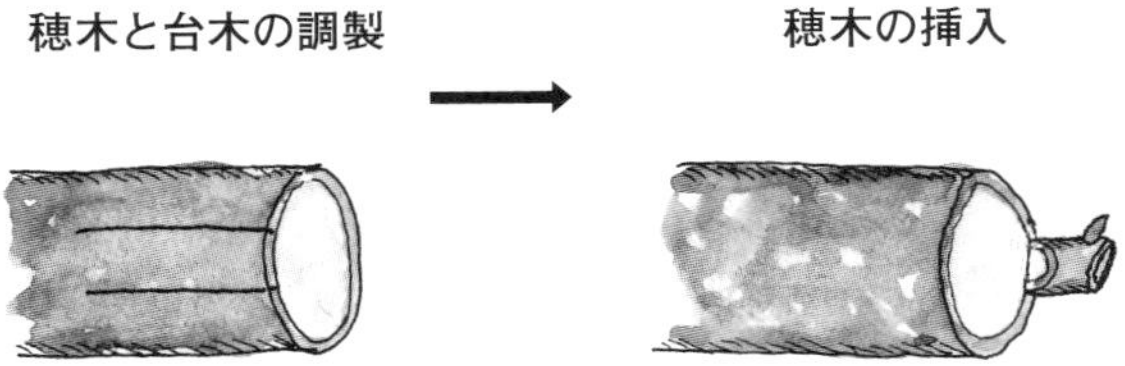

・穂木は、切り接ぎと同様に調製する
・台木は切除した後、穂木が入る幅に小刀で木部まで達するように切り込みを入れる

・穂木の切断面が少し見えるように穂木を挿入する
・穂木が動かないようにビニールテープを巻く
・穂木と台木の露出している切断面に保護剤を塗布する

接ぐ位置は、枝の側面で節や凹凸のない平らな部分が適しています。枝が太い場合は、1か所に2口以上接ぐことも可能です。

腹接ぎ

腹接ぎは、主枝と亜主枝の太い部位や側枝の基部付近を対象にします。

主枝と亜主枝では中間台の接ぎ木する部分に、のこぎりで形成層より深くまで縦方向に切り込みを入れます。樹の先端方向から切り込みまで、平のみで削ります。のこぎりで入れた切り込みより元側の樹皮に、剝ぎ接ぎと同じ方法で切り込みを入れます。

樹皮が厚い場合は、ナイフなどを用いて樹皮が薄くなるまで削ると、切り込みが入れやすくなります。その樹皮を持ち上げて、そこに調製した穂木を挿し込みます。穂木は、1~数芽の長さとし、先端の芽が上向きになるように削ります（**図6－13**）。

図6－13　腹接ぎの方法

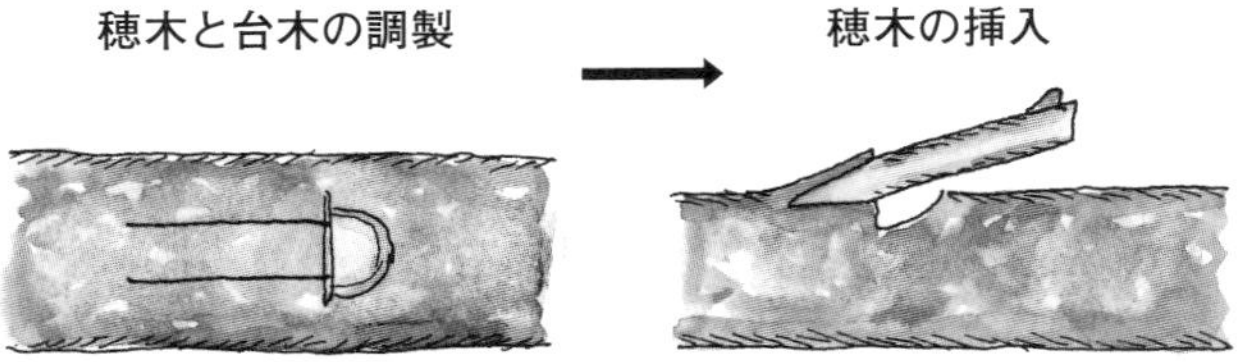

・穂木は、挿入したときにぶつからないように切断面を調節する
・枝の方向と直角に、形成層より深くまでのこぎりで切り込みを入れる
・切り込みより先の部分を平のみでえぐる
・のこぎりの切り込みより基部側に穂木が入る幅に小刀で木部まで達するように切り込みを入れる

・穂木の切断面が台木より少し出るようにする
・穂木を挿入したとき、穂木と台木の間にすきまを空ける
・穂木が動かないようにビニールテープを巻く
・穂木と台木の露出している切断面に保護剤を塗布する

なお、穂木を挿入したときに台木と

図6−14　一芽腹接ぎの方法

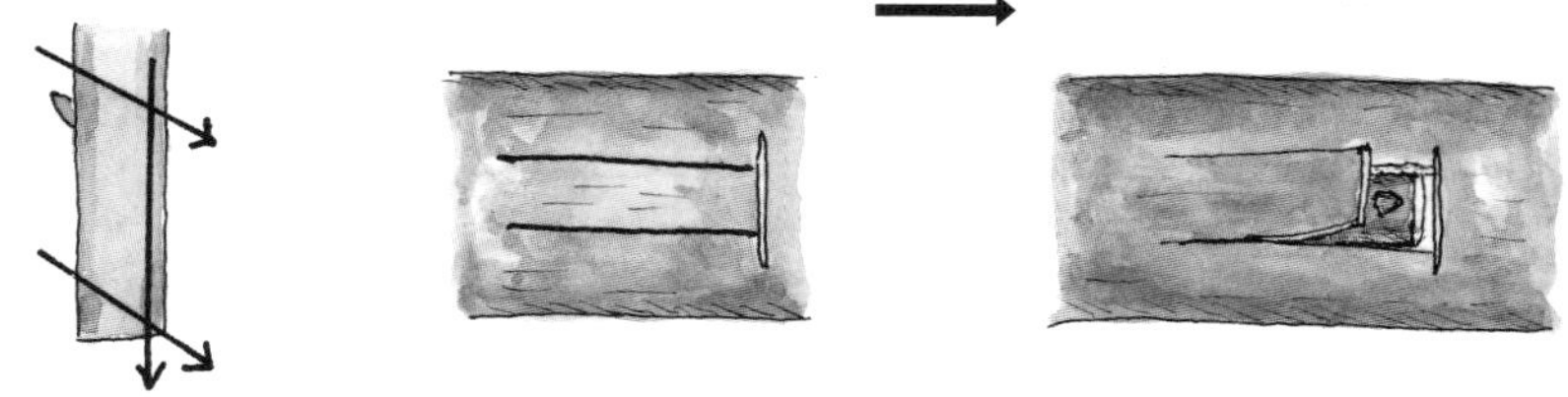

・小刀で縦の矢印は平に削り、下の矢印は角度をつけて削る
・上の矢印は剪定ばさみで切る

・のこぎりで枝と直角に木部まで切り込みを入れる
・穂木の大きさに小刀で切り込みを入れる

・穂木より台木の切り込みの幅が広い場合は、穂木を片側に寄せる
・穂木を挿入後、芽が出るように台木の樹皮を切る
・穂木が動かないようにビニールテープを巻く。芽だけ出す
・芽の周囲に保護剤を塗布する

ぶつかると接ぎ木が失敗するので、穂木の削る角度を急にして切り接ぎより穂木が上向きになるよう調節します。

側枝の基部では、接ぎ木ナイフやのみで斜めに切り込みを入れ、調製した穂木を挿し込みます。穂木は、1〜数芽の長さとし、先端の芽が横向きで伸ばしたい方向になるように削ります。

一芽腹接ぎ

一芽腹接ぎは、主に主枝や亜主枝の太い部位を対象にします。

中間台の接ぎ木する部分に、のこぎりで切り込みを入れます。さらに、接ぎ木ナイフで穂木の幅と長さに合わせて、基部方向に切り込みを入れます。

樹皮が厚い場合は、腹接ぎと同様に樹皮を削ります。その樹皮を持ち上げて、そこに調製した穂木を挿し込みます。穂木の芽が出るように、樹皮の先端を切り取ります（図6−14）。

接ぎ木時期

接ぎ木の適期は、切り接ぎでは2月下旬〜5月上旬頃、剝ぎ接ぎ、腹接ぎおよび一芽腹接ぎでは、台木の樹液が流動して樹皮をはがしやすくなる4月上・中旬頃です。

時期が遅くなっても接ぎ木は可能ですが、遅くなるほど穂木から発生する新梢の伸長が不良になります。

穂木の採取と貯蔵

穂木の採取

穂木は、えそ斑点病に罹病していない樹から採取します。えそ斑点病に感染している病徴《びょうちょう》非発現性品種（症状が現れないため、感染していても外観から判断できません）の樹に、病徴発現性品種の穂木を接ぎ木すると、接いだ穂木がウイルスに感染するため、穂木から発生する新梢の葉に病徴が現れ、収量や果実品質が低下します（表6−

2)。

感染の有無は、正確にはHN－39と呼ぶ品種を用いて検定します。簡易的には、高接ぎ更新する予定の樹に病徴発現性品種を数か所接ぎ木して病徴の有無を確認します。

接ぎ木に適した枝は、葉芽が多く、葉芽がやや突出し、色が濃い中庸な太さの1年生枝です。穂木の貯蔵期間が長くなると穂木が不良になるため、穂を採取する樹は2月頃に剪定します。

表6－2　えそ斑点病の病徴発現性品種と非発現性品種

	品　種
発現性品種	二十世紀、おさゴールド、ゴールド二十世紀、新星、南水、新高、にっこり、八幸、八雲、新雪、新甘泉、秋甘泉、きらり
非発現性品種（潜伏性品種）	幸水、豊水、あきづき、あけみず、菊水、秀玉、新興、新水、筑水、長十郎、なつひかり、豊月、八里、陽水、若光、秋麗、王秋、なつしずく、平塚16号、甘太、豊里、なつひめ

穂木の貯蔵

採取した穂木は、長いままポリエチレンシートで包むか、穂木を10cm程度に切り、切り口にパラフィンやろうを塗布してポリ袋に入れて密封します。いずれの方法も、本数が少ない場合は穂木が乾燥するため、濡れた新聞紙で包みます。貯蔵は、温度変化の少ない冷暗所や冷蔵庫でおこないます。

穂木を包んだポリエチレンのシートや袋には、穂木の採取日と品種名を明記しておきます。

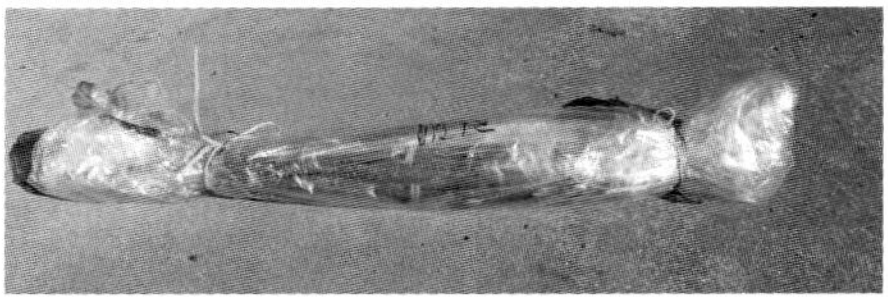
ポリエチレンシートで包んだ穂木

接ぎ木後の管理

主枝や亜主枝を更新するために接いだ穂木は、先端から発生した新梢を、56頁に示した「苗木の植えつけと新梢管理」に準じて腕部をつくり、その先を垂直に誘引すると、主枝や亜主枝を早く育成することができます。

他の穂木から発生した新梢は、生育と方向がよいものを穂木1本当たり1～2本誘引します。穂木先端以外の上側の芽から発生した新梢は、非常に強勢になるため芽かきや摘心をおこないます。

中間台から発生した新梢は、原則として芽かきします。接ぎ木に失敗したり周辺に接いだ箇所が少ない場所では、新梢を誘引しておき、翌年その枝に接ぎ木します。

第７章

病虫害と生理障害、気象災害

そえ斑点病の症状

病害虫防除と植物成長調整剤の利用

病害虫の防除法

病害虫の防除法には、化学的防除法、物理的防除法、耕種的防除法、生物的防除法の4種類があります。

化学的防除法は、いわゆる化学農薬の散布などによる防除法です。

物理的防除法は、機械や器具を利用して病気や害虫を制御する方法です。施設栽培、多目的防災網の被覆、黄色灯の点灯、袋かけ、温水を用いた白紋羽病の治療などがあります。

耕種的防除法は、病害虫が発生しにくい条件を整えて、被害を軽減する方法です。剪定、粗皮削り、バンド誘殺、落葉処分、抵抗性品種の植栽などがあります。

生物的防除法は、微生物、昆虫類、性フェロモンなどを用いて病害虫を防除する方法です。フェロモン剤、天敵があります。

スピードスプレーヤによる薬剤散布

農薬の種類と使用法

農薬と意識して使用している薬剤は、殺菌剤、殺虫剤、殺ダニ剤などが一般的です。しかし、農薬取締法では、殺虫剤、殺菌剤、殺虫殺菌剤、除草剤、植物成長調整剤、誘引剤、展着剤、天敵微生物剤が、農薬とされています。

有機農業では「化学的に合成された農薬」を使用できませんが、市販されている薬剤のなかには、性フェロモン剤やマシン油乳剤など使用できるものもあります。興味のある方は、地元の指導機関やＪＡ（農協）にお問い合わせください。

農薬を使用するときは、農薬の容器のラベルに、適用作物、希釈倍数、使用量、使用時期、使用回数が記載されていますので、その基準を守ってください。また、同一の病気や害虫にたいして、連続して散布する場合は、違う系統の薬剤を使用するローテーション散布をおこないます。同じ系統の薬剤を連続使用すると、病気では耐性菌が、害虫では抵抗性が発達しやすくなって、農薬が効かなくなるおそれが生じます。

植物成長調整剤の種類と使用法

　植物成長調整剤は、植物の生長や発育を制御して、品質向上、増収、収穫時期の早期化、日持ち性の向上などのために用いられる薬剤です。農薬登録上は植物成長調整剤ですが、植物生育調節剤ともいいます。

　植物成長調整剤の有効成分は、植物ホルモンや類似した作用を持つ化合物、植物ホルモンの阻害剤などです。

　散布する場合は、対象樹や圃場外へ飛散しないように注意します。樹勢の弱い樹では、薬害や樹勢低下につながるおそれがありますので、原則として健全な樹を対象にします。

　また、処理直後の降雨により、効果が低下したり再処理できない薬剤もあるため、天候を確認して処理をおこないます。使用した器具は、使用後じゅうぶんに洗浄します。

　現在、ナシで使用できる植物成長調整剤は、次頁以降の**表7−1**のとおりです。なお、植物成長調整剤の使用は、農薬散布としてカウントされます。有機農業や地域独自の農産物認証制度などに取り組む場合は、注意します。

ジベレリンペースト

　果実肥大および熟期促進と新梢伸長促進のために使用します。単為結果（受精がおこなわれずに結実する現象）や伸長促進などの作用があります。

　果実肥大促進および熟期促進に使用する場合は、満開30〜40日後に1果当たり20〜30㎎を果梗に塗布します。薬剤が果面に付着すると汚れの原因になります。「幸水」で約3〜6日の熟期促進、1果当たり40g程度の肥大促進効果が期待できます。「豊水」ではみつ症の発生が増加します。

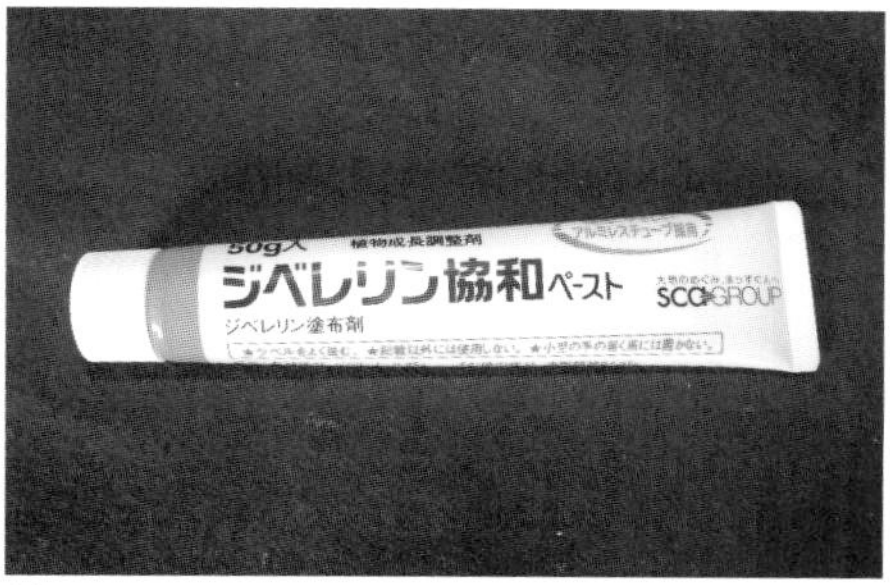

ジベレリンペースト

新梢伸長促進のためのジベレリン処理（幸水）

新梢伸長促進に使用する場合は、満開予定日10日前〜満開40日後に新梢基部に100㎎塗布します。苗木では萌芽期ないし新梢伸長期に3回まで使用できるので、複数回使用する場合は、1回目は新梢基部に、2〜3回目は伸長中の新梢先端の下部に塗布します。

使用目的と使用方法

使用時期	使用方法（使用回数）
満開30 〜 40日後	果梗部塗布（1回）
満開予定日10日前〜満開40日後	新梢基部塗布（1回）
萌芽期〜新梢伸長期	頂芽基部塗布または新梢基部塗布（3回）
果実の横径が60㎜以上の時期（満開100日後頃）ただし、収穫14日前まで	立ち木全面散布（1回）
果実の横径が30 〜 35㎜の時期（満開60 〜 70日後頃）ただし、収穫14日前まで	
満開10 〜 20日後	果実散布（1回）
満開期	果叢散布（1回）
収穫開始予定日の14 〜 7日前	立ち木全面散布（1回）
収穫開始予定日の30 〜 7日前	
収穫開始予定日の14日前	立ち木全面散布（1回）
収穫開始予定日の21 〜 4日前	立ち木全面散布（2回）
収穫・落葉後〜発芽前	立ち木全面散布（1回）
	結果枝、発育枝に塗布（1回）
収穫直後〜2日後	燻蒸（1回）

エスレル10

熟期促進のために使用します。エチレンを発生して果実の成熟を促進します。

果実の熟期促進、肥大のためのジベレリン処理

果実の横径が60㎜以上の時期（満開100日後頃）に、1000〜2000倍液（「長十郎」は1000倍液）を樹全体に散布します。「幸水」、「豊水」、「新水」および「二十世紀」では、果実の横径が30〜35㎜の時期（満開60〜70日後頃）に、4000倍液を樹全体に散布することもできます。散布量は、いずれの時期も10a当たり200〜300ℓです。

本剤の散布によって、5〜10日程度成熟期が早くなります。散布時期が早

表7－1　植物成長調整剤の

薬剤名	品種等	使用目的	希釈倍数	使用量
ジベレリンペースト	全般	熟期促進		20 ～ 30mg / 1果
		果実肥大促進		
		新梢伸長促進		100mg / 1枝
	苗木	新梢伸長促進		100mg / 1枝
エスレル10	全般（長十郎を除く）	熟期促進	1,000 ～ 2,000倍	200 ～ 300ℓ /10a
	長十郎		1,000倍	
	豊水、二十世紀、新水、幸水		4,000倍	
フルメット液剤	幸水	果実肥大促進	10 ～ 15ppm	
	豊水	みつ症軽減	2ppm	
ストッポール液剤	王秋を除く赤ナシ	収穫前落果防止	2,000 ～ 3,000倍	200 ～ 300ℓ /10a
	青ナシ		1,500 ～ 2,000倍	
	王秋		2,000 ～ 3,000培	
マデック乳剤	全般	収穫前落果防止	6,000倍	200 ～ 300ℓ /10a
ヒオモン水溶剤	全般	収穫前落果防止	1,000 ～ 2,000倍	200 ～ 300ℓ /10a
CX－10	全般	休眠打破による発芽促進、および発芽率の向上	10倍	150 ～ 200ℓ /10a
			15倍	
スマートフレッシュ燻蒸剤	全般	収穫果実の熟期抑制		34 ～ 68mg /m^3

2019年10月現在

すぎると落果が発生し、肥大盛期では裂果が増加することがあります。また、日持ちが短くなるため、日持ち性の短い品種では販売面での注意が必要です。

フルメット液剤

「幸水」の果実肥大促進および「豊水」のみつ症軽減のために使用します。サイトカイニン活性を持つ物質です。

「幸水」の果実肥大促進に使用する場

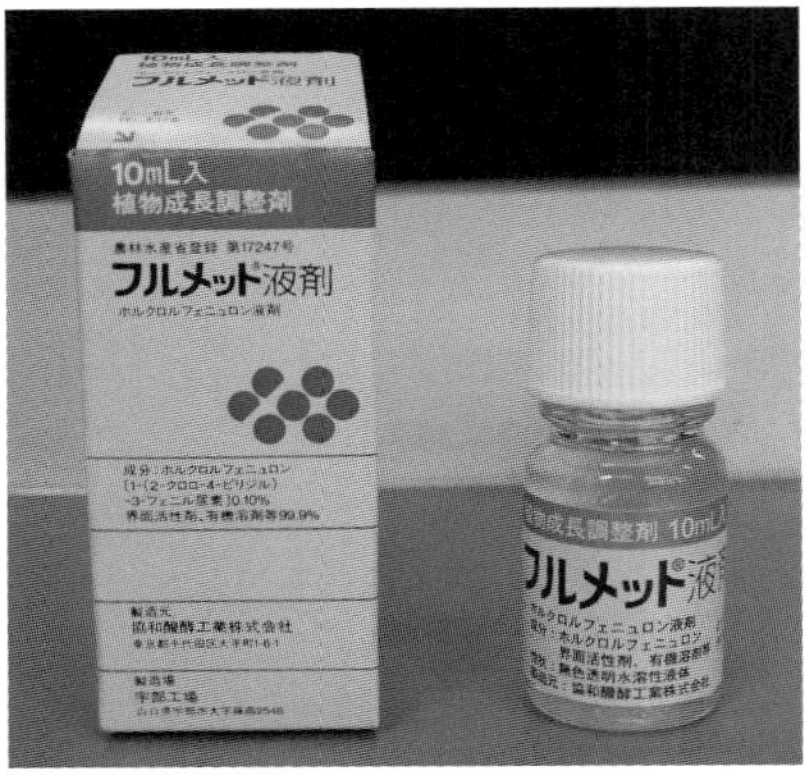

フルメット液剤

合は、満開10～20日後に10～15ppmの水溶液を果実に散布します。使用濃度が高いと、果形が縦長になる変形果が生じたり、熟期が遅れる場合があります。「豊水」のみつ症軽減に使用する場合は、満開期に2ppmの水溶液を果叢に散布します。

ストッポール液剤

収穫前落果を防止するために使用します。オーキシン活性があり果梗の離層形成を抑制して落果を防止します。「王秋」を除く赤ナシでは、収穫開始予定日の14～7日前に20000～30000倍液を、「王秋」では収穫開始予定日の30～7日前に20000～30000倍液を樹全体に散布します。

青ナシでは収穫開始予定日の14～7日前に15000～20000倍液を樹全体に散布します。散布量は、いずれも10ａ当たり200～300ℓです。

マデック乳剤

収穫前落果を防止するために使用します。オーキシン活性があり、ストッポール液剤と同様の作用があります。

収穫開始予定日の14日前に、6000倍液を樹全体に10ａ当たり200～300ℓ散布します。

ヒオモン水溶剤

収穫前落果を防止するために使用します。オーキシン活性があり、ストッポール液剤と同様の作用があります。

収穫開始予定日の21～4日前に、1000～2000倍液を樹全体に10ａ当たり200～300ℓ散布します。

CX－10

休眠打破による発芽促進、および発芽率の向上のために使用します。呼吸阻害作用によって、自発休眠が打破されると考えられています。

収穫・落葉後～発芽前に、10倍液を樹全体に10ａ当たり150～200ℓ散布するか、15倍液を結果枝、発育枝に塗布します。

処理適期は自発休眠が覚醒する前なので、指導機関と相談して処理時期を決定してください。なお、処理前後の24時間は、飲酒を避けてください。

スマートフレッシュ燻蒸剤

収穫果の成熟抑制による日持ちの向上のために使用します。植物体中のエチレン受容体と拮抗的に結合することにより、エチレンの生理作用である果実の成熟や老化を阻害します。

倉庫などの施設内で所定量をあらかじめ水を入れた容器に入れて有効成分を発生させ、12～24時間常温で果実を燻蒸します。室温での日持ち性は、「幸水」で4日程度長くなります。本剤は販売店が燻蒸処理するため、薬剤単体での購入はできません。

病害の症状と防除法

病害防除にあたって

ナシに被害を与える病気は、多数あります。その多くは病斑上で越冬し、春に胞子などが雨水で伝播して感染します。

病害防除の基本は、病原菌の越冬密度を低下させることです。落葉処分や剪定、病斑の削り取りなど、薬剤に頼らない耕種的防除を確実におこないます。

主な病害の症状と防除法

黒斑病　病原菌 *Alternaria kikuchiana*（不完全菌類）

症状

若葉では、黒色の小斑点が生じます。それが拡大すると、輪紋状で不正形の病斑となり、上面に歪んで波打った葉が多くなります。幼果では、丸い小さな黒点が発生し、その後へこみます。やがて、亀裂が生じて病斑が急激に拡大し、落果します。成熟果では、輪紋状の軟腐病斑になります。伸長中の枝では、円形または楕円形の小さな黒褐色の斑点が生じます。その後へこんで亀裂を生じ、かさぶた状になります。

発生には品種による差が大きく、「二十世紀」が特異的に多発し、「新水」、「南水」などでやや発生します。

生態と防除

主に、1年生枝の病斑のなかで菌糸で越冬します。3月下旬頃から秋まで、病斑上に分生胞子を形成して伝染源となります。風雨で飛散した分生胞子によって、葉、果実、枝が罹病し、そこに形成された病斑から二次伝染します。

防除は、耕種的防除として罹病した枝や芽を剪定で除去します。「二十世紀」の幼果には、早めに小袋をかけます。薬剤防除は、発芽～小袋かけ前までの防除を徹底します。「新水」、「南水」などで袋をかけない場合は、6月まで防除を徹底します。その後は、定期的に薬剤を散布します。

黒星病　病原菌 *Venturia nashicola*（子のう菌類）

症状

葉では裏面に灰白色の病斑が発生し、その後黒色のすす状の病斑になります。果実では黒色の病斑が発生し、その後はへこみやひび割れ、裂果が発生します。

生態と防除

第一次伝染源は、前年の被害落葉上

黒星病（葉）

黒星病（果実）

炭疽病

に形成される子のう胞子と、罹病芽基部上に形成される分生子です。子のう胞子は、3月下旬~5月上旬頃まで飛散します。分生子は、開花はじめ頃から飛散がはじまります。その後は、これらによって罹病した葉や幼果から、ふたたび分生子が周囲に飛散します。秋になると罹病葉から胞子が腋花芽に流れて越冬し、芽基部に病斑を生じます。被害落葉上でも越冬して子のう胞子がつくられます。

　防除は、越冬する菌の密度を低下させることが重要です。そのため、10月中旬~11月中旬に保護殺菌剤を2~3回散布する秋季防除と落葉の処分をおこないます。さらに、鱗片脱落期から開花期にかけて、鱗片発病芽（鱗片が脱落しない芽を指標にする）や芽基部病斑を除去します。その後は、随時感染した葉や果実を取り除き、定期的に薬剤を散布します。

炭疽病　病原菌　*Glomerella cingulata*（糸状菌類）

症状

　7月中旬から果叢葉を中心に病斑が発生します。発生が激しい場合は、収穫前に罹病葉が黄変して落葉します。8~10月には徒長枝の基部から先端部へ感染が拡大し、落葉期まで継続して発生します。

　発生には品種による差が大きく、「豊水」と「なつしずく」が発生しやすく、「新高」、「二十世紀」および「長十郎」はやや発生しやすく、「幸水」、「あきづき」、「平塚16号」および「新興」ではほとんど発生しません。

生態と防除

　被害落葉や花芽で越冬して、翌年の第一次伝染源になります。

　防除は、耕種的防除として、被害落葉の処分と本病が多発した枝を剪定時に除去します。薬剤防除は、黒星病と炭疽病に効果がある予防剤を用い、収穫直前はQoI剤を散布します。

心腐れ症　病原菌　*Phomopsis fukusii*（糸状菌類）ほか

症状

　収穫期頃から果心部に水浸状の腐敗が発生し、その後果肉に腐敗が拡大します。感染した果実は、多くの場合収穫後にていあ部から、腐敗臭のする果汁が吹き出します。発生には品種による差が大きく、「幸水」と「愛宕」で多く発生します。

生態と防除

主に胴枯病菌の感染が原因ですが、炭疽病菌やフザリウム属菌でも発生することがあります。

胴枯病菌の場合は、枝の病斑上に形成された柄胞子が、4月頃からの雨で周囲に分散して、幼果の枯れた葯や柱頭の先端部分に付着し、そこから果心部へ菌糸を伸長させて感染します。

防除は、耕種的防除として胴枯病の罹病枝や病斑を除去します。摘果では、上向きの幼果を除去し、横から下向きの幼果を残します。また、枯れた葯や柱頭を取り除きます。薬剤防除は、開花前、開花後および5月上旬頃におこないます。

心腐れ症

疫病

疫病　病原菌　*Phytophthora cactorum*（卵菌類）

症状

4月中旬頃～6月頃まで葉、幼果、枝に発生します。「幸水」でとくに多く発生します。果叢は黒くしおれて、樹上でミイラ化します。2～3年生の枝では、病斑が果叢部から枝にも広がり、黒変して枯死します。

生態と防除

地表面付近で越冬した卵胞子が、4月頃に発芽して遊走子のうをつくります。そこから放出された遊走子が、雨水や風、雨によって跳ね上げられた土によって飛散して伝染します。その後、病斑上に生じた遊走子のうから遊走子が放出されて、7月頃まで二次伝染を繰り返します。発病には年次間差が大きく、数年～十数年に一度多発生することがあります。

防除は、耕種的防除として草生栽培を導入します。清耕栽培を続ける園では、4～5月頃の耕うんを避けます。薬剤防除は、3月下旬～5月頃におこないます。

白紋羽病　病原菌　*Rosellinia necatrix*（子のう菌類）

症状

白い菌糸が根に付着して、根を腐らせます。菌糸が広がって樹勢が低下すると、果実の小玉化、葉の褪色《たいしょく》、早期落葉、枝の枯死が起こり、最終的には樹が枯死します。

生態と防除

土壌中の剪定枝、枯れ枝、枯れた根等の粗大有機物や未熟堆肥に付着した菌糸が蔓延して伝染します。

防除は、粗大有機物や未熟堆肥を施

用しないようにします。発病樹は、休眠期に主幹から半径1ｍの範囲を、40㎝程度の深さに掘り上げて被害根を取り除き、防除薬剤を灌注します。また、50℃の温水で土壌を消毒する温水治療も効果があります。

萎縮病　病原菌 *Fomitiporia torreyae*（硬質担子菌類）

症状

発症のはじめは、主枝先や亜主枝先近辺にある側枝の展葉直後の葉に、波打ち、小型化、葉縁の黒変などの症状が発生します。果実は小玉や奇形になります。症状がすすむと、側枝や亜主枝、主枝が枯れます。症状は主枝単位に発生する場合が多く、症状が発生した主枝を切り落とすと、他の主枝で発生するようになります。感染樹では茶色い背着生の子実体（キノコ）が発生することがあります。

白紋羽病の感染調査（ナシの枝を株元にさして確認する）

生態と防除

病原菌は、リグニンを分解する白色腐朽菌の仲間で、スギ、サワラ、ツツジのほか多くの樹種にも感染します。感染経路はまだ明らかになっていませんが、主に6～11月に子実体から飛散する担子胞子によって、感染すると考えられています。

防除は、ナシ樹や防風垣などで子実体を見つけたらすぐに除去するとともに、枯死した樹や枝を放置しないで処分します。

萎縮病に罹病した樹の新梢

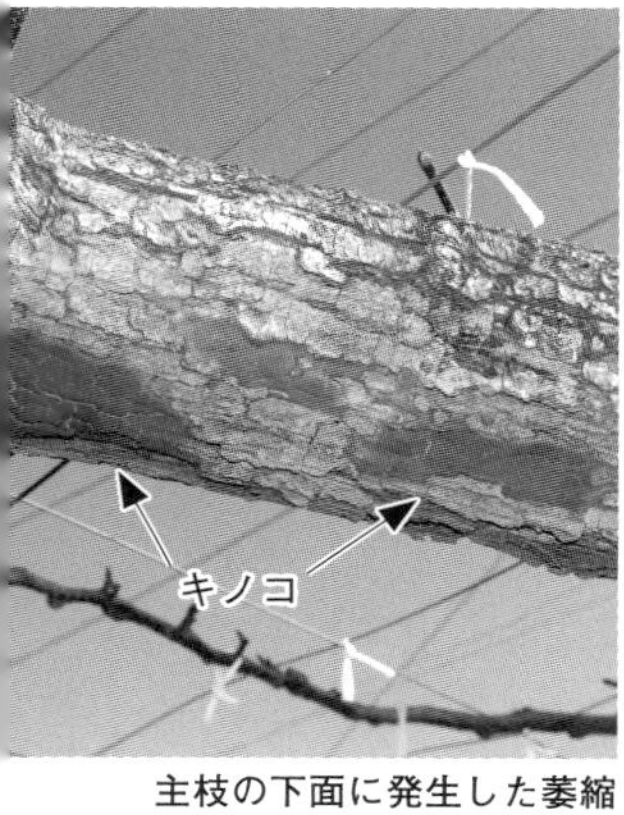

主枝の下面に発生した萎縮病菌のキノコ

えそ斑点病　病原未確認

症状

6月頃から果叢葉や新梢基部の成葉に、2～3㎜程度の大きさの褐色で多角形の斑点が現れ、しだいに上の葉に広がります。斑点が多く発生した葉は落葉しますが、残った葉の病斑はやがて灰白色に変わります。

感染すると激しい病徴が発生する発現性品種と、感染しても病徴を示さない非発現性品種（潜伏性品種）があ

えそ斑点病の症状

ります（１４４頁の**表６－２**参照）。

生態と防除

接ぎ木で伝染するウイルス病と考えられていますが、病原ウイルスは確認されていません。

感染した樹の薬剤防除はできませんので、信用のおける業者から無病苗を購入します。発現性品種を穂木として非発現性品種に接ぎ木する場合は、台木や中間台がえそ斑点病に感染していないことを確認します。発病した樹は、伐採するか非発現性品種を接ぎ木します。

虫害の症状と防除法

虫害防除にあたって

ナシを加害する害虫には、園内で越冬するものと園外から飛来するものがあります。

園内で越冬する害虫には、粗皮削りや耕うん、マシン油乳剤の散布などにより越冬虫の密度を低下させます。園外から飛来する害虫には、網の展張や黄色蛍光灯の設置などの物理的防除や性フェロモン剤を用いた生物的防除が有効です。薬剤防除は、薬剤が虫体に当たるか体内に入らなければ効果がありません。園内をよく観察し、早期発見、早期防除に努めます。

アブラムシの被害葉

主な虫害の症状と防除法

アブラムシ類（ナシノアブラムシ *Schizaphis piricola*、ユキヤナギアブラムシ *Aphis citricola*、ワタアブラムシ *Aphis gossypii*）ほか

症状

ナシノアブラムシは、葉表に寄生して葉を表側に巻き込みます。ユキヤナギアブラムシは、葉裏に寄生して葉を裏側に巻き込みます。ワタアブラムシは、新梢の先端付近に黒い集団で寄生

しますが、葉は巻き込みません。

生態と防除

ナシノアブラムシは、ナシの芽付近で卵で越冬し、展葉前に孵化して加害します。4～5月に多発生します。6月頃にハマスゲなどに移動し、秋にふたたびナシに飛来します。ユキヤナギアブラムシは、5月頃ユキヤナギなどから飛来し、5～7月に多発生します。7～8月になるとユキヤナギなどに移動して卵で越冬します。ワタアブラムシは、5月頃雑草などから飛来して加害します。8月頃に雑草へ移動して卵で越冬します。

防除は、葉を巻き込むものは、発生初期に浸透移行性のある薬剤を散布します。

ハダニ類の被害葉

ハダニ類（ナミハダニ *Tetranychus urticae*、カンザワハダニ *Tetranychus kanzawai*）ほか

症状

葉の表面が主脈に沿って淡緑色に退色します。多発すると、葉全体が褐変してしおれるいわゆる葉焼けが発生し落葉します。梅雨明け後に高温乾燥が続くと多発します。

生態と防除

下草やナシの粗皮下、誘引ひもの間などで成虫で越冬します。

防除は、冬季に粗皮削りやバンド誘殺をおこない、誘引ひもはすべて交換します。下草はこまめに除草しますが、除草後にハダニがナシ樹へ移動することがありますので注意が必要です。発生を確認したら殺ダニ剤を散布します。薬剤抵抗性が発達しやすいため、複数回散布する場合は異なる系統の殺ダニ剤を用います。

シンクイムシ類（ナシヒメシンクイ *Grapholita molesta*、モモシンクイガ（モモヒメシンクイ）*Carposina sasakii*、ナシシンクイタマバエ *Resseliella yagoi*）ほか

症状

幼虫が果実に侵入して、果心部を食害します。ナシヒメシンクイは食入孔から虫糞を出しますが、モモシンクイガは虫糞を出しません。ナシシンクイタマバエは食入孔や虫糞は見られませんが、果実内部は心腐れ症に似た腐敗や水浸状になります。ナシヒメシンクイは、新梢に食入して先端が枯れることがあります。

生態と防除

ナシヒメシンクイは、老齢幼虫が枝幹のすきまで越冬して繭をつくります。4月下旬頃発生した成虫は園外に

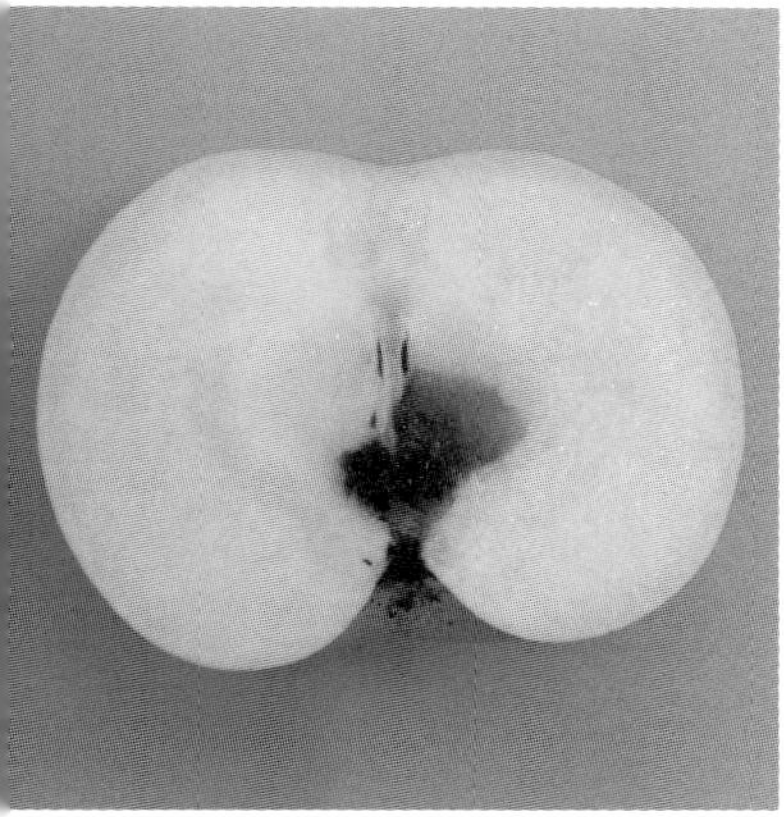

シンクイムシの被害果

移動し、増殖した第1世代幼虫はモモ、ウメ、サクラなどの新梢に食入します。7月以降にナシ園へ飛来して、梗あ部周辺に産卵し、孵化した幼虫が果実に食入します。新世代成虫の羽化ピークは、6月中旬、7月中・下旬、8月上旬、9月中・下旬頃です。

モモシンクイガは、土中で冬繭をつくって幼虫で越冬します。4月中・下旬に地表面に新たに夏繭をつくって蛹化し、6月に羽化して越冬世代成虫になります。第1世代成虫は8月に発生します。

ナシシンクイタマバエは、老熟幼虫が粗皮のすきまなどで繭をつくって越冬します。7～8月に羽化してていあ部の傷口や樹皮下に産卵します。孵化した幼虫は傷口から果実に侵入します。樹皮下で孵化した幼虫はその場で集団生活をします。

防除は、冬季に粗皮削りをおこないます。また、圃場周辺のモモやウメなどの核果類の新梢の心折れや被害果を処分します。薬剤防除は、成虫羽化のピーク前後におこないます。

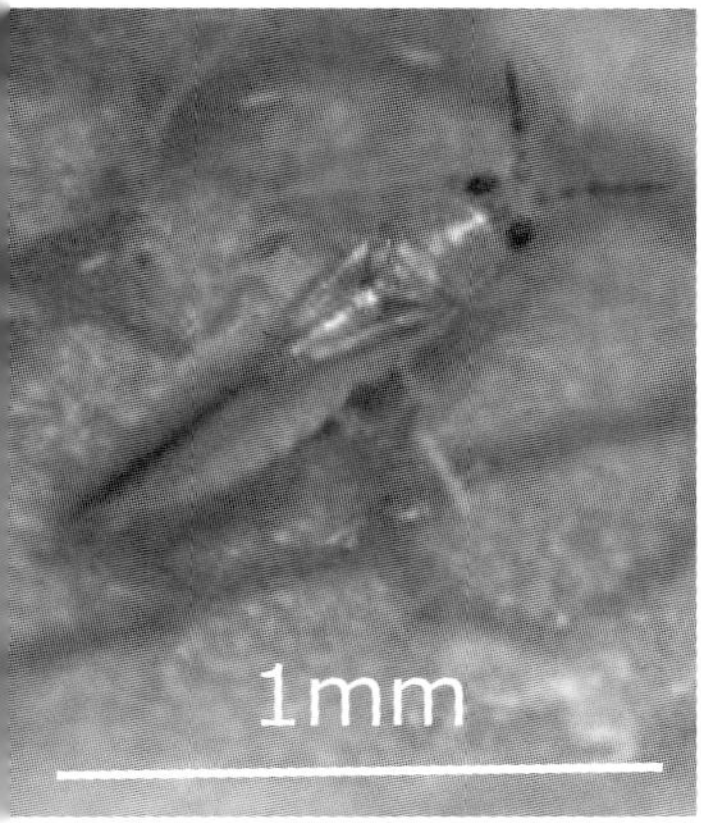

チャノキイロアザミウマ

チャノキイロアザミウマ　*Scirtothrips dorsalis*

症状

葉が褐色になり、表側に湾曲します。被害が激しい場合は早期落葉します。徒長枝全体が被害を受けることが多くあります。

生態と防除

幼虫態で土中で越冬し、越冬中に成虫となります。3月下旬頃から越冬場所を離れ、その後増殖した第1世代成虫が5月上・中旬頃から新梢の上位葉に寄生します。6月下旬頃から急速に増加し、11月頃まで発生します。

防除は、5月上・中旬に第1世代幼虫、5月下旬に第1世代成虫を対象とした薬剤防除をおこないます。

ニセナシサビダニ　*Eriophyes chibaensis*

症状

新梢の葉の先端部がやや光沢のある褐色になり、葉が裏側に湾曲して硬化します。激しい場合には、早期に落葉します。近年は、葉にモザイク症状

（仮称）の発生が見られるようになりました。

生態と防除

雌成虫が枝幹などの表皮のすきまや粗皮の下で越冬します。４月上旬頃に毛茸の多い若い枝葉に寄生し、５月以降は新梢に寄生して６月以降急増します。７月下旬～８月上旬には越冬場所へ移動します。体長は０・２㎜程度と小さいので、肉眼で確認することはできません。

防除は、冬季に粗皮削りをおこないます。薬剤防除は、冬季にマシン油乳剤を散布します。さらに、５月中旬と６月中旬に薬剤防除をおこないます。

ニセナシサビダニの被害葉

ハマキムシ類（リンゴコカクモンハマキ *Adoxophyes orana fasciata*, チャハマキ *Homona magnanima*）ほか

症状

リンゴコカクモンハマキは、１枚の若い葉が二つ折りにされ、そのなかを食害します。チャハマキは、２～３枚の成葉がつづり合わされ、なかが食害されます。また、果実表面が浅く食害されます。

生態と防除

リンゴコカクモンハマキは、ナシの粗皮の間隙などで幼虫で越冬します。萌芽期頃から食害をはじめます。５月中旬頃成虫が発生します。成虫は年４回くらい発生します。チャハマキは、イヌマキなどの常緑樹で幼虫で越冬し、５月頃に成虫が飛来します。成虫は年４回くらい発生します。

防除は、冬季に粗皮削りをおこないます。果実同士や果実と葉が接触しないように摘果をおこないます。薬剤防除は防除基準に従っておこないます。

カメムシ類（チャバネアオカメムシ *Plautia stali*, クサギカメムシ *Halyomorpha mista*）ほか

症状

吸汁部がへこみ、奇形果になります。果実は腐敗しません。

生態と防除

チャバネアオカメムシは落ち葉などの下で、クサギカメムシは建物のすきまなどで越冬します。４月頃に越冬場所から離脱し、いろいろな餌植物を移動しながら、５～６月および７月以降にナシ園へ成虫が飛来します。越冬量が多かったりスギやヒノキの球果の生産量が少ないと、ナシ園に飛来する事例が多くなります。11月頃に越冬場所へ移動します。

カメムシの被害果

防除は、園を多目的防災網で被覆します。また、黄色蛍光灯によりチャバネアオカメムシの被害をある程度軽減できます。薬剤防除は、飛来を確認したら早急におこないます。散布は夕方におこなうと効果的です。

吸蛾類（アケビコノハ *Adris tyrannus*、ヒメエグリバ *Oraesia emarginata*、アカエグリバ *Oraesia excavata*、ムクゲコノハ *Lagoptera juno*）ほか

症状

7月下旬～9月にかけて、羽化した成虫が夜間にナシ園へ飛来し、果実を吸汁します。吸汁部の中心付近には、吸汁した穴が見られます。吸汁された果肉はスポンジ状となり、ここから腐敗します。

生態と防除

吸蛾類の幼虫は、特定の餌植物で生長します。アケビコノハは、アケビ、ミツバアケビ、ヒイラギナンテンなど、ヒメエグリバやアカエグリバはカミエビ、ムクゲコノハはオニグルミ、サワグルミなどが餌植物です。ナシ園へは7月頃から日没後ないし夜明けまで飛来します。

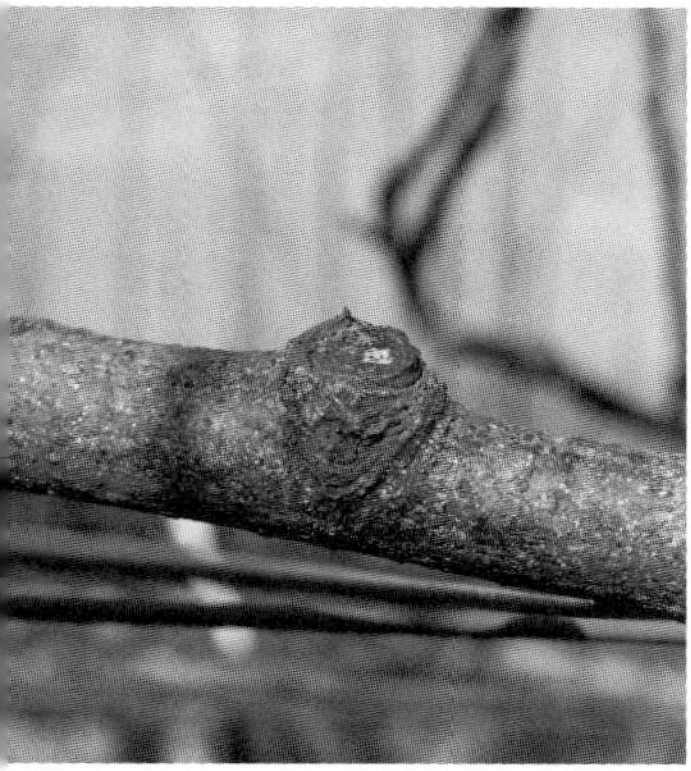
ナシマルカイガラムシに加害された枝

防除は、多目的防災網や黄色蛍光灯を設置します。黄色蛍光灯は、7月下旬～収穫終了まで日没後30分から夜明けまで連続点灯します。

カイガラムシ類（ナシマルカイガラムシ（サンホーゼカイガラムシ）*Diaspidiotus perniciosus*、クワコナカイガラムシ *Pseudococcus comstocki*）ほか

症状

ナシマルカイガラムシに加害された果実は、表面がへこみ赤色に変色し、裂果することもあります。枝では新梢の加害部分が赤紫色に変色し、2年生

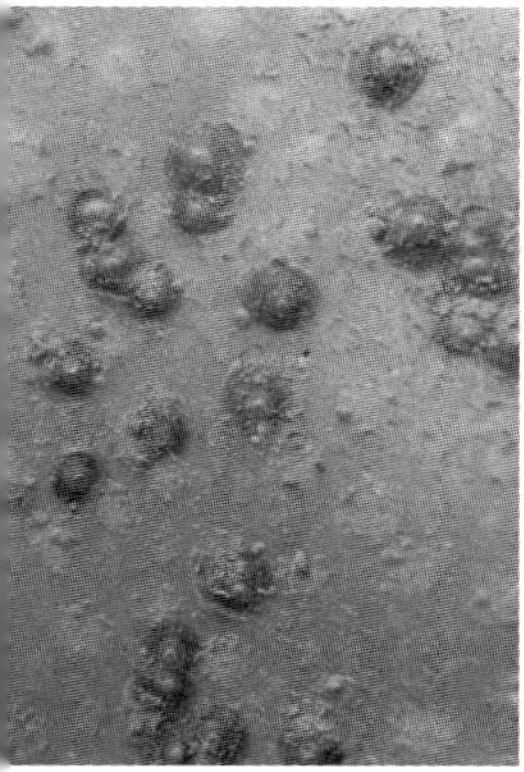
ナシマルカイガラムシの被害果表面

以上の枝では枯れ込む場合があります。クワコナカイガラムシは、果実がへこんだり、すす病が発生し、裂果することもあります。有袋栽培でとくに問題になります。

生態と防除

ナシマルカイガラムシは、幼虫で越冬します。歩行幼虫の発生ピークは、5月中旬~6月下旬、7月中旬~8月下旬、9月上旬~10月下旬です。クワコナカイガラムシは卵のうで越冬し、5月上・中旬頃孵化します。その後、新世代の孵化幼虫は、7月上・中旬、9月上旬頃に発生します。

防除は、ナシマルカイガラムシでは、冬季にマシン油乳剤を散布します。多発部位は散布前に金ブラシでこすり落とします。クワコナカイガラムシでは、バンド誘殺や粗皮削りをおこないます。その後は、いずれのカイガラムシとも孵化幼虫の発生時期に薬剤防除をおこないます。

生理障害の症状と防止対策

生理障害防止にあたって

ナシの果実には、裂果やみつ症などいろいろな生理障害が発生します。また、「あきづき」や「王秋」では、栽培が広まるにつれコルク状や水浸状の果肉障害が発生しています。

生理障害が発生する原因にはまだまだ不明な点が多く、完全に防止できる技術も確立していません。しかし、適正な樹勢の維持や土壌環境の改善により、生理障害の発生が軽減することがわかっています。

栽培管理、土壌物理性・化学性の改善、土壌診断に基づいた施肥など基本技術の励行が重要です。

裂果（幸水）

主な生理障害と防止対策

裂果

裂果は「幸水」で多く発生します。「幸水」の裂果は、症状が軽い場合ではていあ部に渦巻き状の亀裂が発生しますが、そのまま果実が肥大します。症状が重い場合は、果実全体に亀裂が生じ、腐敗します。多発時期は、果実の日肥大量が最大となる満開90日後頃です。

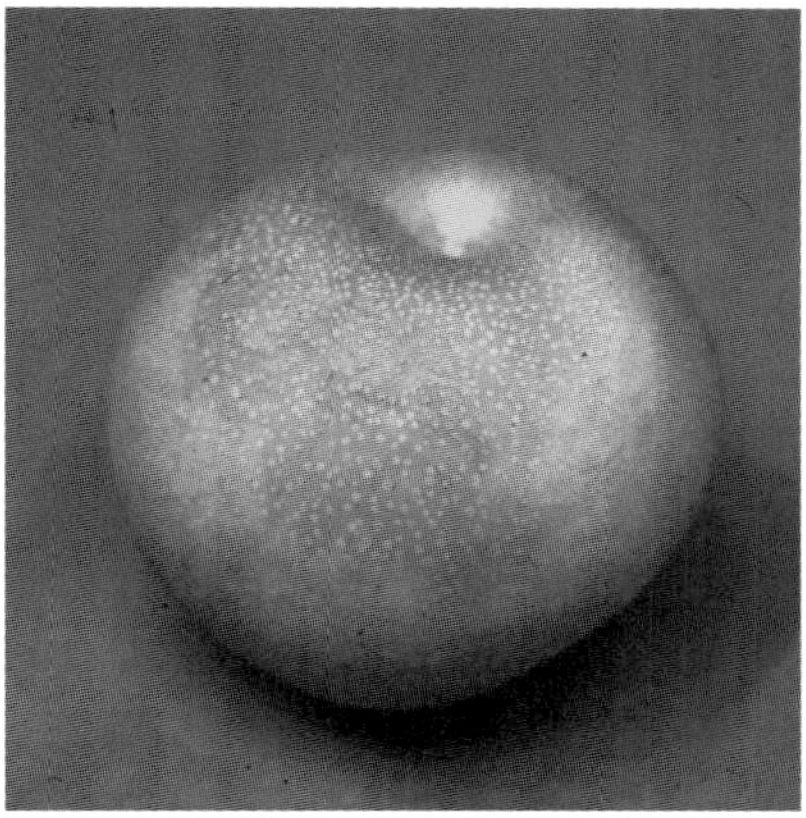
重症のみつ症は外観から判断できる

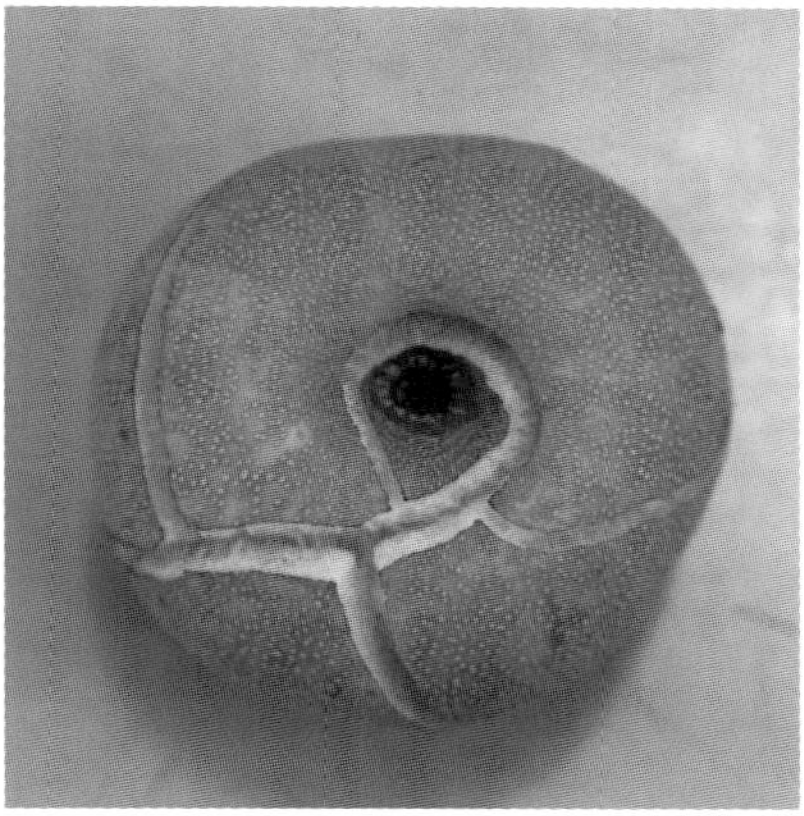
幸水の裂果

みつ症は豊水、二十世紀で多発する

裂果は、果実の急激な肥大や一時的に肥大が抑制された後の急激な肥大により発生します。また、果実は夜間に肥大し昼間は収縮していますが、収縮しない状態が続いたときも発生します。このように、順調な果実肥大が妨げられた後に日肥大量が急激に変化するのは、低温や日照不足などの気象の要因が大きく影響しています。

裂果を軽減するには、徒長枝の発生が少ない落ち着いた樹をつくり、新梢の摘心で短果枝を維持して葉数の多い側枝をつくります。本摘果時には無着葉果叢や上向きの果台に着果した果実や、裂果の危険期に直射光の当たるような果実を優先的に除去します。

みつ症（水ナシ）

みつ症は、主要品種では、「豊水」と「二十世紀」で年により多発し問題となっていますが、近年では「新高」でも発生しています。

症状は、水浸状の組織が果皮近くや維管束の周辺に生じ、ひどい場合は果肉全体に生じます。症状の程度は、うっすらとした水浸状で健全部との境界が不明瞭なものや、境界が明瞭なものがあります。

また、水浸部が褐変したり、す入り症状が発生することもあります。重症の果実は、数日の貯蔵で水浸部の褐変や果肉の空洞の発生、アルコール臭の発生などが起こります。

みつ症の発生原因は不明ですが、樹勢低下した樹や強樹勢の樹で発生が多い傾向にあること、土壌改良により減少することから、土壌改良をおこなって根の活性を高め、落ち着いた樹づくりに努めます。

「豊水」では、6月の高温がみつ症発生を助長し、千葉県では満開91~100日後の間（7月上・中旬頃）の最高気温が低いほど発生が多くなります。

一方、果実の熟度がすすむほどみつ症の発生が多くなることから、前述した気象条件に遭遇した年は、収穫前に果実を切断してみつ症発生の有無を確認します。みつ症が発生しているようであれば、通常の年よりカラーチャートの色票値1程度青めの色で収穫します。

「豊水」ではホルクロルフェニュロン（フルメット液剤）を満開期に果叢に散布すると発生を軽減できます。また、カルシウム剤の処理も効果があると考えられていますが、効果が年により大きく変動します。

「新高」は8月に高温乾燥が続くと多発します。防止対策としては、樹体を健全に保つため土壌改良をおこないます。側枝は5年程度で更新し、側枝間隔はやや狭くし園内が明るくなりすぎないようにします。摘果では直射光が当たらない果実を残し、交配20日後頃に小袋かけをおこないます。高温乾燥年は、8~9月に灌水をおこないます。

ユズ肌症（石ナシ）

果面に凹凸が生じたり、果肉が硬化します。「二十世紀」で問題となっていますが、「新興」や「長十郎」でも発生します。「長十郎」では、石ナシと称しています。「豊水」では、発生しても果肉が硬化しないため、実用上問題になりません。

6~7月が乾燥した年に、耕土の浅い園や砂質土壌の園、南面の傾斜園で多く発生します。一方、6~7月が多雨の年は、排水不良の園で発生が見られます。台木によっても発生が異なり、ホクシマメナシ台は発生が少なく、ヤマナシ台では多く発生します。

また、障害果は果肉中のカルシウム含量が低く、カリが多い傾向にあります。

発生原因は、乾燥や根の生理機能の低下による水分不足、土壌の物理性や化学性の悪化によるものと考えられています。

防止対策は、根を健全に保つことに努めます。乾燥年に発生する園では、深耕をおこない有機物を投入するとともに、梅雨明け後に灌水や株元マルチをおこないます。

多雨年に発生する園では、明渠《めいきょ》（地上に設けた排水用の溝）や暗渠《あんきょ》を設置します。施肥は、カルシウム不足とカリ過剰にならないように、土壌診断に基づいておこないます。改植のさいは、マンシュウマメナシ台の苗木を用います。

ホウ素欠乏症

ホウ素欠乏症は、「菊水」に特異的に発生が多く、「二十世紀」や「長十郎」でも発生が見られます。果肉崩壊《かにくほうかい》症《しょう》とも呼ばれています。

症状は、外観からは判断できませんが、果肉に数個の茶褐色の小さな斑点が発生します。この部分では、果肉内の維管束が壊死《えし》して空洞や水浸状になっています。「菊水」では、この部分を食べると苦みを感じます。

防止対策は、ホウ砂、ホウ酸、F・T・E（6種類の微量要素が徐々に溶けるように作成された肥料）などのホウ素を含む化成肥料を施用して、土壌中のホウ素含量を0・3ppm以上に維持します。また、大きい果実に発生が多いため、極端な大果生産を避けます。

主な気象災害とその対策

気象災害は、毎年どこかで発生しています。今後も異常気象の影響で、開花期の前進化による凍霜害の増加や、大型台風の襲来による被害の拡大などが予想されます。

気象災害は、気象庁の長期予報や週間天気予報などにより、発生を予測することができます。事前対策と事後対策を徹底することで、被害の軽減をはかります。

晩霜害（幼果の裂果）

凍霜害

花器や幼果の被害

春先の低温により、花器では子房の壊死や褐変、花柱の褐変や消失が起こります。幼果では、火ぶくれ症状や落果、裂果が発生します。一般的に、生育がすすんでいる年に発生しやすくなります。

被害を軽減するには、圃場に寒気が停滞しないように、防風網は下側を巻き上げておき防風垣は裾の枝を払っておきます。また、敷きわらは、凍霜害の危険性がある間はおこなわないようにします。

防止対策には、固形燃料などの市販の製品や資材を燃焼させる燃焼法、スプリンクラーで棚上から散水する散水氷結法、大型の防霜ファンによる送風法があります。これらの方法には一長一短がありますので、自園に適した方法を選択します。

花器に被害が発生した場合は、番花にかかわらず健全な花へ確実に受粉します。健全な花が少ない場合は、遅れ花にも受粉します。果実の被害は上面に発生しますので、上から見て摘果します。被害が少ない場合は、通常の摘果をおこないます。被害が多い場合は、重症果でも残して着果数を確保します。

芽や枝の被害

春先に暖かくなって、樹体内で活動がはじまった後に低温に遭遇すると、芽枯れや発芽不良、枝枯れなどの凍害が発生しやすくなります。

軽減対策として、窒素の多肥を慎み、徒長的な生育を防止します。暖地では、基肥と堆肥の施用時期を11月下旬～12月上旬から3月に変更します。また、短果枝中心の剪定をおこないます。

雹害を受けた幼果

雹害１年後の枝

雹害

雹《ひょう》は、ナシの生育期間中いつでも降る可能性があります。とくに発生しやすいのは、5月頃と10月頃です。

果実の被害は主に上面に発生しますので、上から見て摘果します。ほぼ目標着果数まで摘果した後に被害を受けた場合は、被害果でも残します。成熟期直前に被害を受けた場合は、果実が腐敗するため果肉が損傷した被害果をすべて摘果します。

ほとんどの葉が落葉した場合は、全摘果して骨格枝を中心に白塗剤を塗布して日焼けを防止します。それより軽度の場合は、適正着果量の70％程度は着果させておき、樹が暴れるのを防ぎ、適宜白塗剤を塗布します。

枝梢に被害を受けた場合は、折れた部分で切り返し、傷口に保護剤を塗布します。

ナシ園を囲む多目的防災網

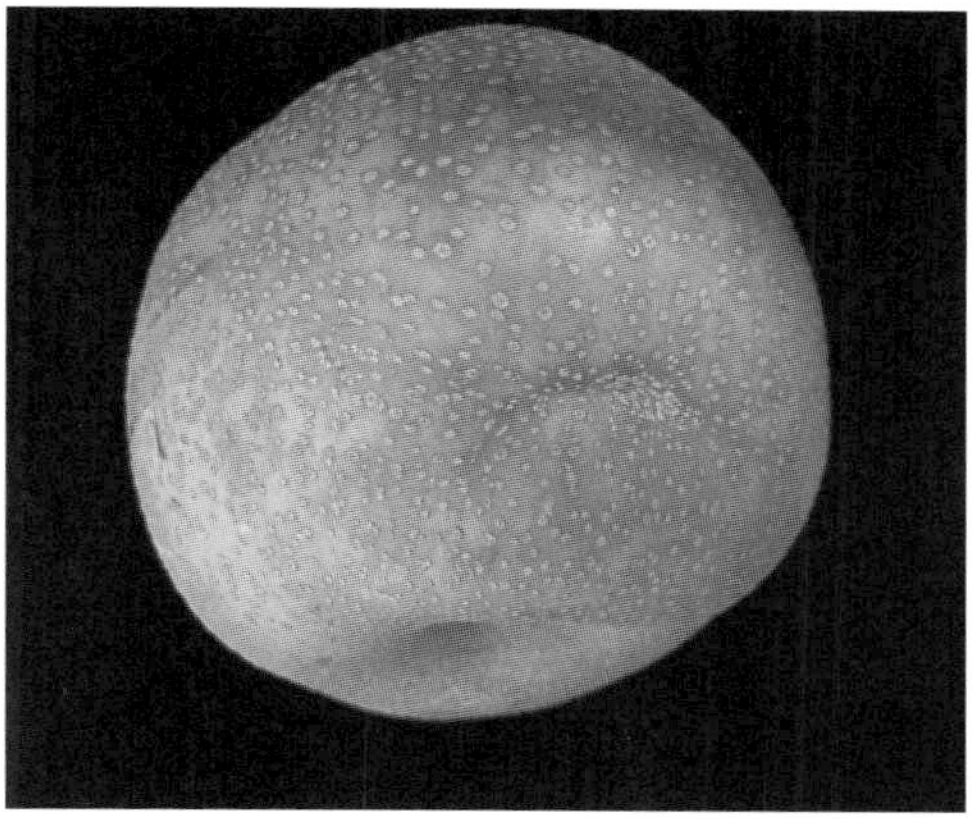
雹害で果実がくぼんでいる

被災後1～2日経過してから、濃度を薄めた殺菌剤を散布します。その後は、収穫が見込めなくても防除基準に従って薬剤防除をおこないます。

雹害の防止には、9㎜目合いの多目的防災網の展張が有効です。遅くとも予備摘果終了直後までに展張します。大量の雹が多目的防災網の上に堆積したときは、棚がつぶれないように網を切って雹を落とします。

4㎜目合いの防風ネット

台風害

台風による被害は、強風による葉の毀損《きそん》、落果や樹の倒伏、多目的防災網の損壊（強風害）、塩による葉枯れや枝枯れ（潮風害）、大雨による冠水が

台風による不時開花（豊水）

台風による葉の損傷

発生します。

被害を軽減するためには、ナシ園の周囲に防風垣や防風網を設置します。

強風害は、事前に棚線をアンカーで地面に固定したり、重い石や土嚢を棚線からつり下げて、棚の上下動による落果を防ぎます。さらに、側枝先端が棚面につくように誘引し直し、下がった果実を棚面につり上げます。

台風で落葉後の不時開花（幸水）

潮風害は、台風通過後の吹き返しなどの強風に降雨が伴わない場合に、被害が発生します。潮風を受けた直後に真水を10ａ当たり２ｔ以上散布して、葉面の塩分を洗い流します。葉枯れが多発した場合は、不時開花することがあるため、剪定時に正常な花芽や枝を残します。

防風網で囲む

冠水を防ぐためには、圃場周囲の排水路を清掃し明渠を掘っておきます。冠水した場合は、早急に溝を掘り排水します。

防風垣を植栽する

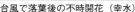

第8章

施設栽培と根域制限栽培

簡易被覆栽培のナシ園

施設栽培の目的と作型

施設栽培の目的と現状

果樹の施設栽培は、早期出荷による高価格販売、労力分散、降雨中の作業、被覆期間中の病害の減少、増収、高品質化などを目的におこなわれています。

ナシでも施設栽培のメリットはありますが、枝葉が軟弱徒長して花芽が減少し、樹勢が衰えるため増収は困難です。しかも、果実品質は露地栽培のものより不良になる場合が多いため、施設栽培導入のメリットは、ほかの果樹よりも少ないと考えられています。

全国のナシの施設栽培の面積は、1999年では605haありましたが、2009年には536haとなり、69ha、率にして1割以上減少しました。そのなかで、ガラス室の面積は10haから1ha未満となり、ほとんど栽培されていません。

この理由はガラス室は周年被覆状態にあるため、ハダニ類の多発や樹の衰弱が原因と考えられます。現在、ほとんどの施設では、被覆資材にフィルムを用いており、被覆期間を短くするために必要なときだけフィルムを展張しています。

施設栽培で導入されている品種は、早期出荷のメリットが大きく、果実品質が安定している「幸水」が主体になっています。

施設栽培の作型

被覆や加温は、自発休眠が覚醒した後に開始します。自発休眠が覚醒する前に被覆、加温をおこなうと、発芽や開花の不良、芽や枝の枯死などの障害が発生します。

自発休眠が覚醒する時期は地域によって異なりますが、「幸水」では1月上・中旬頃になります。そのため、1月下旬頃に被覆や加温を開始するのが

被覆前の簡易ハウス

表8－1　施設栽培の作型と主な管理・作業

作型＼月	1	2	3	4	5	6	7	8
加温栽培	ビニール被覆	二重カーテン・加温開始	人工受粉 加温終了	ＧＡ処理 二重カーテン除去		収穫	被覆除去	
無加温栽培			ビニール被覆	人工受粉	ＧＡ処理 ビニール除去		収穫	

（注）ＧＡ処理＝果実肥大と熟期促進のために果梗部にジベレリンペーストを塗布する

一般的です（**表8－1**）。

今後、秋冬季が温暖になると、暖地では被覆開始時期を遅くしなければならなくなったり、被覆栽培自体が成立しなくなる可能性もあります。

加温栽培

1月下旬～2月頃に被覆をはじめ、6月下旬～7月中旬頃に収穫する作型です。1月下旬頃の早い時期に加温する場合は、発芽を早め、開花をそろえる効果がある発芽促進剤（CX－10。147頁以降の植物成長調整剤の項を参照）を散布することもあります。

簡易被覆栽培。サイドを上げている

無加温栽培

加温しないで被覆だけおこないます。3月に被覆をはじめ、7月中旬頃から収穫する作型です。

施設や屋根の構造により、雨よけ栽培や簡易被覆栽培、トンネル栽培と呼んでいる施設もありますが、屋根とサイド部分を被覆するため、ナシの生育はほぼ同様になります。霜害を防ぐため、施設内に石油ストーブなどの簡易的な暖房器具を設置します。

施設化するさいの留意点

圃場の選定

施設化する圃場として望ましい条件は、以下のとおりです

● 強風による施設の被害を防ぐた

め、風当たりの弱い圃場。

●細かい温度管理と灌水が必要になるため、自宅に近くて電気と水を確保できる圃場。

●樹勢が低下しやすいため、樹勢が強い成木園。

●施設栽培やジベレリン処理により生理障害の発生が多くなるため、果肉に生理障害が発生しない品種が植栽されている圃場。

資金

施設化するのに多額の資金が必要となるだけではなく、被覆資材や燃料代などのランニングコストも必要になります。

また、早期出荷をおこなっても、昔ほど高価格で販売できません。投資した資金を回収できるか検討したうえで、施設化の可否を決定します。

施設栽培での生育と管理

施設栽培での管理作業

温度管理

被覆と加温開始の時期は、かならず地元の指導機関と相談して決定します。加温施設では、ビニール被覆をおこなってから5日程度経過した後に、二重カーテンを被覆して加温を開始します。

被覆開始時の最低気温は5℃として、それから徐々に気温を上げ、およそ3週間で15℃程度にします。開花期前後は、変形果が増加するのを防ぐため、最高気温が25℃以上にならないように管理します。その後は、最高気温30℃以下、最低気温15～20℃程度で管理します。

外気温が15℃以下に下がらなくなったときに加温を終了し、二重カーテンを外します。

サイドのビニールは、保温の必要がなくなったら巻き上げます。屋根のビニールも、保温の必要がなくなったら外すことができますが、梅雨時の降雨による果実品質の低下、薬剤防除、鳥害防止などの理由で収穫後に外すことが多くなっています。

無加温施設では、ビニールの開閉で最高気温が30℃以上にならないように管理します。

開花が早まったぶんだけ、霜害を受ける確率が高くなりますので、石油ストーブなどの簡単な暖房器具をすぐに使えるように準備しておきます。とくに密閉した施設は低温になりやすいので、注意が必要です。

被覆の除去は、本摘果やジベレリン処理が終了したらおこないます。

灌水

降雨を完全に遮断する施設では、被覆前後に30㎜程度の灌水をおこないます。その後は、7～10日置きに20㎜程度灌水します。屋根のトンネルの間から降雨が流入する施設では、とくに灌水する必要はありません。

着果管理

谷部での開花が遅れるため、開花が不ぞろいになります。また、訪花昆虫による受粉も期待できないため、人工受粉を数回に分けて確実におこないます。実止まりが確認できたら、棚線をたたいて幼果に付着した花弁を落とします。花弁の付着を放置すると、灰色カビ病が発生して果面が汚れる原因になります。

摘果は、ジベレリン処理時期（147頁の植物成長調整剤の項を参照）までに予備摘果と本摘果を同時におこなって、目標着果数の10％増しにします。摘果時には、花弁がついている幼果の花弁を手で除去します。

ビニール被覆前のハウス（千葉県一宮町）

新梢管理

施設内における新梢の生育は、施設内が高温になるため、潜芽から新梢が多く発生し、果叢から再伸長する新梢も増加します。さらに、被覆資材により遮光されるため、新梢が細く軟弱に生育します。これらの結果、短果枝が減少して中果枝が増加します。さらに、長果枝では腋花芽の着生が不良になります。

新梢管理は、露地栽培とほぼ同様におこないます。新梢の発生本数が多いため、芽かきと摘心は忘れずにおこなって、過繁茂になるのを防ぎます。さらに、新梢伸長停止期に新梢誘引をおこなって、腋花芽の着生を促します。伸長が停止していない新梢は、同時期に新梢先端を摘心します。

病害虫防除

病気は、被覆期間中ほとんど問題になりません。被覆除去後は、露地栽培と同様に防除します。害虫では、アブラムシ類、ハダニ類、スリップス類が多発しますので、重点的に防除をおこないます。

剪定と日焼け防止

剪定は、原則として露地栽培と同様

におこないます。中果枝を多く使う場合は、側枝間隔を広めにします。側枝の更新間隔は、短果枝の維持が悪いため2年程度を基準にします。そのため、予備枝を多めに配置します。

施設内の春先の最高気温は、温度管理をこまめにおこなわないと30℃以上になってしまうことがしばしばあります。また、この時期は展葉数が少なく、根の活動もまだ盛んではありません。そのため、主枝と亜主枝の上面に日焼けが発生することがあります。日焼け部分からは新梢がほとんど発生せず、枯れ込みも入ってくるため、樹勢低下につながります。

日焼けを防ぐため、剪定後に主枝と亜主枝の上面に炭酸カルシウム水和剤（ホワイトンパウダー）を塗布するか、わらを巻いておきます。

根域制限栽培のシステム

根域制限栽培の基本

ナシは長年栽培を続けると、収穫量が減少し、大玉の生産が困難になり、生産性が低下します。

とくに「幸水」は老木化が早く、30年生くらいから生産性が低下します。したがって、老木を計画的に改植して生産性を維持することが必要です。しかし、改植による生産量の減少に加え、いや地による苗木の生育不良や白紋羽病による苗木の枯死などの土壌の問題が原因で、改植がすすんでいません。

根域制限栽培

根域制限栽培は、根を圃場の土壌から隔離することができ、さらに密植栽培することにより早期に収穫量が増加するため、これらの問題を解消することができます。一方、根域が狭いため、地植えよりも養水分の管理が重要になります。

果樹の根域制限栽培では、コンテナや不織布ポットなどを使用するのが一般的ですが、ナシでは、遮根シートの上に盛り土をして栽培する、盛土式根圏制御栽培法（栃木県農業試験場開

盛土式根圏制御栽培

発）だけが実用化されています。盛土式根圏制御栽培法の概要は、つぎのとおりです。

具体的な栽培方法は、「果樹の根圏制御栽培法導入マニュアル基礎編」、さらに盛土式根圏制御栽培法に準拠した「ナシ根域制限マニュアル」（東京都農林総合研究センター）などを参照してください。

圃場準備と植えつけ方

圃場の準備と植栽間隔

日当たりが良好で、風当たりが弱く、排水が良好な平坦地で、灌水用の水源と電気を利用できる圃場を選定します。

地表面は、小石などを取り除き平らにします。盛土をすると地面がやや沈み込むので、植えつけ列の中心をやや盛り上げます。

列の方向は、南北方向を基本とします。複数列設置する場合は、大型機械が走行できるように列間を2・5～3・0mにします。株間は2・0mとします。10a当たりの植栽本数は、列間2・5mで200本、2・7mで185本、3・0mでは167本になります。

なお、苗木は苗長180cm以上の特等苗を用います。苗木の萌芽のそろいをよくするため、1月中・下旬に発芽促進剤（CX－10）を苗に散布しておきます。

盛土の作成と苗木の植えつけ

苗木の植えつけは、原則として秋植えとします。春植えする場合は、3月上旬頃におこないます。

植えつけする予定の列に、厚さ0・1mm以上、幅1・0mのビニールシートを敷き、その上に遮根シートを敷きます。遮根シートの端は専用の止め具を用いて、ビニールといっしょに仮止めしておきます。

盛土を作成するために、あらかじめ木枠を製作しておきます。下底105cm×上底90cm×高さ30cmの台形の板2枚、下底60cm×上底45cm×高さ30cmの台形の板2枚をビスなどで固定します。さらに、上面に支え板を斜めに固定します。

盛土に用いる培土は、赤玉土とバーク堆肥を容積比2：1で混ぜ合わせたものを1樹当たり150ℓ使用します。

赤玉土は大粒（8㎜以上）：中粒：細粒（2㎜未満）の割合が体積比で1：2：1のものを、バーク堆肥は完熟したものを用います。また、培土には、緩効性被覆肥料236g（シグモイド100日タイプ、窒素：リン酸：カリ＝14：14：12）、熔リン360g、苦土炭酸カルシウム肥料192g、微量要素肥料F・T・E715gをよく混和しておきます。

植えつけ予定の位置に木枠を設置して下に少し培土を入れた後、中心に苗を配置し根を広げます。

培土は、2回に分けて入れ、そのつど木枠内の外周付近の土を強く固めて盛土が崩れないようにします。苗木の根元は、根腐れを防ぐため軽く押す程度にします。

図8−1　盛土式根圏制御栽培のY字棚設置

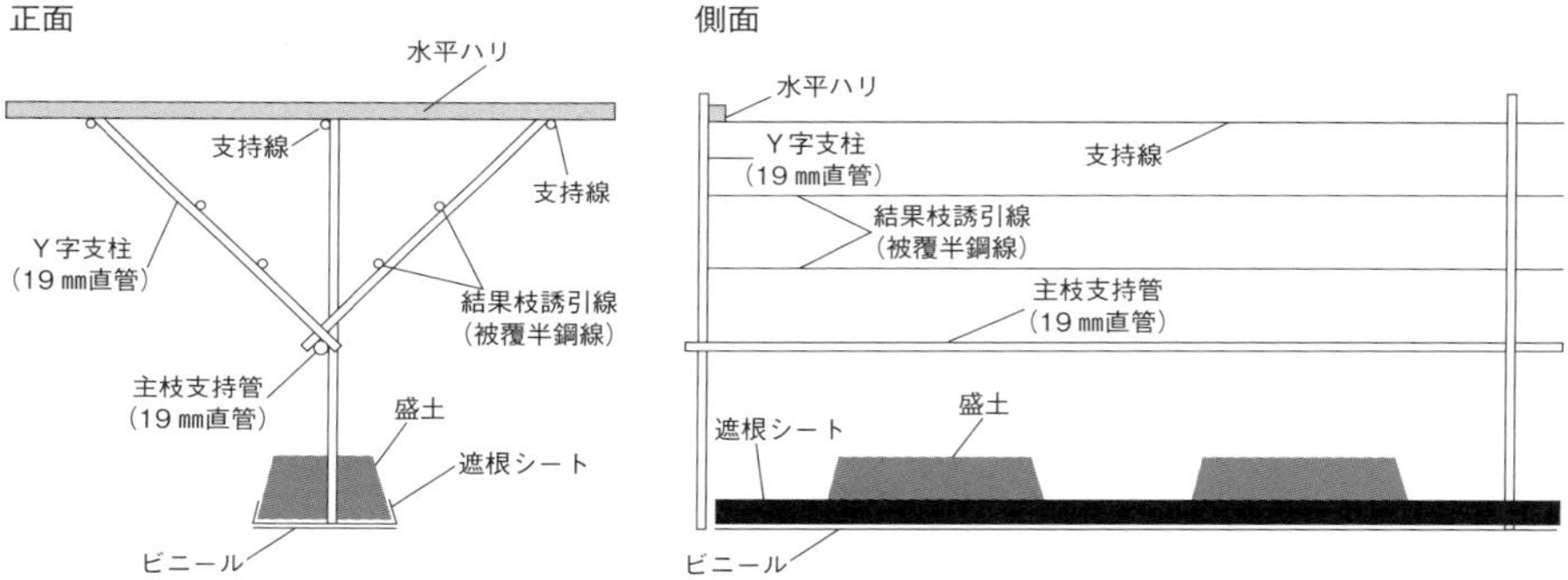

出典：「果樹の根圏制御栽培法導入マニュアル 基礎編」（栃木県農業試験場）

その後、木枠を上に引き上げ、灌水用のアロードリッパーを苗の周囲に均等に8本設置します。

遮根シートを上げてマイカ線（ハウス資材のバンド）などで固定し、その上に雨水などの浸入と防草のために白黒マルチなどでマルチをします。

Y字棚の設置

2～3樹置きに支柱を立て、主枝を誘引するための主枝支持管を、80～90㎝の高さに通します。主枝支持管から45度斜め上向きにY字支柱を設置します（**図8−1**）。Y字支柱に結果枝誘引線（φ2・0㎜被覆半鋼線）2本を等間隔で張り、たるまないように固定します。

植えつけ後の管理

植えつけ1年目の管理

苗木は、盛土上面から150㎝程度

の長さで切り返します。地面から80㎝の位置を支点として仰角30度に誘引し、第一主枝とします。

第1主枝から発生した新梢を、7月に仰角60度程度に誘引して、8本程度の結果枝を育成します。

第1主枝の湾曲付近から発生した新梢は、第2主枝候補枝として垂直に誘引し、10月頃に第1主枝と反対側に仰角45度程度に誘引しておきます。

盛土をつくり、Y字棚に仕立てる

植えつけ2年目の管理

第2主枝を、仰角30度程度に誘引します。第1主枝には結果枝8本程度、予備枝数本を配置します。

第1主枝に25果程度着果させます。

第2主枝から発生した新梢を、7月に仰角60度程度に誘引して、8本程度の結果枝を育成します。

結果枝上の短果枝や腋花芽から発生する徒長的な新梢は、摘果時に果叢葉のみを残し摘除します。

根域制限栽培（開花期）

植えつけ3年目の管理

両主枝から結果枝を16本程度、予備枝を6本程度配置します。樹形はこれで完成します。

1樹当たり40果程度着果させます。

新梢管理は、2年目と同様におこないます。

植えつけ4年目以降の着果量

1樹当たりの着果数と収穫量は、目標とする果重を350gとすると、4年目では60果で21kg、5年目以降では80果で28kg程度です。

●た行

他家不和合性　異なる品種間でも受精、結実しない性質。交雑不和合性ともいう。

他発休眠　芽は活動できる状態にあるが、外的要因（ナシでは主として気温）が不適当なために芽が活動しない状態。

短果枝　長さ10cm以下の短い枝の頂芽が花芽となったもの。枝の長さの基準はあいまい。

中果枝　長さ15～20cmの花芽がある枝。枝の長さの基準はあいまい。

中間芽　外観的には花芽を持つように見えるが、花芽を持っていない芽。花芽より細く芽のまんなか近辺がふくらんでいないことで花芽と区別できる。

中間台　既成品種に異なる品種を高接ぎするときに、台となる既成品種。

長果枝　長さ30cm以上の花芽がある枝。枝の長さの基準はあいまい。

頂芽　１年生の枝の先端に着生した芽。

頂部優勢（性）　幼木や枝の先端の新梢が最も強く伸び、下方の新梢ほど生長が弱くなる現象。下方の新梢ほど幹や枝からの発生角度が広くなる。頂芽優勢（性）ともいう。

低温要求時間　自発休眠が覚醒するのに必要な低温の累積時間。

定芽　１年生の枝に着生した頂芽と腋芽。

摘心　生育中の枝の先端部を摘み取るまたは切り直すこと。

摘蕾　蕾を間引くこと。

登熟　枝の内部に貯蔵養分が蓄積する過程。

徒長枝　発育枝のなかで長大に伸長したもの。

止め葉　伸長が停止した新梢の頂芽の節についた葉。

●な行

二次伸長　伸長が停止した新梢から再び新梢が伸長する状態。

●は行

発育枝　花芽が着生していない新梢。

肥効率　有機質資材の肥料としての効果を化学肥料の効果と比較した割合。（有機質資材の肥料としての効果）／（化学肥料の効果）×100の式で計算する。

副芽　花芽内の基部にある芽。ふつうは葉芽だが、この葉芽が花芽に分化した芽を子花と呼ぶ。

不時開花　花が季節はずれに咲くこと。初夏に分化した花芽が、秋に台風や虫害によって落葉すると休眠が解除された状態になって開花する現象。

●ま行

負け枝　伸ばそうとしている枝より、隣接する枝または基部から発生した枝が強くなるため、伸ばそうとする枝が弱くなる現象。

マメ葉　花芽が動き出して最初に展開する小型の葉で、花房の下にある。

明渠　地上に設けられたふたのない排水用の溝。園の周囲に設けることが多く、園内の余分な水を外に排出する。

盲芽　芽を持たない果台。花芽のなかに葉芽がないときに発生する。

●や行

雄ずい　雄性の生殖器官。雄しべとも呼ぶ。葯と花糸で構成されている。葯のなかに花粉が入っている。

有てい果　成熟しても萼（がく）の発達したへたが脱落しない果実。

予備枝　１～２年後に結果枝を得るために、短く切り返した枝。

◆ナシ栽培に使われる主な用語（五十音順）

●あ行

亜主枝　主枝から分岐し、側枝、結果母枝、結果枝をつける枝。

腋芽　1年生の枝に着生した先端以外の芽。そのなかで花芽となったものを腋花芽と呼ぶ。

S因子　受精に関係する遺伝子。体細胞には2個のS因子があり、2個のS因子が同じ品種では受粉しても受精しない。

●か行

果台　短果枝が集積した状態の芽の全体。

花床　花柄（かへい）の先端で、花弁・雄ずい・雌ずい・萼（がく）などが付着している部分。ナシの果肉は、花床が肥大したもの。花托（たく）とも呼ぶ。

果点　果実の気孔が壊れ、その後にコルクが発達した組織。

花（果）梗　花や果実を支えて枝と連結している組織。花（果）柄とも呼ぶ。

花房　花軸についた花の房。

間伐　過密植の状態の果樹園で、一部の樹を伐採すること。

犠牲芽　苗木を植えつけたときに、苗木先端から発生した新梢2～3本を苗木の先端も含めて切り返すことがある。そのとき切り落とす芽を犠牲芽と呼ぶ。犠牲芽を取ることにより、主幹との発生角度が広い新梢を得ることができる。

クチクラ　葉や果実の表皮細胞の外表面に脂肪性の物質クチンが蓄積した組織。蒸散を抑制する機能がある。

車枝　枝と枝の間隔が狭く、1か所から複数の枝が出ているように見える状態。車枝になった部分は折れやすくなる。

計画密植　果樹を高密度に植栽し、樹が生長して過密状態になったときに縮間伐をおこなう方法。最後まで残る樹を永久樹、隣接する樹同士が接したら最初に抜く樹を第1次間伐樹、つぎに抜く樹を第2次間伐樹と呼ぶ。

混合花芽　花芽のなかに葉芽と花芽があるもの。

●さ行

雌ずい　雌性の生殖器官。雌しべとも呼ぶ。子房、柱頭、花柱で構成されている。子房は雌ずいの基部にあるふくらんだ部分で、そのなかに種子になる胚珠が入っている。受精後、子房は発達して果実になり、胚珠は種子になる。柱頭は雌ずいの上部にある花粉の付着する場所で、ナシでは粘液が分泌されている。花柱は柱頭と子房をつなぐ部分。

自家不和合性　自分自身の花粉では受精、結実しない性質。

自発休眠　生育に適した温度や水分条件になっても芽が活動しない状態。低温要求時間を満たすと、自発休眠が覚醒して他発休眠に移行する。

主幹　地面から最上位の主枝の分岐点までの幹。

縮伐　過密植の状態の果樹園で、一部の樹を小さく縮めること。

主枝　主幹から分岐し、亜主枝、側枝、結果母枝、結果枝をつける枝。

条溝果　果梗部から果底部にかけて条状にへこんだ果実。

新梢　本年度に伸長した枝。

石細胞　リグニンなどが蓄積した厚膜の細胞。ナシのシャリシャリとした独特の食感を生んでいる。

潜芽　芽の痕跡や予期しない部分に発生した芽。不定芽、陰芽とも呼ぶ。

側枝　主幹、主枝または亜主枝から出た小枝。結果母枝や結果枝をつける枝。

◆主な参考・引用文献一覧

「昭和52年度種苗特性分類調査報告書(ナシ)」(埼玉県園芸試験場)
「ニホンナシ溶液受粉マニュアル2018」(農業・食品産業技術総合研究機構果樹茶業研究部門、高知県農業技術センター・果樹試験場)http://www.naro.affrc.go.jp/publicity_report/publication/files/fruit_nasi_jufun2018.pdf
「果樹農業振興基本方針」(農林水産省)
「アジア浪漫紀行　梨の来た道」(鳥取二十世紀梨記念館)
「果樹の根圏制御栽培法導入マニュアル　基礎編」(栃木県農業試験場)http://www.pref.tochigi.lg.jp/g59/kajyu/documents/manual-kiso.pdf
「果実日本」巻:68号48-51p
「果樹栽培標準技術体系(ニホンナシの部)」(千葉県、千葉県農林水産技術会議)
『果実の科学』伊藤三郎編(朝倉書店)
『ナシ栽培の実際』米山寛一著(農文協)
『ナシの作業便利帳』廣田隆一郎著(農文協)
『せん定を科学する』菊池卓郎著(農文協)
『図解 落葉果樹の整枝せん定』原田良平監修 農耕と園芸編集部編(誠文堂新光社)
『新版 果樹栽培の基礎』杉浦明編著
『果樹の病害虫－防除と診断－』山口昭・大竹昭郎編(全国農村教育協会)
「主要農作物等施肥基準」(千葉県農林水産部安全農業推進課)
「農業技術大系果樹編３」(農文協)
『園芸事典』松本正雄、大垣智昭、大川清編(朝倉書店)

◆苗木入手先インフォメーション

株式会社原田種苗　〒038-1343　青森市浪岡大字郷山前字村元42-1
TEL 0172-62-3349　FAX 0172-62-3127

株式会社天香園　〒999-3742　山形県東根市中島通り1-34
TEL 0237-48-1231　FAX 0237-48-1170

株式会社イシドウ　〒994-0053　山形県天童市大字上荻野戸982-5
TEL 023-653-2502　FAX 023-653-2478

株式会社福島天香園　〒960-2156　福島市荒井字上町裏2番地
TEL 024-593-2231　FAX 024-593-2234

株式会社千代田　〒315-0062　茨城県かすみがうら市横堀287
TEL 0299-59-4068　FAX 0299-59-4785

茨城農園　〒315-0077　茨城県かすみがうら市高倉1702
TEL 029-924-3939　FAX 029-923-8395

株式会社改良園通信販売部　〒333-0832　埼玉県川口市神戸123
TEL 048-296-1174　FAX 048-297-5515

一般社団法人 日本果樹種苗協会　〒104-0041　東京都中央区新富1-17-1 宮倉ビル4階
TEL 03-3523-1126　FAX 03-3523-1168

サカタのタネ通信販売部　〒224-0041　神奈川県横浜市都筑区仲町台2-7-1
TEL 045-945-8824　FAX 0120-39-8716

タキイ種苗通販係　〒600-8686　京都市下京区梅小路通猪熊東入
TEL 075-365-0140　FAX 075-344-6707

有限会社小町園　〒399-3802　長野県上伊那郡中川村片桐針ヶ平
TEL 0265-88-2628　FAX 0265-88-3728

株式会社吉岡国光園　〒839-1221　福岡県久留米市田主丸町上原332-3
TEL 0943-72-1578　FAX 0943-73-1624

小西農園　〒839-1232　福岡県久留米市田主丸町常盤678-3
TEL 0943-76-9980　FAX 0943-72-1350

＊このほかにも日本果樹種苗協会加入の苗木業者、およびJA（農協）、園芸店などを含め、全国各地に苗木の取り扱い先はあります。通信販売やインターネット販売でも入手可能です。

収穫期のあきづき

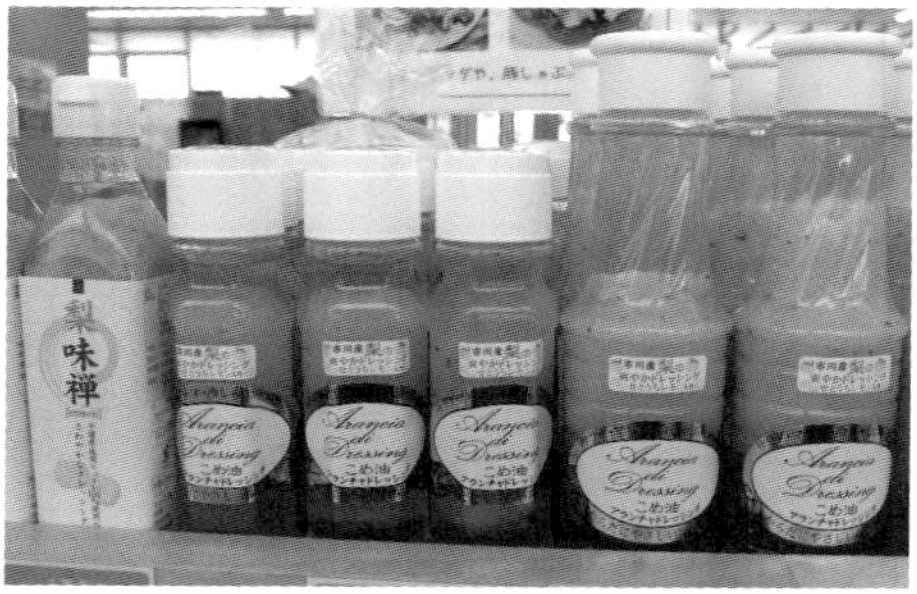

地場産のナシドレッシングいろいろ
(千葉県・道の駅いちかわ)

●

デザイン——— 塩原陽子　ビレッジ・ハウス
撮影——— 三宅 岳　川瀬信三　ほか
イラストレーション——— 宍田利孝
取材・写真協力——— 千葉中央観光農園（市原裕子）、大治園（小川治夫）、
ヤマニ果樹農園（板橋俊治）、高師梨園（高師利充）、
田中ナシ育種研究農場（田中 茂）、平野園（平野則治）、
松本農園（松本明宏）、ペアリー石井園（石井 宏）、
JA いちかわ船橋梨選果場運営委員会、道の駅いちかわ、
千葉県農林総合研究センター、鳥取県農林水産部
東京都農林総合研究センター　ほか
校正——— 吉田 仁

著者プロフィール

●川瀬信三（かわせ しんぞう）

果樹園芸研究家。

1954年千葉県生まれ。北海道大学農学部卒業。1977年千葉県原種農場、千葉県農林部園芸課を経て、1984年より千葉県農業試験場（現、千葉県農林総合研究センター）果樹研究室においてナシ、ブルーベリーなどの落葉果樹の栽培試験に携わる。果樹研究室長、生産技術部長、次長、センター長を歴任。2013年に平成25年度研究功労者表彰を受賞。ナシ主産地の研究者として各方面から栽培技術の指導要請が多い。

図解《ずかい》　よくわかるナシ栽培《さいばい》～品種《ひんしゅ》・管理《かんり》作業《さぎょう》・整枝《せいし》剪定《せんてい》～

2020年 4月20日　第1刷発行
2023年 9月22日　第3刷発行

著　　者――川瀬《かわせ》信三《しんぞう》

発 行 者――相場博也

発 行 所――株式会社 創森社

〒162-0805　東京都新宿区矢来町96-4

TEL 03-5228-2270　FAX 03-5228-2410

https://www.soshinsha-pub.com

振替00160-7-770406

組　　版――有限会社 天龍社

印刷製本――中央精版印刷株式会社

ISBN978-4-88340-340-0　C0061

農福一体のソーシャルファーム
新井利昌 著　Ａ５判１６０頁１８００円

西川綾子の花ぐらし
西川綾子 著　四六判２３６頁１４００円

解読 花壇綱目
青木宏一郎 著　Ａ５判１３２頁２２００円

ブルーベリー栽培事典
玉田孝人 著　Ａ５判３８４頁２８００円

育てて楽しむ スモモ 栽培・利用加工
新谷勝広 著　Ａ５判１００頁１４００円

育てて楽しむ キウイフルーツ
村上 覚 ほか 著　Ａ５判１３２頁１５００円

ブドウ品種総図鑑
植原宣紘 編著　Ａ５判２１６頁２８００円

育てて楽しむ レモン 栽培・利用加工
大坪孝之 監修　Ａ５判１０６頁１４００円

未来を耕す農的社会
蔦谷栄一 著　Ａ５判２８０頁１８００円

農の生け花とともに
小宮満子 著　Ａ５判８４頁１４００円

育てて楽しむ サクランボ 栽培・利用加工
富田 晃 著　Ａ５判１００頁１４００円

炭やき教本～簡単窯から本格窯まで～
恩方一村逸品研究所 編　Ａ５判１７６頁２０００円

九十歳 野菜技術士の軌跡と残照
板木利隆 著　四六判２９２頁１８００円

エコロジー炭暮らし術
炭文化研究所 編　Ａ５判１４４頁１６００円

図解 巣箱のつくり方かけ方
飯田知彦 著　Ａ５判１１２頁１４００円

とっておき手づくり果実酒
大和富美子 著　Ａ５判１３２頁１３００円

分かち合う農業ＣＳＡ
波夛野 豪・唐崎卓也 編著　Ａ５判２８０頁 ２２００円

虫への祈り―虫塚・社寺巡礼
柏田雄三 著　四六判３０８頁２０００円

新しい小農～その歩み・営み・強み～
小農学会 編著　Ａ５判１８８頁２０００円

とっておき手づくりジャム
池宮理久 著　Ａ５判１１６頁１３００円

無塩の養生食
境野米子 著　Ａ５判１２０頁１３００円

図解 よくわかるナシ栽培
川瀬信三 著　Ａ５判１８４頁２０００円

鉢で育てるブルーベリー
玉田孝人 著　Ａ５判１１４頁１３００円

日本ワインの夜明け～葡萄酒造りを拓く～
仲田道弘 著　Ａ５判２３２頁２２００円

自然農を生きる
沖津一陽 著　Ａ５判２４８頁２０００円

シャインマスカットの栽培技術
山田昌彦 編　Ａ５判２２６頁２５００円

農の同時代史
岸 康彦 著　四六判２５６頁２０００円

ブドウ樹の生理と剪定方法
シカバック 著　Ｂ５判１１２頁２６００円

食料・農業の深層と針路
鈴木宣弘 著　Ａ５判１８４頁１８００円

医・食・農は微生物が支える
幕内秀夫・姫野祐子 著　Ａ５判１６４頁１６００円

農の明日へ
山下惣一 著　四六判２６６頁１６００円

ブドウの鉢植え栽培
大森直樹 編　Ａ５判１００頁１４００円

食と農のつれづれ草
岸 康彦 著　四六判２８４頁１８００円

半農半Ｘ～これまで・これから～
塩見直紀 ほか 編　Ａ５判２８８頁２２００円

醸造用ブドウ栽培の手引き
日本ブドウ・ワイン学会 監修　Ａ５判２０６頁２４００円

摘んで野草料理
金田初代 著　Ａ５判１３２頁１３００円

図解 よくわかるモモ栽培
富田 晃 著　Ａ５判１６０頁２０００円

自然栽培の手引き
のと里山農業塾 監修　Ａ５判２６２頁２２００円

亜硫酸を使わないすばらしいワイン造り
アルノ・イメレ著　Ｂ５判２３４頁３８００円

ユニバーサル農業～京丸園の農業／福祉／経営～
鈴木厚志 著　Ａ５判１６０頁２０００円

不耕起でよみがえる
岩澤信夫 著　Ａ５判２７６頁２５００円

ブルーベリー栽培の手引き
福田 俊 著　Ａ５判１４８頁２０００円